KB140706

세계사 속 근대 한일관계

SEKAISHI NO NAKA NO KINDAI NIKKAN KANKEI
by Akifumi Nagata

Copyright © Akifumi Nagata 2013
All rights reserved.
First published in Japan
by Keio University Press Inc., Tokyo

This Korean language edition published
by arrangement with Keio University Press Inc., Tokyo
in care of Tuttle-Mori Agency, Inc., Tokyo
Korean translation © 2017 by ILCHOKAK Publishing CO., Ltd.

이 책의 한국어판 저작권은 터틀모리 에이전시를 통해
(株)게이오 기주쿠 대학출판회와 독점계약한 (주)일조각에 있습니다.
저작권법에 의해 한국 내에서 보호받는 저작물이므로 무단 전재와 복제를 금합니다.

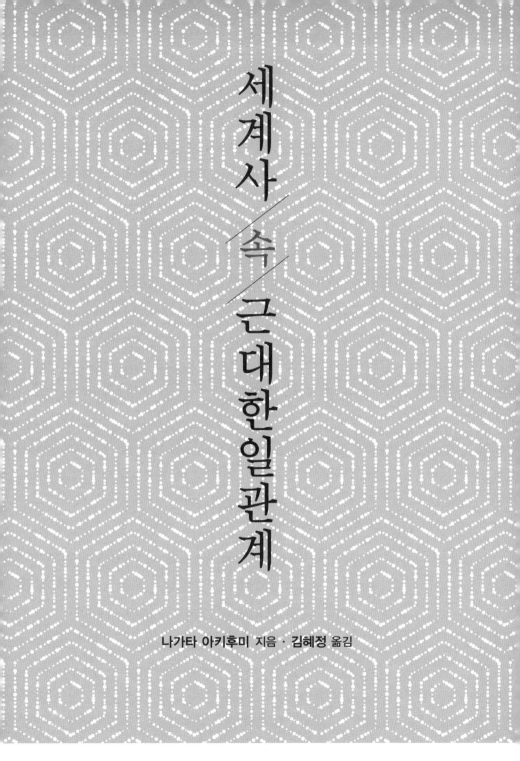

세계사 속 근대한일관계

나가타 아키후미 지음 · **김혜정** 옮김

일조각

일러두기

1_ 이 책에 나오는 인명, 지명은 특별한 경우를 제외하고 국립국어원 〈외래이표기법〉에 따라 각 언어 원음대로
   표시했다.
2_ 이해하기 어려운 한자는 한글로 바꾸거나 병기하였으며, 일본식 혹은 중국식 한자는 일부 참고문헌을 제외
   하고 전부 한국식 한자로 바꾸어 표기했다.
3_ 조선은 1897년 10월 12일 국호를 '대한제국'으로 고쳤으나, 일본이 1910년 8월 29일 한국을 병합한 이후 다
   시 '조선'으로 바꾸었다. 이에 따라 이 책에서는 1897년 10월 12일부터 일본이 병합할 때까지는 한국, 1897년
   10월 12일 이전 및 병합 후의 명칭은 조선으로 사용해서 이를 구분한 원문의 표기 방식을 그대로 살렸으나,
   혼동을 피하기 위해 때때로 병기했다.
4_ * 표시는 옮긴이 주이다.
5_ 각 그림의 출처는 〈도판출전 일람〉에 밝혀두었다.
6_ 잡지, 신문, 단행본은 겹낫쇠(『』)로 표기하고, 법령, 발표문을 포함한 문서는 홑낫쇠(「」)로 표기했다.

차례

【동아시아 지도】

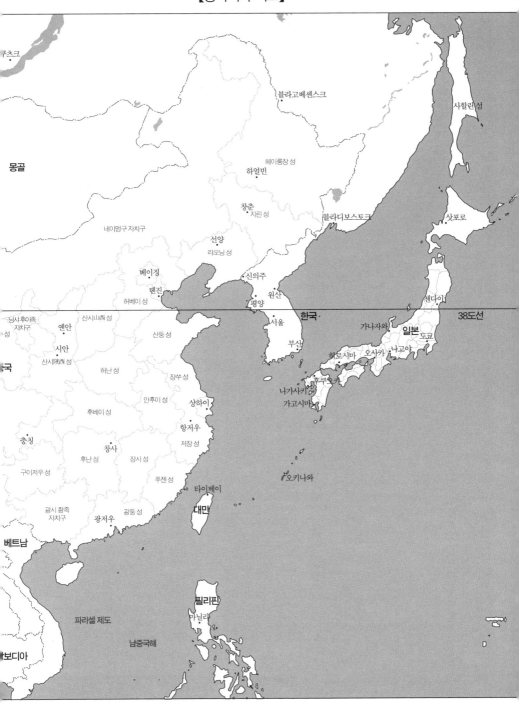

쿠츠크

몽골

블라고베셴스크

사할린섬

헤이룽장 성

하얼빈

블라디보스토크

삿포로

창춘
지린 성

네이멍구 자치구

선양
라오닝 성

베이징

신의주

센다이

톈진
허베이 성

원산
평양

38도선

닝샤후이족
자치구

산시山西 성

서울

한국

가나가와

일본

옌안

도쿄

시안
산시陝西 성

산둥 성

부산

히로시마

오사카

나고야

국

허난 성

장쑤 성

후쿠오카

후베이 성

안후이 성

상하이

나가사키

충칭

창사

항저우

가고시마

후난 성

장시 성

저장 성

구이저우 성

푸젠 성

오키나와

광시 좡족
자치구

광둥 성

타이베이

광저우

대만

베트남

파라셀 제도

필리핀

마닐라

보디아

남중국해

서문

일본과 한반도의 관계는 유사 이래 계속되어 왔다. 현재 일본과 대한민국은 미일안전보장조약(1951년 조인)과 한미상호방위조약(1953년 조인)에 의해 직접적인 관계는 아니지만 미국을 매개로 한 '한·미·일' 체제를 유지하고 있고, 조선민주주의인민공화국과는 서로 대치하고 있다. 한편 조선민주주의인민공화국은 일찍이 중국과 소련의 지원을 받아 경제적으로 대한민국을 앞서기도 했지만 대한민국의 경제성장과 소련의 붕괴·중국의 '자본주의화' 등으로 열세에 놓이게 되었고, 그러한 상황을 만회하기 위해 핵무기 개발을 계속하고 있다. 그리고 현재 한반도에 대해서는 일본·미국·중국·러시아의 주변 4개국이 각각의 입장에서 영향을 미치며 '군웅할거'하는 양상을 보이고 있는 가운데 일본은 대한민국과 수교하여 경제적인 것뿐만 아니라 '한류韓流'나 '일류日流'라는 말이 상징하는 것처럼 문화적으로도 깊은 교류를 하고 있다. 그러나 소위 '역사문제' 등으로 인한 마찰과 '혐한류'라는 말이 상징하듯이 일본에서는 한국에 대한 반발도 볼 수 있고, 게다가 조선민주주의인민공화국과는 아직 수교도 이루어지지 않은 상태이다.

본서의 내용을 말하자면 이상과 같은 현재 진행 중에 있는 현상을 추적하는 것이 아니라 '과거'에 일어났던 일들과 인물들에 대해 다루고 있다. 그러나 그 '과거'가 현재의 일본과 한반도의 관계에서 흘러가 버린 것이 아니라 오히려 '현재'에 더 큰 영향을 미치고 있다는 사실은 그것을 어떻게 평가하든지 간에 누구도 부정할 수 없을 것이다. 필자는 본서에서 그러한 사실을 항상 의식하면서 '과거'가 '현재'와 어떻게 연결되어 있는가를 드러내기 위하여 본서 전체 및 개별 내용을 집필했다.

필자는 평소 본서와 같은 통사적인 개설서는 그 분야에서의 연구경력이나 연구업적 그리고 집필 역량이라는 '3박자'가 충분히 갖추어져 있어야만 집필할 수 있다고 생각해 왔다. 그러한 조건에서 본다면 이 세 가지 모두가 현 시점에서는 충분하다고 할 수 없는, 소위 '3중고'를 안고 있는 필자가 과연 본서를 쓸 만한 자격이 있는가를 자문하지 않을 수 없다. 그럼에도 불구하고 어쨌든 본서를 끝낼 수 있었던 것은 전적으로 본서를 집필하기 위해 참고하고 인용한, 지금까지의 우수한 선행연구 덕분이다.

과거 게이오 기주쿠慶應義塾 대학에 재직한 일이 없는 필자가 게이오 기주쿠대학출판회에서 본서를 출판할 수 있게 된 것은 순전히 출판회편집부에 계신 요츠노야 미도리乘みどり 씨 덕분이다. 동 출판회에서 2009년에 나온 공저 『현대동아시아現代東アジア』의 졸고도 담당했던 요츠노야 씨는 일본이 조선을 병합한 지 100주년이 되는 해인 2010년에, 한국병합이 여러 가지 양상으로 받아들여지고 있는 한편 그것에 대한 일본인 일반, 특히 젊은 세대의 반응을 보고 바로 필자에게 본서의 집필을 의뢰했다. 신기하게도 동일한 문제의식을 가지고 있었기 때문에 필자는 그 의뢰를 수락했지만 곧 그것이 "경솔하게 떠맡은" 것이었음을 통감하게 되었다. 이전에 필자가 출판

한 두 권의 전문서가 취급한 시기와 내용, 그리고 그 주변관계에 대해서는 비교적 빨리 집필할 수 있었지만 그 뒤의 내용은 잘 써지지 않았던 것이다. 겨우 써서 요츠노야 씨에게 원고를 보내고 나면 다시 또 그 뒤의 내용이 잘 써지지 않는 상황이 반복되었다. 그러는 사이 요츠노야 씨는 이미 넘긴 필자의 원고를 검토하면서도 남은 분량의 원고 집필을 필자에게 재촉하지 않았다. 지금에 와서 생각하면 그와 같은 과정은 본서가 완성되기 위해 꼭 필요한 '숙성' 과정이었으나 그렇다 하더라도 완성까지 이 정도로 많은 시간이 걸린 것에 대해서는 정말 죄송하게 생각하고 있다. 또한 요츠노야 씨가 원고를 차례차례 읽어보고 그때마다 제시한 감상과 시사 등은 본서의 내용을 한층 더 충실하게 만들었다. 이러한 점 모두에 대해 다시 한번 감사를 표하고 싶다.

그 외에도 본서가 이렇게 출판되기까지 유형무형의 은혜를 베풀어 준 많은 분들에게 감사를 표하고 싶다.

우선 본서의 근원이 된 『현대동아시아』에 졸고를 실을 수 있도록 해주신 고쿠분 료우세이國分良成 선생님(보우에이 대학교防衛大學校 교장)께 감사를 드린다. 고쿠분 선생님의 시사가 있었기 때문에 졸고가 실제로 나올 수 있었고 또 그것이 본서의 기초가 되었다. 고쿠분 선생님은 학회에서 뵐 때마다 매번 필자와 친히 대화할 기회를 마련해 주시곤 했는데 본서에 대해 어떠한 감상을 가지실지 궁금하다.

다음으로는 『현대동아시아』의 근원이 된 『국제정세 Basic series 동아시아國際情勢 ベーシックシリーズ 東アジア』(自由國民社, 1997년)에 고쿠분 선생님과 함께 졸고를 실어 주신 고 고지마 토모유키小島朋之 선생님(전 게이오 기주쿠 대학慶應義塾大學 교수) 및 편집 실무를 담당했던 당시 동 사의 이치야나기 미도리一柳みどり 씨 두 분에게도 감사를 표하고 싶다. 두 분의 협력이 없었다면 그 졸

고는 역시 실제 나온 것과는 다른 것이 되었을 것이고, 그에 따라 본서의 내용도 달라졌을 것이다. 고지마 선생님은 안타깝게도 2008년에 작고하셨는데, 만약 본서를 보셨다면 어떤 말씀을 하셨을까? 한편 필자에게는 요츠노야 씨와 더불어 또 한 명의 '미도리 씨'인 이치야나기 씨는 그 후 독립했는데, 학회에서 만났을 때 본서의 출간을 알려드렸고 꼭 읽어보고 싶다고 말씀하셨다. 본서가 기대에 부응했다면 다행이다. 또 동서의 집필자 가운데 한 사람으로 필자에게 연락을 주신 구라다 히데야倉田秀也(보우에이 대학교 교수) 씨에게도 감사를 표하고 싶다.

그리고 필자의 대학원생 시절 은사셨던 고 아루가 타다시有賀貞(히토쓰바시 대학교一橋大學校 명예교수) 선생님께도 삼가 감사를 표하고 싶다. 아루가 선생님은 대학원 시절 열등생이었던 필자가 본서를 계획 중이라는 사실을 전했을 때 자신의 일처럼 기뻐하시고 또 필자를 격려해 주셨다. 그러나 아루가 선생님은 금년 3월에 타계하셔서 본서를 보여드릴 기회를 놓쳐버리고 말았다. 본서의 출판이 늦어진 것이 너무나 한스러운 일이 되었다. 대학원 시절 따뜻하면서도 더할 나위 없이 엄하게 필자를 지도하신 아루가 선생님께서 본서를 보셨다면 어떤 생각을 하셨을지 지금은 상상하는 수밖에 없는데, 칭찬해 주실 정도는 아니더라도 다시 쓰라고 하실 정도만 아니라면 다행이라고 생각한다. 본서를 삼가 아루가 선생님 영전에 바치고 싶다.

또한 필자의 요구를 흔쾌히 받아들여 원고를 읽어주시고 귀중한 감상과 의견을 주신 강덕상 선생님(전 히토쓰바시 대학교 교수, 시가현립대학滋賀縣立大學 명예교수)께도 삼가 감사를 표하고 싶다. 아루가 선생님과 나란히 필자의 대학원 시절 또 한 명의 '스승'이신 강덕상 선생님은 일본과 한반도의 현재 관계를 제대로 알고 미래를 바르게 예측하기 위해서라도 역사를 공부하는 것이 중요하다고 항상 말씀하셨다. 본서가 그것에 조금이라도 부응하고 또 그 감상과 의견이 잘 반영되었다면 그것으로 다행이다.

더욱이 이전의 저술과 마찬가지로 본서를 집필할 때에도 커다란 도움과 인내를 강요받은 가족에게도 감사를 표한다.

마지막으로 본서를 끝내고 다시 느낀 것은 본서에서 취급한 내용은 필자가 지금까지 개인적으로 학술서와 논문에서 다룬 것보다 시기적으로나 대상적으로 광범위한 것이지만, 한일관계사 전체에서 본다면 정말 일부에 지나지 않는다는 점이다. 따라서 필자는 우선 현재 계획 중에 있는 세 번째 학술서의 출판을 위해 더욱더 연구를 계속해야 한다고 생각하고 있다. 또한 필자는 지금까지 학술서와 논문을 낼 때 기억에 남을 수 있는 것이어야 한다는 것을 집필 기준으로 삼아왔는데, 그 기준은 개설서인 본서에도 동일하게 적용된다. 필자는 본서가 그와 같은 것이 되기를 바랄 뿐이며 앞으로도 기억에 남을 수 있는 연구를 계속해 나갈 수 있도록 정진하고 싶다. 그리고 본서가 지금도 '역사문제'로 흔들리고 있는 일본과 한반도 사이의 상호 이해에 조금이나마 도움이 되기를 진심으로 바라는 바이다.

들어가며

고대~7세기 조선과 일본

한반도는 중국과 일본 사이에 위치한 까닭에 아주 먼 옛날부터 교통이 있었고, 특히 육로로 연결되는 중국으로부터 받는 영향은 매우 컸다. 기원전 2세기경 한반도 북쪽에서 형성된 고조선이 철기 문명을 가진 집단에 밀려 남하하면서 한반도 남부에서는 마한·진한·변한의 삼한이 발전하였고, 점차 마한지역은 백제, 진한지역은 신라, 변한지역은 가야로 흡수된 뒤 발전했다. 한편 고분에서 나온 유물은 가야와 일본이 깊은 연관이 있었음을 보여 주고 있지만, 일찍이 일본이 한반도에 설치한 통치기관이라고 주장해 온 '임나일본부任那日本府'의 존재는 현재 부정되고 있다.

삼한에 이어 북부지역의 고구려, 남동부지역의 진한을 중심으로 성립된 신라, 그리고 남서부지역의 마한을 중심으로 성립된 백제가 병존했던 삼국시대에는 때에 따라 각국 간의 동맹, 적대관계가 성립되었다. 이러한 삼국 간의 치열한 관계는 6세기 말과 7세기 초에 중국에서 등장한 수隋와 당唐이라는 통일세력이 중국 중심의 세계질서를 구축하기 위하여 삼국 문제에 개입하면서 더욱 복잡하게 전개되었다. 특히 628년에 중국을 재통일한 당과 고구려의 대립구도 속에서 고구려와 백제가 연합하여 신라를 공격했고, 신라는 당과의 연합을 통해 이를 막아내려 했다. 서로의 이해관계가 맞아떨어진 신라와 당은 백제와 고구려를 멸망시킨 후 대동강 이남 지역을 신라가 차지한다는 밀약도 맺었다. 이에 백제는 일본의 야마토大和 조정과 연합하여 신라와 당에 대항하려 했지만 결국 나당연합군에 의해 660년에 멸망했고, 이어 668년에는 고구려도 멸망하면서 삼국시대는 막을 내렸다.

일본은 백제와 연합하여 나당연합군과 싸운 백강전투白江戰鬪*에서 패배한 후 당의 침입에 대비하여 규슈九州 북부지역에 방어시설을 구축하는 등 수비를 강화하고 백제에서 온 망명자들을 받아들였다. 뿐만 아니라 일본은 신라와 당을 견제하기 위하여 698년에 한반도 북쪽인 현재의 중국 동북부와 러시아 연해주의 일부 지역에서 고구려 유민과 말갈족이 연합하여 건국한 발해와도 긴밀한 관계를 유지했다. 이처럼 일본과 신라 사이에는 정치, 외교적으로 긴장관계가 형성되었지만 양국 간의 문물교류는 계속 이어졌다. 한편 고구려와 백제를 멸망시킨 후에도 본국으로 돌아가지 않고 남아 신라에 대한 야심을 드러낸 당과 신라는 관계가 악화되어 나당전쟁이 일어났다. 신라의 선제공격으로 시작된 나당전쟁은 670년부터 7년 동안 계속된 끝에 676년 금강전투를 마지막으로 마침내 신라의 승리로 끝이 났고, 신라는 한반도의 통일을 달성했다. 이후 신라는 조공관계를 통해

---

* 일본에서는 '백촌강전투白村江の戰い', 중국에서는 '백강구전투白江口戰鬪'라고 한다. 백강, 백촌강은 백마강의 다른 이름이며 현재의 금강 하구를 일컫는다.

당과의 관계를 개선시켜 나갔다.

원과 고려·일본

삼국통일 이후 한반도는 지방호족들이 득세하는 혼란기를 거쳐 후고구려
(901년 건국), 후백제(892년 건국), 신라가 정립하는 후삼국시대를 맞이하게
되었다. 후고구려로부터 이어진 고려(918년 건국)는 935년에 신라를 멸망시
켰고 936년에는 후백제를 무너뜨리며 한반도의 통일을 이룩했다. 고려시
대 일본과 한반도를 둘러싼 국제관계에서 최대의 사건은 누가 뭐라 해도
소위 두 번에 걸친 원구元寇의 일본 침략이다(바로 1274년에 일어난 분에이의
역文永の役*과 1281년에 일어난 고안의 역弘安の役이다). 당·송시대에 이어 대두한
몽골족은 13세기 초반부터 고려에 복종을 요구했는데 고려가 이를 거부하
자 1231년에 침략해 왔다. 고려는 이후 약 30년 동안 몽골의 침략에 철저
히 저항했지만 결국은 항복할 수밖에 없었다. 몽골족은 그 이전은 물론 이
후의 중국왕조와 달리 고려의 내정까지 간섭했으므로 고려 관민의 반발은
강했으며, 특히 최씨 무신 정권의 사병 조직인 삼별초는 제주도까지 들어가
항전하기도 했다. 이후 현재의 중앙아시아 지역과 중동지역까지 지배하게
된 몽골족은 1271년에 원元을 건국한 뒤부터 일본에도 조공을 요구해 왔다.
당시의 가마쿠라 막부鎌倉幕府가 그 요구를 거부하자 원은 1274년에 강제로
고려군을 동원하여 일본을 침략하려 했다. 그러나 바다를 건너 일본을 침략
하는 것은 당시의 선박기술로는 어려운 일이었고 또 침공 당시 우연히 대

---

* 싸움, 전쟁을 뜻한다.

형 태풍을 만난 원은 할 수 없이 퇴각했다. 1281년에 원은 고려와 함께 다시 일본 침략을 감행했지만 역시 마찬가지로 대형 태풍을 만나 퇴각할 수밖에 없었다. 이 두 차례에 걸친 실패로 원은 일본 침략을 단념하지 않을 수 없었다. 14세기에 이르러 원이 쇠퇴하면서 고려는 상대적으로 자유로워졌지만, 동아시아 해역을 중심으로 출몰하는 왜구 때문에 또다시 백성들은 고통받았고 국력은 소모되었다. 그리고 1368년에 중국 남경(현재 난징南京)에서 건국된 명明이 원을 북쪽 몽골고원으로 몰아내자 고려에서는 친명파와 친원파로 나누어져 세력다툼이 벌어졌고, 이 다툼 때문에 국력은 더욱 쇠약해졌다. 그러는 사이 왜구를 격퇴하여 이름을 떨친 이성계는 친명파의 지지를 받아 권력을 잡았고, 마침내 1392년에 스스로 왕위에 올라 조선왕조가 건국되었다. 이로써 고려는 멸망했지만 현재 한국의 영어표기인 'Korea'는 바로 이 고려에서 비롯된 것으로 현재까지 그 이름을 남기고 있다.

조선왕조의 건국과 조일관계

조선왕조는 건국 이후, 특히 4대 국왕인 세종대왕이 1418년에 왕위에 오르면서 전성기를 맞이했다. 현재 대한민국의 만 원권 지폐 속 초상화의 주인공이 바로 세종대왕이다. 세종대왕은 현재 한반도에서 사용되고 있는 한글을 집현전 학자들과 오랜 연구 끝에 1443년에 창제하여 1446년에 반포했다. 또한 고려의 국교였던 불교에 대해서는 점진적인 억불정책을 시행하는 대신 유교정치를 국시로 삼는 등 문화면에도 큰 영향을 끼쳤다. 외교면에서는 왜구를 근절하기 위해 1419년 이종무李從茂를 파견하여 쓰시마對

馬를 정벌하는 기해동정己亥東征(일본에서는 '오에이의 외구応永の外寇'라고 부른다)을 단행했고, 쓰시마의 응전으로 조선도 피해를 입었다. 왜구는 조선 대외 정책의 변화와 일본 국내정치의 안정으로 다음 해인 1420년 무로마치 막부室町幕府와 화해하면서 이후 쇠퇴하게 되었다. 또 1443년에 조선과 쓰시마 사이에는 계해약조癸亥約條(일본에서는 가키쓰조약嘉吉條約)가 맺어져 세견선歲遣船과 통상에 관한 여러 사항이 결정되었는데, 조선과의 통상은 쓰시마뿐만이 아니라 일본의 주고쿠中國와 규슈九州의 여러 번藩에도 허락되었다. 그러나 1510년 부산포(지금의 동래)와 제포薺浦(지금의 진해 부근), 염포鹽浦(지금의 울산)에 살고 있던 일본인들이 조선이 자신들에게 가한 각종 통상상의 제약에 대한 반발로 '삼포왜란三浦倭亂'을 일으키면서 한일관계는 단절되었다. 결국 계속된 일본의 요구로 2년 후인 1512년에 조선은 쓰시마 번주인 소 사다모리宗貞盛에게 '조일무역은 소씨宗氏를 통해서만 가능하다'는 내용의 임신약조壬申約條를 제안했고 일본도 그에 따를 수밖에 없었다.

이상의 내용을 보면 근대 이전 조선의 국제관계는 강대국인 중국과 섬나라인 일본과의 관계가 주를 이루었으며, 그 와중에서 나름대로의 독자성과 균형을 유지해왔음을 알 수 있다. 그러한 사실은 본서에서 중점적으로 다루는 근대시기에도 마찬가지였는데, 다른 점이 있다면 근대에는 조선을 둘러싼 국제정세에 영향을 준 나라가 일본이나 중국만이 아니었다는 사실이다.

즉, 19세기 이후 현재의 시베리아 연해주지역을 중국으로부터 할양받아 한반도 최북동부와 아주 짧은 거리지만 국경을 접하게 된 러시아가 동아시아지역으로 진출을 도모했고, 또 18세기 후반에 세계 최초로 산업혁명을 성공시킨 영국이 비약적으로 생산량이 증가한 상품의 판로 개척을 위해 동아시아로 진출을 도모했다. 뒤이어 또 다른 구미열강도 조선을 둘러싼 국제관계에 중대한 영향을 미치게 되었다. 요컨대 조선(한국)은 근대에 접어들면서 동아시아 국제관계의 전개에 훨씬 더 많이 영향을 받았고 또 영향을 주었던 것이다.

이에 본서는 19세기 후반부터 1945년까지 조선(한국)을 둘러싼 국제관계의 전개를 일본과의 관계를 중심으로 상세히 살펴보고자 한다.

제1장

조선의 개국과 당시 국제정세

1. 동아시아 국제질서의 붕괴와 조선

왜란과 통신사

16세기 말, 마침내 일본의 전국시대를 끝내고 '천하를 평정'한 도요토미 히데요시는 아시아의 맹주가 될 꿈을 품고 명을 칠 테니 길을 빌려 달라는, 조선으로서는 도저히 용납할 수 없는 요구를 해왔다. 이 요구를 거절당한 도요토미는 1592년부터 1598년에 걸쳐 조선을 침략했다(일본에서는 '분로쿠·게이초의 역文祿·慶長の役'이라 하고 조선에서는 '임진왜란·정유왜란'이라고 한다). 이 전쟁은 거북선을 이끌고 일본의 침략에 맞선 이순신으로 상징되는 조선 수군의 저항과 명나라의 참전, 그리고 도요토미의 죽음으로 일본군이 철수하면서 1598년 11월에 끝났다. 전쟁기간 동안 일본은 한반도의 남쪽 지역부터 한성을 거쳐 북쪽지역까지 철저히 유린했으므로 조선은 큰 피해를 입었다. 또한 일본은 조선에서 후퇴하면서 5~6만 명에 달하는 조선인

을 강제로 일본으로 끌고 갔는데, 그들 중에는 도공도 포함되어 있었다. 조선으로 돌아오지 못하게 된 그들은 어쩔 수 없이 일본 규슈 등에 정착하여 하기야키萩燒*, 아리타야키有田燒**, 사쓰마야키薩摩燒*** 등 도자기업에 종사하게 되었다.[1] 뿐만 아니라 일본은 조선의 수많은 문화재를 불태우고 일부는 일본으로 가져가기도 했다.

임진왜란 이후 일본에서는 도쿠가와 이에야스德川家康가 1600년에 일어난 세키가하라關ヶ原 전투에서 이기고 난 뒤인 1603년에 에도 막부江戶幕府를 열면서 도쿠가와시대가 시작되었다. 이에야스는 히데요시에 대한 라이벌 의식으로 단절된 조선과의 관계를 수복하려 했지만 조선의 경계심은 대단히 강했다. 그럼에도 불구하고 일본의 요청으로 1609년에 조선과 쓰시마 번주인 소씨宗氏(소 요시토시宗義智) 사이에 기유약조己酉約條가 체결되었는데, 그 내용은 여러 가지 통상·무역규정에 관한 것이었다. 이 약조로 조일교역의 창구는 소씨만으로 할 것, 조선 내 일본의 기항지는 부산항 한 곳만으로 할 것 등이 결정되었다. 더욱이 두 차례에 걸친 '왜란'으로 인한 조선의 경계심 때문에 교역은 쓰시마의 대관이 부산에 있는 왜관[2]으로 직접 와서 외교와 무역을 행하는 것으로 행동이 제한되었다. 예컨대 그들이 왜관을 벗어나 수도인 한성으로 가는 것은 용인되지 않았다. 그리고 이에야스 이후 에도 막부의 쇼군將軍은 조선에 직접 사신을 보내지 않고 소씨를 사이에 두고 간접적이고 실질적인 관계를 맺는 것에 그쳤다.

한편 일본의 사신 파견 요청에 따라 조선에서 파견된 사절이 바로 통신사였다. '일본 국왕'(이 경우 쇼군을 의미한다)에게 국서를 수교하는 사절인

---

* 규슈 야마구치 현 하기에서 만든 도자기.
** 규슈 사가 현 아리타에서 만든 도자기.
*** 규슈 사쓰마 번(현재 가고시마 현)에서 만든 도자기.

통신사는 기유약조가 체결되기 2년 전인 1607년에 최초로 파견되었다. 이후 1617년과 1624년의 파견까지 총 세 차례 일본으로 건너갔던 통신사는, 일본국서에 대한 회답과 임진왜란 당시 일본으로 끌려간 조선인의 쇄환*을 목적으로 하였으므로 '회답겸쇄환사回答兼刷還使'라고 부른다. 통신사로 불리게 된 것은 1636년의 4회째부터이며 '일본국대군日本國大君'에게 보내는 국서를 담당했다. 이 시기 일본은 1633년부터 1639년에 걸쳐 일련의 쇄국령鎖國令을 선포하여 네덜란드 이외의 유럽제국에게는 문을 닫고 있었다. 일본이 네덜란드에게만 교역을 허락한 것은 기독교의 전파를 경계한 막부에게 네덜란드가 포교하지 않겠다고 약속했기 때문이었다. 따라서 일본의 대외관계는 중국3 및 네덜란드와의 통상관계, 조선 및 류큐琉球4와의 통신관계로 한정되어 있었다. 이러한 상황 속에서 통신사는 1643년·1655년·1682년·1711년·1719년·1748년·1764년·1811년 등 총 12번에 걸쳐 파견되었다. 그중 8회는 에도 막부의 쇼군이 바뀌었을 때 파견되었다. 통신사는 1회당 파견인원이 수백 명에 달했고 부산에서 에도까지 왕복했는데, 그 와중에 일본 유학자들이 통신사 일행으로부터 가르침을 받는 등 일본문화에도 영향을 끼쳤다. 다만 일본 막부로서는 그 부담이 결코 적지 않았기 때문에 6대 쇼군인 도쿠가와 이에노부德川家宣의 정치고문 아라이 하쿠세키新井白石는 1711년에 통신사 수용의 간소화와 입장의 대등화를 주장하기도 했다. 하쿠세키는 '고대 삼한三韓이 일본의 서번西藩'이라든지 '조선은 교활'하다는 잘못된 인식을 바탕으로 그러한 주장을 했다고 한다.5

---

* 조선시대에 외국에서 유랑하는 동포를 데리고 돌아오던 일.

쇄국과 개국

유럽에서는 1648년에 체결된 베스트팔렌조약으로 유럽 국가들 사이에 대등한 국가관계가 이루어졌다(한편으로 유럽 또는 미주 이외의 국가에 대해서는 불평등한 관계를 요구할 수 있게 되었다). 그러나 동아시아의 상황은 달랐다. 동아시아에는 중국(청)을 종주국, 주변지역을 조공국으로 하는, 일종의 상하관계로 이루어진 '책봉체제'라는 국제시스템이 있었고, 조공국은 조선, 베트남(越南), 류큐 등이었다. 일본은 '대륙(중국)-반도(조선)-섬나라(일본)'라는 동아시아 국제시스템 내의 서열에서 하위에 위치하고 있었지만 바다 건너 섬나라라는 이유로 조선 등 중국과 육로로 이어진 나라와는 달리 중국의 영향을 직접적으로 받지 않았다. 조선을 비롯한 조공국은 자국의 국왕이 바뀔 때마다 사절을 보내어 중국에 복종한다는 뜻을 보이는 한편, 중국은 조공국에 선물을 하사하고 또 그들의 내정에는 간섭하지 않았다. 반면 일본은 중국의 영향력 밖에 있었고 쇄국정책을 펼쳤기 때문에 독자적인 문화와 정치체제를 만들 수 있었다. 그러므로 에도시대에 대해서는 쇄국정책 때문에 세계로부터 뒤떨어졌던 시기였다고 부정적으로 평가하는 경우가 있는 한편 독자성, 그중에서도 교육이나 산업 등에 있어서 독자적인 기반이 만들어질 수 있었다는 긍정적인 평가도 이루어지고 있다.

구미제국은 18세기 후반에 영국이 세계 최초로 산업혁명을 이루고 난 이후부터 비약적으로 증가한 상품의 판매처 및 상품의 재료가 되는 원료 공급지를 구하고자 아시아에 자주 출현하기 시작했다. 청은 1840년부터 다음 해에 걸친 아편전쟁에서 영국에게 패배한 뒤 1842년에 난징조약을 체결하면서 개국되었고, 이 불평등조약을 통해 서구의 국제법 시스템에 편입되었다. 그 영향으로 구미의 시선은 이제 일본과 조선으로 향했다. 예를 들어 미국 하원 해사위원회 위원장인 자독 플랫Zadoc Platt은 1845년에 일본 및 조선과 통상관계를 수립해야 할 필요성을 결의시켰고, 그 결과 다음 해에는 제임스 비들^{James Biddle}이 일본에 내항하여 통상을 요구했지만 거부 당했다. 미국은 그때의 경험에 입각해 1853년에 페리^{Matthew C. Perry}함대를 파견하여 '포함외교^{砲艦外交}'를 단행했고, 다음 해인 1854년에 미일화친조약 을 체결하여 일본을 개국시켰다. 이어서 1858년에는 미일수호통상조약을 체결했는데, 이 역시 유럽제국보다 앞선 것이었다. 미국에 이어 유럽제국 들도 일본과 차례로 조약을 체결했고 (1858년의 미일수호통상조약 이후 영국·프랑스·러시아·네덜란드와도 수호통상조약을 맺어 「안세이 5개국조약^{安政の五力国條約}」이 성립되었다) 그로 인해 일본 역시 서구의 국제법 시스템에 편입되었다.

한편 봉건체제가 동요를 보이고 있던 조선왕조는 아들이 없는 철종이 사망한 뒤, 먼 친척인 이희^{李熙}가 1863년에 왕위에 올랐는데, 그가 바로 고종이다. 고종은 왕위에 오를 당시 겨우 12세에 불과했기 때문에 그의 부친 인 이하응이 후견인 역할을 했고, 이하응에게는 '대원군'이라는 칭호가 주 어졌다. 대원군은 그때까지 이루어지고 있던 '세도정치'를 타파하는 한편 왕권을 강화하고 대외적으로는 철저히 쇄국정책을 취했다. 그런 가운데 1866년 미국의 무장상선인 제너럴셔먼호가 대동강을 거슬러 평양에 나타 났다. 조선은 물러갈 것을 요구했지만 제너럴셔먼호는 포격을 가하고 조 선인을 납치했기 때문에 성난 민중들이 배를 공격하여 침몰시키고 선원 24명 전원이 사망하는 제너럴셔먼호 사건⁶이 일어났다. 같은 해에는 프랑 스 가톨릭선교사가 처형된 것을 문제 삼아 강화도를 침공한 프랑스 함대 를 격퇴한 '병인양요'⁷도 발생했다. 1868년에는 독일계 상인인 에른스트 야코프 오페르트^{Ernst Jakob Oppert}가 대원군의 아버지인 남연군의 묘를 도굴 하려다 미수로 끝난 사건이 일어났다. 또한 1871년에는 셔먼호 사건에 대 한 보복으로 미 아시아함대 사령관 존 로저스^{John Rogers} 제독이 이끄는 미

함대 5척이 강화도를 포격하고 그 일부를 점령하여 조선에 큰 피해를 주었다. 하지만 조선의 지구전에 끌려 들어가 공격도 하지 못한 채 철수하는 것으로 끝난 '신미양요'도 발생했다. 조선은 이러한 구미 열강의 '양요洋擾(구미제국의 습격)'를 물리쳤기 때문에 대원군 정권은 '척화비斥和碑'를 전국 각지에 세우고 쇄국양이鎖國洋夷라는 부동의 정책을 내외에 천명했다. 그러나 바로 그러한 이유 때문에 조선은 특히 일본에 비해 개국이 지연되어 버렸다.

조선과 마찬가지로, 일본 역시 처음에는 개국을 바라지 않았음에도 불구하고 개국되었다는 것 때문에 단순히 번藩 차원을 넘어 국가적으로 '흑선黑船'* 때문에 당했다는 위기의식과 피해의식을 갖게 되었다. 즉, '국제정치란 도리가 통용되지 않고 힘으로 말하는 세계'이고 '일본의 개국은 힘이 부족한 탓'이니 '일본도 힘을 키우지 않으면 안 된다'와 같은 인식을 하게 되었던 것이다. 이러한 인식은 그 후 조선을 비롯한 인근 아시아 여러 나라와 지역에 대한 일본의 태도와 정책의 기반이 되었다. 예컨대 유럽 열강이 출몰하여 개국을 요구하는 상황 속에서 산업의 국유화와 무역의 진흥 등을 부르짖은 사토 노부히로佐藤信淵는 개국 이전부터 이미 국방의 관점에서 아시아의 여러 나라를 침략할 필요가 있다고 주장했다. 1850년대에는 요시다 쇼인吉田松陰이 정한征韓을 주장했는데, 그는 1859년에 '안세이 대옥安政の大獄' 때 처형되었다. 그 후 정한론은 요시다가 현재의 야마구치山口현 하기萩에서 운영하던 사설교육기관인 쇼카손주쿠松下村塾의 제자들에게 계승되었다.

---

* 일본 에도시대 이전부터 써왔던 용어로 서양식 함선을 뜻한다. 오늘날에는 좁은 의미로 막부 말 내항한 배, 특히 1853년 7월 8일 우라가浦賀 앞바다에 내항했던 페리가 이끌고 온 배를 가리킨다.

2. 일본의 도막* · 메이지 유신과 조선

에도 막부는 1850년대의 개국으로 자신들이 수립했던 쇄국정책을 스스로 파기했고, 또 개국 후에는 경제적 혼란과 사회적 불안이 증대되어 통치의 정통성을 상실하게 되었다. 결국 개국 후 막부가 체결한 불평등조약에 불만을 품은 사쓰마薩摩 번과 조슈長州 번이 막부와 맞선 끝에 1867년 11월 막부의 제15대 쇼군인 도쿠가와 요시노부(德川慶喜, 1837~1913)는 통치권을 조정에 반납하는 대정봉환大政奉還을 단행했고, 다음 해 1월에 왕정복고의 대호령이 시행되면서 메이지 유신明治維新이 이루어졌다.

메이지 유신과 '정한'의 주장

그러한 가운데 1868년에 일어난 보신전쟁戊辰戰爭은 대정봉환 이후에도 일정 수준의 권력을 행사하려던 구 막부와 이를 완전히 무력화하려는 신정부 사이의 전쟁으로서 1869년이 되어서야 삿초薩長(사쓰마와 조슈) 동맹군과 도사土佐 번 · 히젠肥前 번 등이 이끄는 '관군'의 승리로 끝났다. 보신전쟁의 종결을 전후한 시기에 조슈 번을 군사적으로 이끌었던 오무라 마쓰지로大村益次郎(村田蔵六)와 정치적 리더였던 기도 다카요시木戸孝允(桂小五郎) 등은 모두 '정한'을 주장했다. 특히 기도는 1868년 12월 14일 "조선에 사절을 보내어 그 무례를 묻고 만일 저들이 불복할 때에는 그 땅을 공격하여 크게 위세를 떨치길 바란다"고 일기에 적을 정도였다.

일본에서는 1868년 2월 25일 외교기관으로 설치된 외국사무국外國事務局이 같은 해인 6월 11일에 외국관外國官으로 바뀌었고, 다음 해인 1869년 8월

---

* 倒幕. 막부 타도 운동.

15일에 외무성外務省이 설치되었다. 그러한 가운데 아직 구 막부세력과 보신전쟁을 계속하고 있던 신정부는 전쟁을 유리하게 이끌어, 막부시대에 조인된 모든 조약의 계승과 준수사항을 확인한 뒤 주일공사관이 국서國書를 봉정奉呈하는 등의 형식을 통해 구미로부터 승인을 얻었다. 그러나 신정부는 대외적 화친과 국권의 확장을 국시로 삼는 한편, 1868년부터 일찌감치 구 막부가 맺었던 불평등조약을 개정하겠다는 뜻을 표명했다.

메이지 정부가 초기부터 구미 제국과의 외교적 과제로 설정한 '조약개정 문제'는 그 후 난항을 겪는 바람에 메이지시대가 끝날 무렵에야 해결되었다. 이와 더불어 메이지 정부가 초기 단계에 또 하나의 외교적 과제로 삼은 것은 주변지역과의 관계였는데, 그중에서도 특히 국경의 획정 및 외교의 일원화를 중요시했다. 그 가운데에서 조선 문제가 점차 부각되었다.

3. '정한론'의 대두와 조일수호조규의 체결

'정한론'과 그 배경

메이지 정부 전 단계인 에도시대 말기에 막부의 대한외교에서 중심 역할을 한 것은 쓰시마對馬 번의 가로家老인 오시마 세이초大島正朝였다. 그는 쓰시마번이 대한외교의 중심이라는 내용의 「한일제휴안韓日提携案」을 제시하며 조선에 대해 강경한 입장이었던 기도 다카요시를 설득했다. 그리고 두 사람은 막신이면서 군함봉행병軍艦奉行竝인 가쓰 가이슈(勝海舟, 1823~1899)에게 이 제휴안을 헌책했고, 가쓰는 일본·조선·청의 제휴와 연합을 위해 조선으로 가려 했지만 면직되어버린 탓에 실현하지 못했다. 또 1867년에는 쓰시마번이 조선과 미국·프랑스 사이를 조정해 보려했지만 이 역시 막부가 붕괴되면서 실현하지 못했다. 1868년 4월 15일 신정부는 쓰시마 번주인 소 요시아키라宗義達를 '조선통교사무취급朝鮮通交事務取扱'으로 삼으면서 마침내 대한외교의 일원화를 향한 첫걸음을 내딛게 되었다. 신정부는 왕정복고 사실을 통고하기 위하여 조선에 사절을 파견하기로 결정했고 쓰시마 번주에게 이 임무를 맡겼다. 그리하여 쓰시마 번의 가로인 히구치 데쓰시로樋口鐵四郎가 1869년 1월 23일 「대정일신통고선문서계大政一新通告ノ先問書啓」를 들고 조선으로 출발했다. 그런데 그 서계에는 '황실皇室'이라든가 '봉칙奉勅'이라는 자구가 들어 있었다. 조선의 입장에서 '황皇은 중국의 황제만'을 의미하는 것이었기 때문에 서계를 받아들인다는 것은 에도시대와는 반대로 조선이 일본 밑으로 들어가는 것이라며 서계수리에 반발했다. 또한 서명이나 인장도 종래의 것과 다르다며 서계수취를 거부했다. 다만 조선은 일본 사절을 '양이攘夷'의 첨병으로 의심하면서도 전통적으로 유지해온 일본과의 외교관계, 즉 일본에 한정적인 형태의 '개항'을 재개할 필요성은 느끼고 있었다.

조선의 서계수취 거부에 대한 반발과 보신전쟁에 종사한 후에는 메이지유신, 그 후 1869년에 화족華族(황족·귀족)·사족士族(구 무사)·졸족卒族(구 하급무사)·평민平民(구 농공상민) 간의 '사민평등'을 새로이 표방하면서 이제는 '쓸모없어진' 무사들을 다른 용도로 쓸 필요도 있었으므로 기도 다카요시는 1869년 2월 산조 사네토미三條實美와 이와쿠라 도모미岩倉具視 앞으로 편지를 보내어, 병력을 사용하여 부산을 개항시키고 싶은데, 이는 경제적인 측면에서는 손실을 입을지도 모르지만 '황국의 큰 방향을 세워' 국민의 시야를 안팎으로 크게 넓히는 데 목적이 있다고 했다. 그리고 정부는 대한교섭사무를 쓰시마 번주인 소 요시아키라로부터 외무성으로 옮기고 소에게는 조선으로의 사절파견을 중지하라고 명령했다. 그런 다음 1870년 1월 7일에 외무성출사^{外務省出仕}인 사다 하쿠보^{佐田白茅}와 외무소록^{外務小錄}인 모리야마 시게루^{森山茂}를 조선으로 파견했다. 그들은 전년도부터 '정한'을 주장하고 있던 인물들로서 다이세이^{大正} 유신 통지서*를 전달하기 위해 부산에서 교섭을 시도했다. 하지만 조선이 받아들이지 않았기 때문에 그들은 귀국 후 같은 해인 4월에 군 병력 30대대를 출병시켜 조선을 정벌하자고 건의했다. 뿐만 아니라 넉 달 뒤인 8월 외무대승인 야나기하라 사키미쓰^{柳原前光}는 이와쿠라 우대신^{右大臣}에게 보낸 「조선론^{朝鮮論}」에서 조선에 대해 적극책을 써야 한다고 주장했다. 같은 해 10월에는 외무권소승^{外務權小丞}인 요시오카 고오키^{吉岡弘毅}와 모리야마를 조선으로 파견하여 외무경의 편지를 전달하려고 했지만 이들 역시 거부당했다. 요시오카는 부산 왜관에서 일본교섭책임자인 훈도 안동준^{安東晙}과도 회견했지만 진전이 없었다.

한편 외무대승인 마루야마 사쿠라^{丸山作樂}는 사다 하쿠보의 주장에 공감하여 외무경^{外務卿}인 사와 노부요시^{澤宣嘉}에게 정한을 실행하자고 촉구했지만 받아들여지지 않았다. 이 때문에 마루야마는 재직한 상태에서 군함과 병기를 구입하고 유지들을 모집한 뒤 조선으로 출병하려는 계획을 세웠지만 사전에 발각되어 금고처분 되었다. 이처럼 정한을 실행하려는 적극적인 움직임이 있었지만, 외무성은 1870년 4월에 다음과 같은 「대조선정책 3개조」를 발표했다. 그 내용은 다음과 같다. 제1조는 국력이 충실해질 때까지 조선과의 교류를 폐지한다. 제2조는 천황의 사신(이때는 기도를 상정)을 파견하여 국서의 수리 및 통상조약의 체결을 촉구하고 거부 시에는 무력을 동원한다. 제3조는 종주국인 청과 대등한 조약을 맺어 그 조공국인 조선을 일본 밑에 둔다는 것이었다. 그중에 3조가 정책으로 채택되어 1871년

---

* 대정봉환, 왕정복고, 메이지 유신의 성공을 알리는 통지서.

9월 13일 청일수호조규淸日修好條規가 체결되었고 상호 영사재판권을 인정하게 되었다.

다만 이 시기에는 조선 문제 외에 주변국과 지역 사이에서도 외교문제가 부상하고 있었는데, 러시아와의 가라후토樺太(사할린) 문제가 이에 해당했다. 1855년에 체결한 러일화친조약露日和親條約에서 가라후토는 러일 양 국민이 함께 거주하기로 하고, 쿠릴 열도에서 우루프 섬 이북은 러시아령으로, 에토로후擇捉(이투루프) 섬 이남의 하보마이 군도齒舞群島와 시코탄 섬色舟島, 구나시리國後(쿠나시르) 섬은 일본령으로 할 것을 합의했다.[8] 그러나 사할린에 거주하는 러시아인의 수가 점차 증가하면서 그 균형이 무너졌다. 더욱이 1869년 8월 러시아가 하코도마리西泊*에 병영진지를 구축하자, 주일 영국공사인 해리 파크스Harry Parkes는 사할린을 포기하고 홋카이도 경영에 전념할 것을 일본에 권했다. 일본 정부 내에서도 개척차관開拓次官인 구로다 기요다카黑田淸隆가 그와 같은 주장을 하고 있었다. 또한 1871년 12월 18일에는 류큐 야에야마 군도八重山群島의 어민 54명이 대만에 표류한 뒤 현지인에게 살해당하는 사건이 발생했는데 류큐 왕국의 (사쓰마와 청에 대한) '이중 조공'을 해소하기 위한 목적도 있었으므로 대만출병론이 제안되었다. 게다가 1871년 11월 20일에는 이와쿠라 사절단이 구미로 파견되었다. 표면적인 목적은 구미 각국의 재정과 법률제도를 연구하기 위해서였지만 실제로는 불평등조약을 개정하기 위하여 우대신인 이와쿠라를 특명전권대사로, 대장경大藏卿 오쿠보 도시미치大久保利通와 참의參議 기도 다카요시, 공부대보工部大輔 이토 히로부미伊藤博文를 부사로 한 사절단이었다. 사절단이 파견되고 일본에 남은 정부를 소위 '유수정부留守政府'라고 하는데, '유수정부'는 사이

---

* 아이누어語로 '작은 항구'라는 뜻이다. 현재 러시아령 사할린 주 코르사코프.

고 다카모리西鄕隆盛를 추대한 도사와 히젠 출신들이 권력을 장악하면서 대외적으로는 강경정책을 추진하게 되었다.

신정부는 1871년 7월에 실시한 폐번치현廢藩置縣으로 쓰시마 번주인 소宗가 가지고 있던 대조선 외교권을 접수하여 대조선 외교의 일원화를 완성했다. 그러한 가운데 1871년 12월 히젠 출신의 소에지마 다네오미副島種臣가 외무경으로 취임했다. 대외강경책 하에서 외무대승인 하나부사 요시모토花房義質는 1872년 9월에 군함을 이끌고 부산으로 향했고 초량에 있던 왜관을 접수하며 이를 '일본공관日本公館'이라고 칭했다. 그렇지만 대원군의 통치하에 '위정척사衛正斥邪' 정책을 실시하고 있던 조선이 그것을 인정하지 않았기 때문에 교섭 자체는 이루어지지 않았다.

1873년이 되자 일본 정부는 4월에 외무성출사인 히로츠 히로노부廣津弘信를 부산으로 파견하여 근무하게 했고, 먼저 가 있던 모리야마 시게루와 협력할 것을 지시했다. 그러나 조선은 5월에 초량왜관으로의 식량 공급을 중지했고 왜관 문 앞에 「무법지국無法之國」이라고 쓴 문서를 게재했다. 6월에 귀국한 모리야마가 이러한 사실을 보고하자 일본 정부 내에서는 이 문제의 해결을 위하여 '정한征韓'을 주장하는 분위기가 고조되었다.

바로 그때 소에지마는 청일수호조규 비준서를 교환하기 위해 청에 건너가 있었다. 그 사이 부사인 야나기하라 사키미쓰가 1873년 6월 21일에 청과 회담했는데, 이때 청은 조선의 화전和戰(전쟁을 끝내고 화친하는) 권리에는 간섭하지 않겠다고 했다. 사절단으로 구미에 갔던 오쿠보 도시미치는 5월 26일에, 기도 다카요시는 7월 23일에 이미 귀국한 상태였지만 청의 의향을 듣고 귀국한 소에지마의 보고를 받은 일본 정부는 8월 17일에 개최된 묘의廟議에서 사이고 다카모리를 조선에 파견하기로 결정했다. 다만 천황은 이와쿠라의 귀국을 기다려 재가하겠다고 했다. 사이고를 조선에 파

견하는 것에 대해서는 소에지마와 히젠 출신의 사법경 에토 신페이^{江藤新平},
도사 출신의 이타가키 다이스케^{板垣退助}, 고토 쇼지로^{後藤象二郎}가 찬성한 한편
오쿠보는 이 시점에서 반대할 수 없었다. 기도와는 구미시찰 중 다투는 바
람에 사이가 좋지 않았고, 이와쿠라 등은 아직 귀국하지 않아 반대하기에
는 수적으로 열세에 있었기 때문이다. 사이고를 조선에 파견하려는 목적
에 대하여 기존 연구에서는 '정한^{征韓}'이나 '견한^{遣韓}' 등을 비롯한 여러 가
지 설이 있지만 아직도 확실한 결론은 나지 않았다. 그러한 가운데 이와쿠
라는 9월 13일에 귀국했고 10월 14일에 열린 묘의에서 견한사^{遣韓使}에 대해
협의를 가졌다. 이때 오쿠보·이와쿠라·기도 등이 내치우선론을 부르짖으
며 견한사를 반대했기 때문에 결론이 나지 않았다. 다음 날인 15일 태정대
신^{太政大臣} 산조 사네토미가 사이고 측의 압박에 못 이겨 견한에 찬성했지만
그 후 오쿠보 측으로부터도 압박을 받자 그는 10월 18일 병을 이유로 사직
했다. 그리고 10월 24일 이와쿠라의 상주에 따라 천황이 견한사를 무기한
연기하기로 결정했기 때문에 사이고·에토·소에지마·이타가키·고토 등
5명은 하야했다. 그 직후인 11월에는 대^對민중행정 및 식산흥업*을 위하여
내무성이 설치되었고 초대 내무경으로 오쿠보가 취임했다.

이것이 소위 '메이지 6년 정변'이라는 것인데 정한을 둘러싼 사건이라기
보다는 '삿초도히(^{薩長土肥}, 사쓰마, 조슈, 도사, 히젠을 통틀어서 하는 말)', 즉 번
벌정부에서 비주류파였던 도사와 히젠 세력이 정부 내에서 주도권을 잡기
위하여 주류파인 사쓰마와 조슈 세력에 도전한 사건이었다. 하지만 이 사
건이 마지막 단계에서 실패했다는 것은 부정할 수 없다.

---

* 殖産興業. 생산을 늘리고 산업을 일으킨다는 뜻으로, 메이지 정부가 서양 제국에 맞서 산업
과 자본주의를 육성하여 국가 근대화를 추진한 여러 정책을 가리킨다.

조일수호조규의 체결

1863년에 즉위한 고종은 1866년에 어머니의 권유로 결혼했는데 그 상대가 바로 민비閔妃(이하 명성황후)였다. 시아버지와 며느리 관계였던 대원군과 명성황후는 처음에는 사이가 좋았지만 곧 대립하게 되었고 고종도 그 대립에 휩쓸리게 되었다. 1873년 12월에 명성황후의 견제정책이 성공을 거두어 대원군은 정계에서 물러났다(계유정변癸酉政變). 명성황후는 대원군에 대한 반감으로 그 이전까지 대원군이 실시했던 쇄국정책을 전환하여 근대화정책을 실시했고 메이지 정부를 대일교섭 상대로 인정했다. 또한 1860년대부터 구미와의 양요에도 관여했던 박규수는 1871년에 일어난 신미양요 이후부터 쇄국정책에 반대했고, 대원군이 물러난 이후에는 관례에 어긋난다며 서계를 수리하지 않는 것에 대해서도 반대했다. 그는 1874년 이후 국정에서 물러나 인재육성에 노력했는데 김옥균·김윤식·박영효·유길준 등의 개화파가 그의 지도 아래 배출되었다.

일본 정부는 1874년 2월 6일에 열린 각의에서 대만을 '정벌'하기로 결정했다. 이후 4월 4일에 육군중장 사이고 쓰구미치西鄉從道를 대만번지사무도독臺灣藩地事務都督으로 임명했고 5월 22일 사이고는 대만에 상륙했다. 대만 문제를 해결하기 위하여 9월에 베이징으로 간 오쿠보 도시미치는 10월 31일에 청일양국간호환조관淸日兩國間互換條款을 맺어 대만이 '일본국 속민'에게 위해를 가한 사실을 인정하게 한 후 12월 대만에서 철병했다. 그러한 흐름 속에서 일본은 조선과도 조약을 체결하기 위하여 1874년 5월에 외무성출사인 모리야마 시게루를 조선으로 파견했다. 1874년 9월 3일 일본공관장이 된 모리야마는 훈도인 현석운玄昔運에게 처음으로 정식 접견을 받았다. 그 영향으로 10월에 귀국한 모리야마는 12월 28일 이사관理事官이 되어 다시 조선으로 향했다. 그의 임무는 재가를 거친 3개조의 외무경外務卿 데라시

메이지–다이쇼시기 석판화가 오카무라 마사코가 제작한 석판화「조선국귀현초상朝鮮國貴顯肖像」(1894).
명성황후(左), 고종(中), 흥선대원군(右)

마 무네노리寺島宗則의 서계를 조선 예조판서에게 전달하는 것이었다. 그러
나 그 서계 역시 '황상이 등극하고'라든가 '칙을 받들고' 등의 표현이 있었
으므로 조선은 서계수리를 거부했다. 하지만 사절 환영의식인 연향宴享을 베
푸는 것은 에도시대부터의 오래된 전통이라는 조건에서 동의했다. 그런데
모리야마가 연향에서 서양식 예복을 입겠다고 주장했기 때문에 교섭은 무산
되었고 연향도 연기되었다. 이 때문에 일본 정부는 1875년 5월과 6월에 군
함 운요호雲揚號 및 제2데이보호第二丁卯號를 각각 부산으로 파견했다. 그러자
조선은 군함 파견에 대하여 일본에 항의하는 한편, 6월 9일에는 서계수리
를 논의하기 위하여 회의를 열었다. 회의에서는 수리 4표, 거부 7표, 보류
와 불명 24표로 서계거부가 결정되었다. 서계수리를 주장한 측에는 박규수
가, 거부를 주장한 측에는 대원군이 있었다. 그리고 이 사실을 알리기 위하여

통역관 김계운金繼運을 부산으로 파견했지만 모리야마는 회견을 거부했다.

배수량이 245톤에 달하고 이노우에 요시카井上良馨 소좌가 함장이었던 운요호는 부산에서 발포연습을 한 후 동해안으로 북상하여 측량활동을 하고 함경도 영흥만과 경상도 영일만에 상륙하기도 했지만 일단은 나가사키長崎로 돌아갔다. 그러나 운요호는 9월에 다시 조선으로 출발하여 동월 20일에는 서울 서쪽의 요충지인 강화도 동측과 한반도 사이를 흐르는 하구河口를 통해 북상하면서 측량과 무력시위를 강행했다. 이 행위는 현재의 관점에서 보면 영해침범에 해당하는 것이었다. 그때 운요호는 강화도 남동쪽에 위치한 초지진草芝鎭에 이르러 물을 구한다는 핑계로 상륙을 감행했고, 이를 불법행위라고 여긴 조선이 발포하면서 양자 사이에 교전이 벌어졌다. 이후 운요호는 남하하여 오늘날 매립과 확장을 거친 뒤 인천국제공항이 들어선 영종도를 공격한 후 점령했다. 영종도의 조선군민 약 600여 명은 우세한 일본의 공격에 패하여 후퇴했고 조선 측 사망자 35명과 일본 측 사망자 1명이 발생했다. 운요호는 동월 28일에 나가사키로 귀항했고 그곳에서 도쿄에 있는 해군성에 사건의 전말을 보고했다. 뿐만 아니라 모리야마는 사건 다음 날인 21일 구식 연회에 따르는 것을 거부한다며 부산을 떠나 귀국해 버렸다. 일본 정부는 다음 날인 29일부터 그 대응에 대해 협의했는데, 일단은 '거류민과 일본공관의 보호'를 위하여 춘일호春日號(가스가마루春日丸)를 부산으로 파견한 뒤 정박시켰다.

이러한 상황 속에서 일본 정부는 청에게 운요호 사건의 중개를 의뢰하기 위하여 외무소보外務小輔인 모리 아리노리森有禮를 청으로 파견했다. 모리는 1876년 1월 24일에 북양대신이며 직예총독直隷總督으로 청 최고의 실력자인 리홍장李鴻章과 회담했지만 타협에 이르지 못한 채 끝났다. 한편 1875년 12월 9일에는 데라시마와 주일 미국공사 존 빙햄John Bingham이 회담을 가졌는데, 이때 빙햄은 이십몇 년 전 페리함대가 일본에 왔을 당시 페리가 직접 기록한 교섭 내용인 『일본원정기日本遠征記』를 데라시마에게 건네주었다. 이것은 일찍이 페리가 일본에 강요했던 것을 이번에는 상대를 바꿔 일본이 조선 측에 강요하는 것이 '수순'임을 보여주는 것이었다. 한편 조선에서는 동년 12월에 서계를 수리하기로 결정했지만 이미 때가 늦어, 결국 일본 정부는 특명전권대사를 조선에 파견하기로 결정했다. 기도 다카요시가 대사로 가겠다고 지원했지만 지병 때문에 결국 그는 사퇴하고 말았다. 기도 대신 대사로 임명된 사람은 사쓰마 출신의 육군중장 구로다 기요다카였고, 그와 균형을 맞추기 위해 부사로는 조슈 출신의 이노우에 가오루井上馨가 임명되었다. 구로다에게 내려진 훈령은 사건의 책임이 조선 측에 있는 것을 인정하게 할 것, 그러나 일본과 수호조약을 맺고 통상을 확대하면 '배상'은 요구하지 않겠다는 것이었다. 일본은 이 문제가 서계문제처럼 오래 끄는 것을 원치 않았기 때문에 함대를 동원하는 등의 압력을 가하여 교섭을 한 번에 진행시키려 했다. 이 때문에 구로다는 닛신호日進號 외 3척의 군함, 겐부호玄武號 외 3척의 수송선, 그리고 수행원 약 800명을 이끌고 1876년 1월 6일에 시나가와品川를 출발하여 15일 부산에 도착했다. 구로다 일행은 23일에 부산을 출항하여 강화도로 향하는 한편, 19일에는 혹시 모를 전쟁에 대비하자는 구로다의 육군 증파요청에 따라 육군경陸軍卿인 야마가타 아리토모山縣有朋가 시모노세키下關에 도착했다.

강화도에서는 1876년 2월 11일부터 20일까지 네 차례에 걸쳐 조선과 일본 사이에 본 교섭이 이루어졌다. 조선 측에서는 접견대관인 신헌申櫶과 접견부관인 윤자승尹滋承이 교섭 자리에 앉았다. 강화도 사건에서의 서계문제와 구로다의 고압적인 태도 등으로 조선은 불리한 입장에 놓이게 되었고, 박규수는 불리한 조건의 조약이 체결되는 것을 막아보려 했지만 성공하지

근대 일본의 군사적·정치적 토대를 마련하고 근대 조선의 정치 및 외교에도 영향을 준 조슈 3존(長州の三尊) 야마가타 아리토모(左), 이노우에 가오루(中), 이토 히로부미(右) 모두 현재의 야마구치 현에 해당하는 조슈 번 출신이다.

못했다. 결국 2월 26일에 일본 측은 구로다와 이노우에, 조선 측은 신헌과 윤자승이 조인하여 조일수호조규朝日修好條規가 체결되었다. 하지만 조선은 이전과 같은 한정적인 대일개항을 계속 유지할 생각이었다.

조일수호조규(한국에서는 '강화도조약'으로 통칭)의 제1조는 "조선은 자주국으로서 일본과 평등한 권리를 보유한다"라는 것이었으나, 일본은 이 조약으로 조선에 대한 청의 종주권을 부정하여 일본의 침략을 용이하게 하려는 목적을 가지고 있었다. 제2조는 "일본은 …… 사신을 파견하여 조선 경성에 도착 …… 조선은 …… 사신을 파견하여 일본 도쿄에 이르러……"라 하여, 서로의 수도에 사절을 파견하고 체류할 것을 규정했다. 서울은 당시 '한성'이라는 명칭을 정식으로 쓰고 있었으나, 일본은 '수도'라는 의미를 가진 '경성'이라는 명칭을 썼다. 더욱이 제4조와 5조는 부산 외에 2개의 항구를 개항할 것, 제8조와 10조는 2개의 항구에 해당하는 제물포와 원산에 관리관을 파견할 것과 그들에 대한 치외법권은 일본이 소유한다는 것 등을 규정했다. 그리고 제11조에 따라 통상장정에 관한 협의가 이루어져 1876년 8월

24일에 조일수호조규의 부록인 부속왕복문서와 무역규정이 조인되었다.

당시 일본은 구미와 맺었던 불평등조약을 개정하려고 노력했지만 잘되지 않았으므로, 조선에 그 불평등조약을 밀어붙이는 '억압의 위양抑壓の委讓'을 행한 것이었다고 할 수 있다. 일본은 조일수호조규로 조선과 근대적 국제법 관계에 들어섰다고 생각했지만 조선은 그렇게 생각하지 않았다. 그 근거는 제1조의 '자주'를 둘러싼 해석이었다. 일본은 제1조로 조선은 청에서 '독립'한 것이라고 생각했지만, 조선은 종래의 책봉체제 내에서의 '자주'로 생각해 중국에서 독립할 생각이 없었으며 오히려 일본을 견제하기 위하여 청의 힘을 빌리려 했다. 조선 정부의 중신이었던 이유원李裕元은 일찍이 대일정책에 대해 리훙장에게 의견을 구한 바 있었는데, 처음에 리훙장은 러시아의 위협을 강조하며 이를 막기 위한 방법으로 조일수교 자체에는 반대하지 않았다. 그러나 조일수호조규의 문언과 1879년 8월에 일본이 류큐 왕국을 오키나와沖繩 현으로 편입시킨 이후부터 리훙장의 대일경계심은 강화되었다. 때문에 리훙장은 1879년 8월 이유원에게 보낸 편지에서 첫째, 군비를 강화할 것 둘째, 구미에게 개국할 것을 권고했다. 그러나 조선은 이 시점에도 두 번째는 거부했다.

1876년에 조일수호조규와 부록 등이 체결되었지만 당시 조선은 서울에 공사관을 설치하는 것과 일본인의 조선 내지內地여행 등에 대해서는 양보하지 않았고, 항구 두 곳의 개항에 대해서도 언제 어디를 개항할 것인가에 대해 결정하지 않았다. 또 일본은 조선이 미처 관세에 대해서는 생각하지 못하는 것을 이용하여 위에서 언급한 부속왕복문서(조선대표 조인희趙寅熙에게 보낸 일본대표 외무대승인 미야모토 코이치宮本小一의 편지)에 수출입세를 부과하지 않는다는 내용을 삽입했다. 하지만 실제적으로 조선은 그 후 일방적으로 과세를 하는 등 불평등조약을 맺기는 했지만 처음의 실태는 이와 같았다.

4. 조선 문제의 '국제화'

수교 후 조선과 일본

일본에서는 '메이지 6년 정변' 이후 각지에서 사족士族들의 반란이 일어났다. 하지만 1877년 2월부터 9월까지 전개된 세이난西南전쟁을 끝으로 이미 일어나고 있던 자유민권운동이 반정부운동을 맡게 되었다. 이 때문에 일본 육군의 임무 중 내란 방지의 역할은 사라졌다. 그러한 가운데 1878년 육군성 참모국에서 독립하는 형태로 참모본부가 설치되었고 초대 참모장에 야마가타 아리토모가 취임했다. 이 조치는 자유민권운동 세력이 정권을 장악하게 될 경우 그 영향이 육군에 미치는 것을 저지하기 위한 것이었는데, 군령을 담당한 참모본부가 육군의 작전과 지휘에 관계했고, 더구나 천황 직속이었기 때문에 육군성에서도 관여할 수 없게 되었다. 그리고 그러한 체제 아래 육군은 외적과의 전투를 주 임무로 하게 되었다.

조일수호조규 등 부속 조약의 체결로 조일무역은 증대되었다. 하지만 무관세규정 때문에 불리한 상황에 처하게 된 조선은 부산에 과세를 단행했고 그 때문에 일본과 마찰이 생겼다.[9] 이 문제를 협의하기 위하여 김홍집은 1880년 8월부터 9월까지 수신사로서 일본을 방문했다. 그는 전권위임장을 갖고 있지 않았기 때문에 관세문제에 대해서는 일본 정부와 교섭할 수 없었지만, 8월 30일 참내參內를 포함한 일본 정부 요인과 회견한 뒤 각종 시설 등을 견학했다. 김홍집은 주일 청국공사관도 방문했는데, 당시 공사인 허루장何如璋은 서기관인 황준셴黃遵憲이 저술한 『조선책략朝鮮策略』을 그에게 선사했다. 그 내용의 요점은 '러시아를 막기 위한 정책으로 친중국親中國, 결일본結日本, 연미국聯米国을 꾀함으로써 자강을 도모해야 한다'는 것으로 리홍장의 생각과 유사했다. 김홍집은 귀국 후 『조선책략』을 고종에게 바치고 일본시찰 내용을 보고했다. 이 책의 영향으로 조선 정부는 일본에 대한 인식을 개선하고 쇄국정책을 전환하여 구미와 개국하는 방향으로 기울게 되었다. 그리고 고종은 1880년 12월 27일 주조대리공사駐朝代理公使에서 변리공사辨理公使로 승격한 하나부사 요시모토를 접견했고, 일본공사관이 서울에 설치되었다. 하나부사의 알현은 조선 국왕이 외국사신을 접견한 최초의 일이었다.

'음모의 바다'로

때마침 미국 해군제독인 로버트 슈펠트Robert Shufeldt가 1880년 4월 조선과 수교할 목적으로 나가사키에 내항하여 일본에게 그 주선을 요청했다. 하지만 외무경인 이노우에 가오루는 일본의 개입이 조선의 대일감정을 해칠 우려가 있다며 영향력을 행사하는 것은 거절하고 소개장만을 건넸다. 소개장을 가지고 5월 14일 부산에 도착한 슈펠트는 일본 영사인 곤도 모토스케近藤眞鋤의 소개로 국서를 조선에 봉정하려고 했지만 거부당했다. 그 일을 보고받은 뒤 불쾌해진 리홍장은 자신의 힘으로 조선과 미국을 수교시키기 위하여 8월에 텐진에서 슈펠트와 회담을 가졌다. 당시 리홍장은 조미조약에 '조선은 청제국의 부속국'이라는 문구를 삽입하려 했는데, 이것은 조일수호조규에서 '조선은 자주국'이라는 문구로 손상된 청의 종주권을 회복하기 위한 것이었다. 그러나 슈펠트가 이를 거절했기 때문에 그 타협안으로서 조약에는 넣지 않고 슈펠트가 별도의 공간公簡에서 청과 조선은 종속관계임을 인정하고, 조선 국왕도 미 대통령에게 조선은 청의 종속국이라는 서간을 보내는 것으로 양자 간 합의가 이루어졌다. 하지만 당시 미 대통령인 체스터 아서Chester A. Arthur가 그 합의를 거절했으므로 조청관계에 대한 미청 간 인식의 차이는 좁혀지지 않았다. 결국 1882년 5월 22일 인천에서 슈펠트와 조선대표인 신헌과 김홍집 사이에 조미수호통상조약이 체결되었다. 조약의 제1조는 거중조정조항居中調停條項(Good Offices Clause)으로 '제3국이 체약국의 한쪽을 억압할 때 체약국의 다른 쪽은 사태를 통지받고 원만한 해결을 위하여 주선을 행한다'라는 내용이었다.

뿐만 아니라 영사재판권 등의 내용도 있었기 때문에 조선의 입장에서는 불평등조약이었지만 청이나 일본이 이전에 구미와 맺은 동일한 조약과 비교하면 불평등성은 희박했다. 이 조미조약이 계기가 되어 다음 해인 1883년에는 영국과 독일이, 1884년에는 러시아와 이탈리아가, 1886년에는 프랑스가 연이어 조선과 수호통상조약을 체결했다. 하지만 그 조약들은 조미조약보다 불평등성이 강한 조약이었으므로 조선, 특히 고종은 이후 미국에 대해 더욱 기대감을 가지게 되었다. 청은 일본의 조선 진출을 견제하기 위하여 조선과 구미 간의 수교를 촉구했지만, 그것은 청으로부터 조선의 독립과 열강 간의 국제적 각축전에 조선을 끌어들이는, 바꿔 말하면 '조선을 음모의 바다에 이리저리 떠다니게 만드는' 결과가 되었다.

5. 조선을 둘러싼 청일대립 및 청의 우위와 조선

민중의 곤궁과 임오군란

1881년에 조선 정부는 일련의 근대화정책에 착수했다. 그중 군제를 개혁하기 위하여 동년 5월 일본에서 호리모토 레이조堀本禮造 소위를 교관으로 초빙하고, 약 80명으로 구성된 서양식 별기군을 창설하여 구식군대와 통합했는데 별기군이 더 우대를 받았다. 또 동년 5월부터 10월에 걸쳐서는 박정양·홍영식·어윤중·유길준 등으로 구성된 신사유람단이 일본으로 파견되었고, 이 유람단은 일본의 정치·경제·교육·군사 등을 시찰한 뒤 돌아와서 보고서를 작성했다. 그들 중 유길준은 일본에 남아 게이오 기주쿠慶應義塾에서 유학을 했다. 동년 9월에는 김윤식이 군사기술을 배우려는 유학생들과 함께 청의 톈진天津으로 갔지만 신사유람단만큼 좋은 성과를 거두진 못했다.

이러한 정부의 근대화정책에 대하여 대원군을 중심으로 하는 쇄국양이파들은 반발했고, 국왕인 고종에게는 근대화에 반대하는 상소가 이어졌다. 하지만 상소를 올린 사람들은 유형에 처해지거나 처형되었다.

그런데 조일수교 이후 조선의 쌀·대두·금 등이 일본으로 유출되었고, 특히 수출의 8할을 차지한 쌀 가격이 2~3배까지 폭등하자 조선 민중들의 생활은 매우 곤란해졌다. 그러한 이유 때문에 정부의 근대화정책과 한성에서 유일하게 공사관을 가진 일본에 대한 원망이 조선 민중들 사이에 고조되었다. 더욱이 1882년 7월 23일에는 1년 이상 봉급미가 지체된 후 가까스로 배급된 쌀에 모래가 섞였던 것이 원인이 되어 구식군대가 별기군을 습격하는 사건이 발생했다. 이른바 임오군란이 일어난 것이다. 임오군란은 구식군대의 요청으로 대원군이 지휘를 맡았고, 한성의 민중들이 가세하면서 폭동화되어 반일·반명성황후 색채를 띠게 되었다. 그들은 먼저 호리모토를 살해한 후 일본공사관을 습격했기 때문에 하나부사 이하 28명은 제물포로 탈출했다. 탈출 도중 제물포에서도 습격을 당한 하나부사 일행은 26일 영국 측량선에 탑승을 요청하여 가까스로 구조되어 29일 나가사키에 도착했다. 24일에는 명성황후가 있는 창덕궁에도 폭동의 여파가 미쳤으나 명성황후는 궁을 빠져나와 충청북도 충주 근처의 장호원으로 몸을 숨겼다. 그 사이 호리모토를 포함해서 일본인 13명이 살해되었다. 25일에는 다시 대원군이 전권을 장악하여 그동안의 근대화정책을 부정했는데 구체적으로는 별기군과 통리기무아문이 폐지되었다.

하나부사 요시모토의 보고를 받은 일본 정부는 7월 31일에 개최된 각의에서 조선 정부에 사죄와 배상을 요구하고 조선에 군대를 파견하기로 결정했다. 조선과의 교섭을 위임받은 하나부사는 8월 13일에 군함 4척, 수송선 3척, 육군 1개 대대와 함께 제물포에 상륙했다. 한편 도쿄에 있던 주일청국 공사관의 보고로 사태를 알게 된 청은 리훙장의 대리인 장수성張樹聲이 군함을 출동시켰고, 또 우창칭吳長慶이 지휘하는 육군 약 2,000명을 파견하기로 결정했다. 더욱이 톈진에 체재 중이던 김윤식과 어윤중이 대원군을 체포해 달라고 청에 요청한 가운데 청은 조일 간의 조정을 일본에게 제안했다. 그러나 일본은 '독립국'인 조선과 일본 두 나라의 문제라며 이를 거부했다.

조선으로 들어간 청군은 일본군을 제압한 뒤 한성으로 진주했고, 군란에 참여한 병사와 민중을 토벌한 후 8월 26일에는 대원군을 체포하여 톈진 변두리에 위치한 보정부保定府에 억류했다. 그보다 앞선 8월 23일에는 조선과 청 사이에 조청상민수륙무역장정이 체결되어 조선은 청의 속국이라는 종속관계가 명문화되었다. 구미에 대한 조선의 개국은 청이 진행시킨 것이었으므로 이를 반대한 대원군은 청의 노여움을 샀던 것이다. 이후 조선에서 청의 영향력이 커진 가운데 명성황후는 9월 12일 창덕궁으로 돌아왔다. 한편 하나부사와 이유원·김홍집 사이에는 제물포조약과 조일수호조규속약이 체결되었다. 전자는 임오군란 중심인물 처단, 일본인 피해자에게 위로금 5만 엔 지불, 손해배상 및 군 출동비 5만 엔 지불, 공사관에 경비병을 설치하는 것 등이 주 내용이었고, 후자는 일본공사·영사의 조선 내지여행 권한을 승인하는 것 등의 내용이었다. 또 1883년에는 1880년에 개항된 원산에 이어 제물포가 개항되었다.

리훙장은 임오군란 뒤 조선 정부의 요청으로 마젠창馬建常(본명은 마샹보馬

相伯) 및 묄렌도르프^{Paul G. von Möllendorff} 두 사람을 고문으로 파견했다. 조선 정부는 정부 기구의 재건과 청의 군대를 모방한 '친군^{親軍}'의 창설, 해관(세관)의 신설 등을 시행했는데, 그것은 모두 청의 영향력 하에 이루어진 것이었다.

갑신정변

그러한 가운데 1882년 10월에는 박영효와 김옥균이 임오군란에 대해 사죄하는 수신사로 파견되어 일본으로 건너가 국서를 봉정했다. 12월 18일에는 조선 정부가 일본 외환전문은행인 요코하마쇼킨^{横浜正金} 은행에서 17만 엔의 차관을 들여오는 협정이 성립되었다. 17만 엔 중 5만 엔은 일본에 배상금으로 지불하고, 남은 12만 엔은 조선 내 '개화파'를 지원하기 위한 자금으로 사용되었다. 이보다 앞선 시기인 11월 16일에는 새로운 주조 변리공사^{辨理公使}로 다케조에 신이치로^{竹添進一郎}가 취임했고, 하나부사는 주러공사로 전출되었다. 다음 해인 1883년 1월에는 게이오 기주쿠에서 후쿠자와 유키치^{福澤諭吉}의 문하생이었던 이노우에 가쿠고로^{井上角五郎} 등이 한성으로 건너와 개화파를 지원했다. 예컨대 이노우에는 1883년 10월 31일 조선에서는 첫 관보 겸 신문이었던 『한성순보』의 창간에도 관여했다. 그러나 이 시기 조선 정부에서는 박영효와 김옥균이 좌천되었고, 김옥균은 동년 6월 좌천당한 것을 만회하기 위하여 일본으로 건너가 다음 해인 1884년 5월까지 체류했다. 그 기간 동안 그는 제일은행(현재의 미즈호^{みずほ} 은행) 두취*인 시부사와 에이치^{澁澤榮一}를 비롯한 일본 측에 300만 엔의 차관을 요청했다. 그러나 개화파에 대한 일본의 기대가 낮아졌기 때문에 그것은 실패로 끝났다.

---

* 頭取. 은행장.

임오군란 이후 청의 영향력이 증대하자 조선 정계는 친청파인 사대당과 개화파인 독립당으로 분열되었다. 전자는 입장을 바꿔 반일과 청에 의존하는 것으로 정책을 전환한 민씨 척족세력이 중심이었던 한편, 후자는 개화파 중에서도 청과의 종속관계를 단절하고 일본의 메이지 유신을 모델로 한 근대화 추진 등을 시도한 김옥균·박영효·유길준 등이 중심인물이었다. 또 청과의 종속관계는 폐기하지 않고 근대화를 추구하려는 온건개화파의 김윤식·김홍집·어윤중 등도 있었다.

청의 영향력 증대로 개화파는 조선 정계에서 점차 고립되었고 초조해지기 시작했다. 그러던 중인 1884년 6월 19일에 청불전쟁이 발발했다. 프랑스 함대가 청의 푸젠福建함대를 전멸시키고 나아가 대만 북부인 치룽基隆을 점령하여 대만의 서해안 등을 봉쇄했기 때문에, 3,000명에 달하는 조선 주둔 청군 가운데 약 절반에 달하는 1,500명이 안난安南전선으로 이동했다. 그 결과 조선에서 청의 위신은 동요되기 시작했고 개화파는 그것을 절호의 기회로 생각했다.

때마침 만국우편연합(UPU)에 가입한 조선은 한성 소재의 안국동에서 우정국이 개국하게 된 것을 축하하는 파티를 1884년 12월 4일에 열기로 했고 이 파티에 민씨 척족세력도 참석했다. 이 기회를 이용하여 급진개화파는 일본 육군도야마戸山 학교 유학생 14명과 정부군 일부를 동원하여 파티장를 습격했고 민영익閔泳翊에게 부상을 입혔다. 다케조에는 '일본 정부의 허락을 받지 않고' 그들에게 무기를 조달하는 등의 편의를 제공했다. 급진개화파는 고종을 압박하여 일본군을 출동하게 했고 나중에 입궐한 민영목閔泳穆과 민태호閔台鎬 등을 살해한 후 12월 5일에 신정권을 수립했다. 다음 날인 6일에는 청과 종속관계를 폐지하는 등의 국정개혁안을 발표했다. 그러나 그날 오후 민씨 정권의 요청으로 위안스카이袁世凱가 인솔하는 청군

약 1,500명이 출동했고 정부군도 가세하여 청일 양군의 전투가 벌어졌다. 일본군은 약 150명에 불과했기 때문에 전투는 3시간 만에 일본의 패배로 끝났다. 신정권은 문자 그대로 '3일천하'로 막을 내렸고 김옥균·박영효·서광범 등과 다케조에·이노우에 가쿠고로·일본 군민 이백 수십 명은 12월 11일에 기선 천세호千歲號(치토세마루千歲丸)를 타고 제물포를 탈출하여 일본으로 향했다. 그 와중에 약 30명의 일본인이 살해되었다. 여기에서 중요한 문제는 일본 정부가 갑신정변에 관여했는지 여부인데 외무경인 이노우에는 김옥균 등을 후원하기는 했지만 다케조에가 훈령을 청원했을 때에는 태도를 바꿔 승인하지 말 것을 지시했다고 한다. 그런데 그 지시가 제대로 전달되지 않은 사이에 갑신정변이 일어났다. 다케조에의 보고를 받은 일본 정부는 12월 22일에 이노우에 가오루를 특파대사로 조선에 파견했다. 그리고 1885년 1월 9일에 이노우에와 김홍집 사이에는 한성조약漢城條約이 조인되어, 일본인 피해자에게 보상할 것과 불타버린 일본공사관의 재건을 위해 부지와 비용을 제공할 것 등이 결정되었다. 한편 일본은 청과의 교섭을 위해 이토 히로부미를 파견했고 그와 리홍장 사이에는 톈진조약天津條約이 체결되었다. 조약의 내용은 청일 양국은 조선에서 철수할 것, 청일 양국 중 한쪽이 조선에 출병할 때에는 사전에 다른 한쪽에게 통고할 것, 출병 사유가 해결되었을 때에는 즉시 철병할 의무를 질 것 등이었다.

조선에서 청의 우위 확립과 일본의 대응

갑신정변 이후 조선에서 청의 종주권은 더욱 강화되었다. 이 때문에 고종과 명성황후는 청에 대한 반발로 러시아에 접근을 시도했고 묄렌도르프를 통해 제1차 한로밀약을 체결했지만 사전에 발각되어 파기되었다. 리홍장은 곧 묄렌도르프를 해임하고 후임 외교고문으로 데니Owen N. Denny를 파견하는 한편, 고종과 명성황후를 견제하기 위하여 1885년 10월 5일 대원군을 서울로 송환했다. 11월에는 조선주차 총반교섭통상사의總班交涉通商事宜로 위안스카이가 서울에 부임했고 친청노선을 걷고 있던 김윤식 등이 그에게 협력했다. 이후 1894년까지 약 9년 동안 조선에서는 청의 종주권이 강화되었다. 더욱이 고종과 명성황후는 1886년 8월에 주조 러시아대리공사代理公使인 칼 베베르Karl I. Weber와 제2차 한로밀약을 체결했으나 김윤식의 통보로 위안스카이에 의해 파기되었다. 이 일로 위안스카이는 고종을 폐위하려 했지만 리홍장이 이를 제지했다. 이러한 러시아의 조선 진출에 반발하여 텐진조약 체결 3일 전인 1885년 4월 15일에는 영국 함대가 불법으로 거문도를 점령했고, 이것은 1887년 2월까지 지속되었다. 이 사건은 전년도 7월에 체결한 한로수호통상조약 속에 양국 함대의 상호 기항 규정이 있다는 점, 러시아가 조선 북동부의 영흥만을 조차할 것이라는 소문, 그리고 당시 러시아가 수행하고 있던 아프가니스탄 침공에 대항할 목적 등에서 자행되었다. 즉, 이러한 움직임의 배경에는 당시 세계 각지에서 벌어지고 있던 영국과 러시아의 대립이 있었던 것이다. 또한 조선이 구미와의 수교로 공사를 파견하려 할 때마다 위안스카이는 출항을 방해했고, 1887년에 초대주미공사로 미국에 파견된 박정양은 워싱턴에서 주미 청국공사관의 지시를 받아야만 했다. 경제적인 면에서도 청은 세관의 장악, 전신망의 지배, 수송의 독점, 서울 내 중국인 거리의 형성 등 여러 이권을 차지했다.

개화파의 실패와 조선 내에서 청의 종주권이 강화되는 것을 목격한 후쿠자와 유키치는 1885년 3월 16일에 자신이 주재하는 신문인 『지지신보時事新報』에 「탈아론脫我論」을 발표하여, '아세아동방亞細亞東方의 악우惡友(中朝)와 사절謝絶'해야 한다는 것과 일본만이라도 근대화를 해야 한다고 주장했다(탈아입구脫亞入歐). 최근의 연구에 의하면 후쿠자와 본인은 「탈아론」을 쓰지 않았고, 쓴 사람은 그의 문하생으로서 후쿠자와의 전집을 간행한 이시카와 간메이石河幹明라는 주장이 있는 반면, 「탈아론」을 쓴 사람은 후쿠자와라는 반론도 나오고 있다. 단 후쿠자와는 당시 『지지신보』의 편집에 직접 관여하고 있었으므로 『지지신보』가 후쿠자와의 사상을 반영했다는 것은 부정할 수 없다.

일본으로 망명한 개화파에 대해 조선 정부는 1885년 1월과 3월에 이노우에 가오루에게 그들의 신병인도를 요구했다. 일본 정부는 그 요구를 거절했지만 개화파들이 더 이상 조선의 개혁을 이룰 가능성이 없어졌기 때문에 그들을 보호하는 것에 대해서도 주저하게 되었다. 그러던 중 1885년 11월 22일에 자유당의 오이 겐타로大井憲太郎 등이 오사카에서 조선으로 건너가 입헌제의 확립과 조선의 독립을 도모한 일이 발각되어 체포된 '오사카 사건'이 발생했다. 이 사건은 자유민권운동이 국권론적인 성격과 외교에 대해 강경한 자세를 취하는 '대외강경파'적인 측면도 갖고 있었음을 여실히 보여주었다. 이러한 움직임에 대항하여 조선 정부는 1886년 2월 김옥균을 암살하기 위해 한때 김옥균의 제자였던 지운영池運永을 일본으로 파견했다. 일본 정부는 지운영의 소환을 조선 정부에 요구하는 한편 김옥균에게는 일본을 떠나라고 명령했다. 결국 지운영은 조선으로 소환되었으나 김옥균은 출국하지 않았기 때문에 일본 정부는 김옥균을 구속했다. 이후 김옥균은 1886년 8월에 오가사와라 제도小笠原諸島의 지치 섬父島으로 유배되었고 1888년에는 홋카이도北海島의 삿포로札幌로 이송되었다. 1890년이 되어서야 김옥균은 겨우 도쿄에 거주할 수 있게 되었으나 일본에서 그는 '귀찮은 존재'로 취급되었다.

일본은 러시아의 등장에 대응하기 위하여 1885년 6월에 이노우에 외무경이 작성한 「조선변법朝鮮變法 8개조」에 따라 청나라와 일본이 공동으로 조선을 보호국으로 만들 것을 제안했으나, 리훙장이 거절하면서 실패로 돌아갔다. 일본은 갑신정변 이후 청과의 충돌은 피하면서 조선에서의 정치적 영향력을 조금씩 확보하는 한편, 청을 가상적국으로 삼아 군비증강을 도모했다. 메이지 유신 이후의 내란을 진압하기 위하여 확장·정비된 육군 진다이鎭台(센다이仙台·도쿄東京·나고야名古屋·오사카大阪·히로시마廣島·구마모토熊本 등 총 6개 지역)는 1877년에 끝난 세이난전쟁 이후 무력 내란이 일어날 우려는 희박해졌지만 조선을 둘러싼 대외적인 위기가 다가오고 있다는 인식 하에 1888년에 사단師團으로 개조되었다. 또한 1873년에 제정된 징병령으로 징병반대 소요와 징병기피 현상이 일어났기 때문에, 1879년과 1883년의 개정을 거쳐 1889년의 개정에 따라 호주戶主의 징병유예 등을 폐지하는 '국민개병國民皆兵' 원칙이 확립되었다. 해군은 청의 북양함대北洋艦隊를 공격하기 위하여 새로운 함대를 건조하거나 히로시마의 구레吳와 나가사키의 사세보佐世保에 진수부鎭守府를 설치하고 쓰시마에는 포대를 건조했다. 육군도 독일 출신인 야코프 메르켈Jakob Meckel 소좌를 초빙하여 프랑스식이었던 육군의 편성을 독일식으로 바꾸었고, 참모총장인 야마가타 아리토모는 휘하의 가쓰라 다로桂太郎 및 가와카미 소로쿠川上操六에게 청과 개전할 경우를 대비해 작전을 입안하게 했다.

그러한 상황 중에 일어난 것이 1889년의 방곡령 사건이었다. 1880년에 개항한 이후 원산에서는 일본 상인들에 의해 대두가 수출되고 있었는데, 그 해는 흉작이었기 때문에 함경도 관찰사 조병식趙秉式은 10월에 대두의 도외 반출을 금지했다. 이러한 조치는 조약에도 규정되어 있는 것이었지만 일본 측의 강경한 항의를 받은 조선 정부는 반출금지를 해제하고 조병식을 경질했다. 그럼에도 불구하고 일본 상인들의 압력에 따라 일본 정부는 1891년 12월에 약 15만 엔의 배상을 청구했다. 하지만 교섭에 난항을 겨자 일본 상인들은 1890년에 개설된 제국의회에서 다수를 차지하고 있던 민당民黨(대외강경파가 많았다)을 동원하여 의회에 압력을 넣었다. 1892년 8월에 성립한 제2차 이토 히로부미 내각은 그 해 12월에 자유당의 오이시 마사미大石正己를 주조공사로 임명했다. 오이시는 다음 해인 1893년 2월 방곡령에 대한 배상으로 17만 엔을 요구했지만 조선은 다음 달인 3월에 배상액은 4만 7,000엔이라 회답하며 거부했다. 이에 오이시는 참모차장인 가와카미와 함께 고종을 알현하여 최후통첩을 제출하는 한편, 5월에는 이토가 리홍장에게 주선을 의뢰했다. 그 결과 배상금은 11만 엔으로 타협되었다. 6월에는 타협 시의 조건으로 오이시가 해임되었고 후임으로 전 막신幕臣인 오토리 게이스케大鳥圭介가 7월에 취임했다.

이때 일본에서는 1889년 12월 제1차 야마가타 아리토모 내각이 성립되었다. 야마가타는 조선 정세가 일본의 입장에서는 좋지 않았던 1890년 3월에, 2년 전에 기초한 「군사의견서」와 함께 의견서인 「외교정략론」을 정부각료들에게 회람시켰다. 정략론에서 그는 '주권선主權線'(국가 주권이 미치는 범위)과 '이익선利益線'(주권선 밖에 있는 지역이면서 가상의 적국(중국)과 중간에 있고, 주권선의 방어를 위해 확보하지 않으면 안 되는 지역)의 개념을 제시했고 조선은 후자에 해당한다고 주장했다. 야마가타는 같은 해 12월에 열린 제1회 제국의회에서 연설한 시정방침에서도 이러한 생각을 드러냈다. 그는 적대세력(당시 시베리아철도 건설에 착수하고 있던 러시아를 상정)을 조선에서 축출하기 위하여, 또 국토의 방위를 위하여 현재의 7개 사단을 배로 늘리는 것을 목표로 삼았고, 그것을 위한 전제조건으로 충군애국 교육 도입에 필요한 교육칙어를 1890년 10월에 발포했다. 이때 야마가타도 현실적으로는 외교를 우선하는 방침을 낼 수밖에 없었지만 한편으로 1893년 가와카미에게 명하여 조선과 청 양국의 정세를 시찰하도록 했던 것이다.

제2장

청일전쟁 및 러일전쟁과 조선(한국)

1. 청일전쟁과 조선

갑오농민전쟁

1장에서 언급했듯이 1890년에 도쿄로 돌아온 김옥균은 일본인들의 지원도 기대할 수 없고 조선에서의 기반도 사라졌으며, 또 자신을 노리는 자객이 끊임없이 출몰하는 상황에서 고민이 많았다. 그러던 중 1894년 2월 무렵 주일공사 시절부터 알고 지내던 리징팡李經方(리홍장의 양자)으로부터 상하이로 오라는 초청장이 왔다. 김옥균은 수구파를 지지하고 있던 리홍장과 면담하여 동아시아 조·중·일 3국의 '삼화주의三和主義'와 조선의 개혁에 대한 이해를 구하기 위하여, 일본 조력자들의 의심과 제지를 뿌리치고 도쿄를 떠나 1894년 3월 28일 상하이에 도착했다. 그러나 조선에서 파견한 자객 홍종우洪鍾宇의 총격으로 김옥균은 자신이 묵고 있던 여관에서 암살당하고 말았다. 김옥균의 암살 소식을 전해들은 일본은 국제관례에 따라 최종 출국지인 일본으로 유해를 송환해 달라고 청에 요청했다. 하지만 리훙장의 지시로 김옥균의 유해는 홍종우와 함께 청의 군함에 실려 조선으로 보내졌다. 조선에 도착한 김옥균의 유해는 능지처참을 당한 뒤 머리는 효수되고 팔도에 시신 조각이 보내졌다. 이에 대해 일본에서는 특히 과거 도쿠가와 이에야스의 고산케御三家(3대 가문) 중 하나인 기슈紀州번(현재의 와카야마和歌山현) 출신의 무쓰 무네미쓰陸奧宗光 외상의 노여움이 컸고, 의회에서는 민당民黨이 조선을 대하는 정부의 정책이 미숙하다며 공격을 가했다. 그리고 그 즈음인 1894년 2월 15일 전라남도 고부에서 갑오농민전쟁이 일어났다.

동학은 19세기 중반 내외의 위기가 고조되는 가운데 1860년 경상북도 경주 출신의 최제우崔濟愚에 의해 창도되었다. 동학은 서학에 대항하기 위해 만들어졌고, 민간신앙을 기반으로 유교와 불교를 받아들였다. 그 기본 사상은 인간의 존엄 및 주체성을 추구하는 반봉건적인 민중의식을 반영한 것이었다. 이 때문에 조선왕조는 동학을 기반으로 한 농민의 결집을 두려워하여 1864년 3월에 최제우를 체포하여 처형했다. 최제우에 이어 제2대 교주가 된 최시형崔時亨은 교조의 신원을 회복하고 교의를 체계화하여 남부지역으로 동학을 확장시켰다. 동학은 각 지역에 접소를 두어 접주를 우두머리로 삼고 지방의 읍단위에는 대접주를 두어 대접주가 접주를 감독하는 일종의 교구제로 운영되었다. 이러한 조직을 기반으로 1892년경부터 동학의 합법화를 위한 상소운동이 시작되었다. 그에 대한 대응으로 조선왕조는 청의 원조 하에 무장을 강화하여 동학의 움직임을 감시했다. 동학은 내부적으로는 최시형을 중심으로 하는 비폭력적인 '온건파'와 그 반대파인 '과격파'로 나뉘어졌다. 그러던 중 고부군수 조병갑趙秉甲이 농민들에 대해 가혹한 착취와 처벌을 계속하자 그 반발로 농민들이 봉기했다(갑오농민전쟁). 그리고 그 봉기를 지지한 사람은 다산 정약용의 실학에 영향을 받고 농민들과 합류하여 활동하고 있던 '녹두장군' 전봉준全琫準이었다.

농민들의 저항으로 조병갑은 일단 처우개선을 약속했지만, 얼마 지나지 않아 파기한 뒤 오히려 더 심한 탄압책을 취했다. 때문에 동학은 조직을 통해 각지의 농민들에게 봉기를 촉구했고, 5월 초에는 전봉준을 총대장으로 하는 농민군 수천 명이 전라도 각지의 관아를 공격했다. 5월 31일에 동학군이 전라도의 중심지인 전주를 점거하자 조선 정부는 6월 3일 위안스카이에게 청군의 출병을 요청했다. 그러나 일본 정부는 그 전날인 6월 2일에 청이 조선으로 출병할 경우 일본도 출병한다는 것을 각의에서 이미 결정한 상태였다. 실제로 청은 6월 7일 텐진조약에 의거하여 청군이 조선으로 출병한다는 사실을 일본에 통고했기 때문에 일본도 같은 날 청에게 조선으로 출병한다는 사실을 통고했다. 이후 청군은 6월 12일 아산에 상륙했고, 휴가차 일본으로 돌아와 있던 오토리 게이스케大鳥圭介 주조공사도 해군 육전대 약 400명과 함께 한성으로 들어갔다.

이러한 청과 일본의 움직임을 본 조선 정부와 농민군 양자는 조선 국내가 외부세력에게 어지럽혀지는 것을 우려하여, 6월 10일에 탐관오리의 처벌과 신분의 평등 등을 조건으로 하는「전주화약」을 맺고 자진 해산했다. 농민군의 해산으로 파병이유가 없어진 오토리와 위안스카이는 6월 13일에 협의를 통해 청·일 양군이 철수하는 데 합의했다. 조선 정부 역시 6월 14일에 청군의 철병을 위안스카이에게 요구했고 (같은 날 일본에게도 철병을 요구했다), 위안스카이가 그 요구에 응했기 때문에 일본군도 더 이상 주둔할 이유가 없어졌다. 그러나 당시 일본의 제2차 이토 내각과 군부, 특히 무쓰 외상의 입장에서 철병은 있을 수 없는 일이었다. 그래서 무쓰는 6월 16일 동학을 공동으로 토벌한 후 조선의 내정을 함께 개혁하자고 청에게 제의했고, 청은 6월 21일에 그것은 조선이 알아서 할 문제라며 거부했다. 무쓰는 청의 거부를 예상한 데다가 이 당시 이미 청과의 전쟁을 각오하고 있었다. 그러므로 청의 거부에 따라 일본은 단독으로 조선의 내정개혁을 시행한다는 방침을 결정했다. 이에 오토리는 6월 26일 고종을 회견했을 때 내정개혁 방침을 권고했고 7월 10일에는 내정개혁안을 조선 정부에 제출했다. 그러나 조선은 그 방침에는 회답하지 않은 채 7월 16일 일본군의 철병을 요구했다. 그러자 오토리는 7월 20일에 조중간 종속관계의 폐기 등을 요구하는 최후통첩을 보내어 22일까지 회답하라고 조선 측에 전달했다. 덧붙이자면 위안스카이는 이날 조선을 떠났다.

당시 무쓰가 특히 걱정했던 것은 열강의 동향이었다. 한성에 주재하고 있던 영국·미국·프랑스·러시아공사들은 6월 25일 조선에서 청·일 양국은 철병해야 한다고 권고했다. 6월 30일에는 러시아 정부가, 7월 9일에는 미국 정부가 경고했고 7월 8일부터 그다음 날에는 영국이 일본과 청 사이를 조정해 보려는 등의 움직임이 있었다. 그런데도 일본은, 특히 무쓰는 '외교적으로 피동자의 지위'에 있다며 불평등조약 중 영사재판권을 철폐하고 대등한 법권 등을 내용으로 하는 「영일통상항해조약」을 영국과 체결했다. 당초 영국은 일본이 조선에서 영국인을 압박하고 있다는 이유를 들어 7월 14일에는 조인하지 않았으나 러시아를 견제할 목적으로 결국 2일 후인 16일에는 조인에 응했고, 일본은 마침내 불평등조약의 굴레에서 벗어나게 되었다.

청일전쟁의 개전

오토리는 앞에서 제시한 기한인 7월 22일까지 조선 정부의 회답이 없자 다음 날인 23일에 명분을 세우기 위해 칩거 중이던 대원군을 옹립했다. 그리고 대원군의 명령이라며 혼성 제9여단 단장인 오시마 요시마사大島義昌 소장과 함께 경복궁을 기습·점거하여 고종을 억압한 후 민씨 척족세력을 제거하기 위하여 대원군 정권을 수립했다. 7월 25일에는 서울 남서해에 위치한 풍도豊島에서 청일 양국 해군이 충돌했고 29일에는 일본군이 서울 남쪽의 성환成歡과 아산牙山을 점령한 후, 8월 1일에 이르러 (7월 25일을 소급해서) 공식적으로 청에게 선전포고를 하면서 청일전쟁이 개시되었다. 청일전쟁은 그 후 9월 16일의 평양전투와 다음 날인 17일의 황해해전, 11월에는 일본군의 압록강을 건너 랴오둥 반도로 진공, 1895년 1월 20일에는 산둥 반도로의 진공, 2월 11일에는 중국 북양함대의 항복 등으로 이어지면서 일본에게 유리하게 전개되었다.

이러한 전황의 진전에 힘입어 일본은 조선에 점점 더 압력을 가하기 시작했다. 먼저 대원군은 풍도해전 개전일과 같은 날인 7월 25일에 조청상민수륙무역장정의 폐기를 청에게 통고하여 조중간 종속관계를 부정했다. 이어서 7월 27일에는 국정 결정기관으로 군국기무처를 설치하여 영의정인 김홍집을 총재관으로 임명하고 김윤식과 유길준 등을 가세시켜 갑오경장을 실시했다. 7월 30일에는 궁중과 국정의 분리, 신분차별의 철폐, 과거제의 폐지, 조세의 금납화, 의정부를 비롯한 8개 아문의 설치 등을 포함한 관제개혁이 이루어졌다. 8월 11일에는 23개 항목으로 이루어진 사회개혁안과 재정·경제개혁안이 제출되었고, 8월 15일에는 의정부에서 제1차 김홍집 내각이 성립되었다. 8월 20일에는 조일잠정합동조관朝日暫定合同條款이 체결되어 경부·경인 양 철도와 전신망의 부설, 전라도에 항구 한 곳을 개항할 것 등이 결정되었다. 7월 23일에는 일본이 경복궁을 점거한 것과 민씨 척족세력을 축출한 것에 대해서는 추급하지 않는다는 것이 결정되었다. 더욱이 8월 26일에는 조일양국맹약이 체결되어 일본이 전쟁을 수행할 때 조선은 협력해야 한다는 공수동맹이 체결되었다. 그러한 상황에 대해 동학농민군은 10월 1일에 일본 및 친일 정권에 반발하여 각지에서 일제히 봉기했고, 주로 일본군과 교전을 벌였다. 따라서 청일전쟁은 '청·일·한전쟁淸日韓戰爭'이라는 양상을 띠게 되었다. 그러나 동학농민군은 일본군 및 정부군에게 밀려 12월 7일에 벌어진 공주 우금치전투에서 크게 패했다. 그 결과 농민군 지도자인 전봉준은 12월 8일에 체포되었고 다음 해인 1895년 4월 23일에 처형되었다. 농민군과의 전투에서 일본군은 농민군을 대량으로 학살했고, 이때 억류되었던 명성황후는 이후 반일 태도를 더욱 공고히 하게 되었다.

대원군은 명성황후 세력을 물리치긴 했지만 갑오경장으로 인한 각종 근대화 조치에 대해서는 큰 불만을 가지고 있었다. 일본은 그러한 대원군 세력을 배제하고 자신들에게 더 유리한 상황을 확립하기 위하여 일본 정계의 거물인 이노우에 가오루井上馨를 주조공사로 임명했다. 10월 26일 조선에 도착한 이노우에는 11월 18일에는 대원군을 정계에서 축출했다. 이틀 후인 20일에는 20개조로 이루어진 제2차 내정개혁요령을 제안하여 채택시켰다. 이노우에는 영국과 이집트의 관계처럼 '조선의 이집트화' 즉, 먼저 경제적으로 침투한 다음 정치적으로 침투하는 방법을 쓰려고 했다. 그래서 이미 8월에 일본 망명에서 돌아와 있던 박영효를 내무대신으로 임명하여 12월 17일 김홍집·박영효 연립내각을 성립시켰다. 일본은 김홍집과 박영효 등을 통한 개혁을 시행하기 위해 1895년 1월에 제일은행으로부터 13만 엔의 차관을 들여왔고, 3월 30일에는 차관계약을 성립시켜 의회의 승인을 얻은 후 일본은행으로부터 300만 엔의 차관을 들여왔다. 차관의 담보는 일본이 조선에서 토지세에 대한 선취권을 갖는다는 등 일본에게 유리한 내용이었다.

2. 청일전쟁 이후 조선(한국)에서 러시아의 우위

명성황후 시해

청일전쟁은 이토와 무쓰, 그리고 리훙장과 리징팡이 시모노세키에서 강화를 위하여 교섭한 결과 1895년 4월 17일에 시모노세키 강화조약이 체결되었다. 조약 제1조에서는 '청은 조선이 완전무결한 독립자주국임을 확인한다'라고 하여 조선과 중국의 종속관계를 부정함과 동시에 대만과 인접한 펑후제도澎湖諸島와 랴오둥 반도를 일본에게 할양하고, 일본에 배상금 2억 냥(약 3억 엔)을 지불하며, 일본에게 유리한 불평등조약을 다시 체결한다는 것 등이 결정되었다. 그러나 6일 후인 4월 23일에 러·프·독 3국의 주일공사들이 랴오둥 반도를 청에 반환할 것을 요구하는 삼국간섭이 일어났다. 이 3명의 주일공사들은 일본이 랴오둥 반도를 영유하게 되면 청의 수도인 베이징이 위태로워질 것이라고 했는데, 특히 러시아공사 미하일 히토로프 Mikhail A. Hitorovo는 '조선의 독립을 유명무실하게 한다'라는 문구를 각서에 넣었다. 일본은 삼국간섭의 대응에 쫓겨 정부 내 협의를 거쳐 거부 또는 수락, 그리고 영국과 미국 등이 포함된 열강회의에서 협의하는 등의 세 가지 방안을 내놓았다. 그러나 이 요구를 거부한다면 최악의 경우 일본이 3국과 전쟁을 해야 되는데, 당시 청일전쟁을 막 끝낸 일본으로서는 거부는 불가능하다는 것과 열강회의는 기대대로 되기는커녕 오히려 문제를 복잡하게 만들 뿐이라는 주장이 제기되었다. 또 시모노세키 강화조약 중 랴오둥 반도 부분과 그 나머지 부분을 분리하여 강화조약 자체를 무효로 만들려는 청의 의도를 막기 위해서도 수락할 수밖에 없다는 것 등 무쓰의 주장이 통과되면서, 결국 일본 정부는 3국의 요구를 수락하기에 이르렀고 5월 10일에 랴오둥 반도 반환이 결정되었다.

이 삼국간섭의 충격으로 김홍집은 5월 19일 일단 총리대신직을 사임할 수밖에 없었고 이노우에의 개혁구상은 붕괴되었다. 이 틈을 타 명성황후는 당시 러시아 공사였던 베베르와 연합하여 세력을 만회하려 했다. 이 때문에 박영효는 양자가 접근하는 것을 막기 위하여 일본인 사관士官이 지도하는 훈련대로 하여금 왕궁을 수비하려 했지만, 고종이 이를 거부했기 때문에 7월 7일 그는 다시 일본으로 망명했다. 그 후 8월 24일에 제3차 김홍집 내각이 성립되었지만 '개화파'는 어쩔 수 없이 후퇴했고, 탁지부대신에 취임한 심상훈沈相薰이 속해 있던 '명성황후파'와 농상공부대신에 취임한 이범진李範晉, 학부대신에 취임한 이완용李完用이 속해 있던 '구미파'가 기용되었다.

김홍집 내각이 성립되기 직전이었던 8월 17일에 주조 일본공사는 이노우에에서 조슈 번 출신의 미우라 고로三浦梧樓로 교체되었다. 9월 1일에 조선으로 부임해 온 미우라는 같은 조슈 번 출신이었지만 야마가타 아리토모와는 사이가 좋지 않았고 독불장군 같은 인물이었다. 번벌정부는 단지 사쓰마와 균형을 맞추기 위하여 조슈 출신의 그를 주조공사에 임명했을 뿐이었다. 그는 외교에 관해서는 비전문가를 자임하는 육군중장을 지낸 인물로서, 1888년에 야마가타와의 대립으로 예비역이 된 이후 궁중고문관과 학습원장을 역임했다. 조선에 부임한 미우라에게 일본 정부는 구체적인 훈령을 내리지 않았는데, 그는 이를 자신에게 자유재량권을 준 것으로 해석했다.

때마침 조선에서는 일본군의 군사지도를 받은 훈련대와 그에 대항하여 미국의 군사교관인 다이William. M. Dye의 지도와 훈련을 받으며 왕궁경비를 목적으로 하는 시위대侍衛隊가 서로 대립하고 있었다. 그런데 훈련대를 해산시키고 갑오경장 당시 관복으로 채용된 양복을 다시 한복으로 되돌리려는 움직임이 보이자, 미우라는 명성황후를 이 움직임의 배후세력으로 생각해 살해하기로 결심했다. 그는 주조공사관 기록관인 스기무라 후카시杉村濬, 영사관보인 호리구치 구마이치堀口九萬一, 조선 정부 군사고문인 구스노세 유키히코楠瀨幸彦 중좌, 『한성신보漢城新報』 사장인 아다치 겐조安達謙藏, 조선 정부 궁내부 고문인 오카모토 류노스케岡本柳之助와 함께 살해 계획을 세웠다. 미우라는 훈련대에게 왕궁을 습격하도록 지시했고 일본군 및 낭인들에게는 살해와 대원군의 두 번째 옹립 등을 지시했다. 그리하여 10월 7일 밤에 대원군을 강제로 옹립한 일본군과 낭인, 그리고 훈련대는 다음 날인 10월 8일 새벽 미명을 틈타 경복궁을 습격했다. 시위대가 어이없이 패한 뒤 도망치자 그들은 궁녀들을 차례로 살해했고, 그중에서 명성황후라고 생각되는 여성을 죽인 다음 유체를 불태웠다. 그러나 그 장면을 다이와 주한 미국공사관 서기관이었던 호러스 알렌Horace N. Allen, 러시아인 건축기사 아파나시 세레딘사바틴Afanasy I. Seredin-Sabatin 등이 목격했기 때문에 일본은 이 사건을 훈련대의 반란으로 위장할 수 없었다.

이 사태를 수습하기 위하여 이토 수상과 일본 정부는 미우라를 해임한 뒤 외무성 정무국장인 고무라 쥬타로小村壽太郎를 10월 17일 후임 주조공사로, 이노우에를 특사로 임명하여 조선에 파견했다. 새로 부임한 고무라는 미우라 등 주모자들에게 10월 18일부터 조선을 떠나라고 명령했다. 그 후 미우라 등은 히로시마 형무소로, 구스노세를 포함한 군인들은 히로시마 헌병대로 각각 소환되어 취조를 받았다. 그러나 그들은 1896년 1월 20일 증거불충분이라는 이유로 모두 석방되었다. 게다가 구스노세 등에게 무죄를 언도한 사람은 단장인 오시마 요시마사였다. 그들이 무죄를 받은 이유는 고무라와 이노우에가 김홍집에게 압력을 넣어 3명의 조선인을 사건의 '진범'으로 날조하고, 그 3명이 1895년 12월 28일에 교수형에 처해졌기 때문이었다.

　뿐만 아니라 미우라는 이후 1910년에 추밀원 고문관에 취임했고 이후에
는 야마가타에 대항하여 정계의 막후 인물이 되었다. 특히 줄곧 소수당을
이끌던 이누카이 쓰요시大養毅의 후견인을 자처했다. 그는 1916년에 제2차
오쿠마 시게노부大隈重信 내각을 타도하기 위하여 헌정회 당수인 가토 다카
아키加藤高明, 입헌정우회 총재인 하라 다카시原敬, 입헌국민당 당수인 이누카
이를 중심으로 한 삼당수 회담을 주선했다. 또 1924년 1월에 성립한 기요
우라 게이고清浦奎吾 내각을 타도하기 위하여 헌정회의 가토, 입헌정우회의
다카하시 고레키요高橋是清, 혁신구락부의 이누카이를 중심으로 한 삼당수
회담을 어전에서 열기도 했다. 이 두 번째 당수 회담은 제2차 호헌운동으
로 이어졌다. 아다치 겐조 역시 1913년에 성립된 입헌동지회에 가담하여
그것이 헌정회와 입헌민정당으로 이어지는 가운데 1929년에 성립한 하마
구치 오사치浜口雄幸 내각과 1931년에 성립한 제2차 와카쓰키 레이지로若槻
禮次郎 내각의 내무대신을 역임했다. 그리고 1931년 9월 18일에 발발한 류
타오호柳條湖 사건이 만주사변으로 확대되고 와카쓰키 내각이 제대로 대응
하지 못하는 사이, 우경화를 강화하고 있던 입헌정우회와 함께 거국일치
내각을 획책했다. 그러나 와카쓰키와 외상인 시데하라 기주로幣原喜重郎의
반대로 실패했기 때문에 그는 민정당을 탈당했다. 그 후 국가통제경제나
일만日滿 블록경제 등의 경제정책을 주장한 국민동맹을 만들어 총재가 되
는 등, 아다치는 1924년 이래 이어져 온 '헌정의 상도憲政の常道'를 붕괴시키
는 방아쇠를 당겼다. 게다가 구스노세 유키히코는 1913년부터 다음 해까
지 이어진 제1차 야마모토 곤노효에山本權兵衛 내각에서 육상을 역임했다. 그
리고 시인이자 문학자인 호리구치 구마이치는 호리구치 대학堀口大學의 창
설자이기도 했는데, 1년 후 복직하여 제3세계 국가에 부임했고 1918년에

는 브라질 대사로도 취임했다. 덧붙이자면 후술하는 안중근의 이토 암살 당시 안중근이 올린 이토의 「죄과 15개조」 중 제1조가 바로 이 사건에 대한 것이었다. 한편 명성황후는 이때 폐비 조치되었으나 1897년 1월 6일 '명성황후'로 다시 그 명예가 회복되었다. 이 '을미사변'의 기록상상화와 '명성황후순국숭모비'明成皇后殉國崇慕碑' 등은 경복궁 내의 건청궁에 있었는데 현재는 경기도 여주에 있는 '명성황후생가·기념관' 경내로 옮겨져 있다.

러시아의 우위

명성황후 시해 사건 직후 성립된 제4차 김홍집 내각에서는 '명성황후파'와 '친러파'가 축출되고 어윤중(탁지부대신)·유길준(내부대신)·조희연趙羲淵(학부대신) 등을 중심으로 한 '개화파'가 요직을 차지하게 되었다. 그들이 중심이 된 갑오경장이 다시 실시되었지만 '친일 정권'으로 비춰진 김홍집 정권에 대한 반발은 더 심해졌고 항일의병투쟁도 격화되었다. 급기야 11월 28일에는 친러파가 김홍집 내각의 타도를 목표로 일으킨 춘생문春生門 사건이 발생했다. 이 사건은 결국 실패했지만 불난 집에 기름을 붓는 격이 된 사건이 있었으니 바로 12월 30일에 발포된 단발령이었다. 단발령은 구래의 풍습에 대한 애착과 풍습을 단절시키려는 것에 대한 반감이 결합되어 반일·반개화로 발전했다.

명성황후 시해 사건과 단발령에 대한 저항으로 강원도를 중심으로 한 초기 의병투쟁이 거세지자, 러시아공사인 베베르는 1896년 2월 10일에 공사관 경비를 구실로 삼아 수병 약 120명을 이끌고 서울로 들어왔다. 그는 친러파인 이범석·이완용 등과 공모하여 고종과 왕세자 이척을 러시아공사관으로 옮기는 아관파천을 단행했다. 이 사건으로 명성황후 시해 사건 이후 일본에 대한 공포심에서 해방된 고종은 러시아공사관에서 신정부를 조각하여 친러파 내각을 성립시켰다(설립 당시에는 윤병시尹炳始 내각이었으나 4월 22일부터는 윤용선尹容善 내각이다). 반면 김홍집 내각의 인물들은 구속되었는데 그들 중 김홍집과 어윤중은 군중들에 의해 살해되었고 유길준과 조희연 등은 일본으로 망명했다.

아관파천은 다음 해인 1897년 2월 20일까지 약 1년간 계속되었고 이로인해 조선에서는 러시아가 우위를 차지하게 되었다. 예를 들면 러시아는 1896년 4월에 함경도 경원慶源과 경성鏡城의 광산채굴권을, 동년 9월에는 압록강 연안과 울릉도의 삼림채벌권 등을 획득했다. 반면 일본은 이전에 획득했던 한성-부산 간의 철도부설권을 행사하는 것에 그쳤다. 그러므로 일본은 조선에서 러시아가 현실적으로 우위를 점한 상황에 맞설 대응책을 마련해야만 했다.

또한 러시아의 주도 하에 1896년부터 미국에게는 경인철도 부설권(3월)과 평안북도 운산금광 채굴권(4월)이, 프랑스에게는 경의철도 부설권(7월)이, 독일에게는 강원도 금성堂峴금광 채굴권(1897년 3월) 등의 이권들이 양도되었다. 그중 미국에게 이권을 양도한 것은 '이이제이以夷制夷'라는 고종의 의도가 있었다. 즉 미국을 조선에 끌어들임으로써 1882년에 맺은 조미조약 제1조의 '거중조정조항'에 따라 조선을 둘러싼 국제정세가 긴박할 때, 미국의 호의적 개입이라는 정치적 반대급부를 용이하게 얻으려는 기대가 있었던 것이다. 이 때문에 일본은 더욱 불리한 입장에 놓이게 되었지만, 러시아의 우위라는 상황 속에서 조선에서 뒤처지는 것을 막고 후일을 기약하기 위해서는 일단 러시아와 일정한 협조를 할 필요가 있었다. 그 목적을 위해 주조공사인 고무라는 1896년 3월 13일 베베르에게 조선 문제에 관한 각서를 제시했고, 베베르는 4월 6일에 대안을 제시했다. 그리고 조선 문제에 관한 러일 양국의 대표자각서(베베르·고무라각서)가 5월 14일에 조인되

조선을 내세워 일본에게 위용을 과시하는 러시아(「러시아의 꼭두각시 조선」, 『중앙신문』, 1903. 2. 11).

었다. 각서의 내용은 1. 국왕이(왕궁으로) 귀환하도록 러시아와 일본은 조선 정부에 충고한다 2. 관대하고 온화한 인물의 내각 등용을 러시아와 일본이 추천한다 3. 부산-서울 간의 일본 전신선을 보호하기 위하여 일본국 위병衛兵을 두고 그 총인원은 200명을 넘지 않도록 하며 조선의 질서가 회복된 경우에는 철병한다 4. 조선이 공격해 올 경우 일본인을 보호하기 위하여 서울에 2개 중대와 부산에 1개 중대를 두고(1개 중대는 200명 이하), 그 우려가 없어졌을 때에는 철수하며 이는 러시아에게도 동일하게 적용된다라는 것이었다. 실제로 이것은 러시아와 일본 양국 정부의 훈령에 따른 것이었다.

이어서 이 무렵 러시아에서는 제위에 오른 니콜라이 2세Nikolai II의 대관식이 거행될 예정이었으므로 일본은 야마가타 아리토모를 특사로 파견하기로 결정했다. 야마가타는 5월 24일에 러시아 외상인 로바노프 로스토브스키A. B. Lobanov-Rostovsky와 교섭을 가졌고 그 결과 조선 문제에 관한 러일 간의 의정서(야마가타-로바노프 협정)가 6월 9일에 조인되었다. 그 내용은 조선의 재정문제 개선은 러일 양국이 맡는다, 질서를 유지하기 위하여 조선은 자력으로 군대와 경찰을 창설하여 유지한다, 일본은 현재 보유한 전신선을 계속 관리하는 한편 러시아는 국경까지 전신선을 부설할 권리를 갖는다는 것 등으로 일반적인 것에 불과했다. 그러나 그 외에 2개조로 된 비밀조관이 별도로 존재했다. 그 조관에는 조선 내 질서의 혼란 및 러일 양국민의 안녕과 보호를 위해 합의에 따라 군대를 파견할 경우, 충돌을 막기 위하여 각 군대의 용병지역用兵地域을 확정한다, 조선인 군대가 조직될 때까지 러일 양국은 조선에 군대를 주둔한다는 내용이 규정되어 있었다. 여기에서 '병용지역의 확정'으로 상정된 것이 북위 38도선이었는데, 이것은 훗날 1945년에 일본의 패전으로 미소 양국에 의해 획정된 조선의 분단선과 동일한 것이었다. 양자 사이에 직접적인 관련은 없지만 이미 약 50년 전에 동일한 발상이 있었다는 사실을 엿볼 수 있다.

야마가타는 러시아와 합의한 후 7월 28일에 귀국했다. 한편 로바노프는 같은 시기 조선 특사인 민영환과도 다음과 같은 밀약을 맺었다. 조선은 러시아로부터 군사고문과 재정고문을 고빙할 것, 고종이 왕궁으로 귀환한 후에도 그 안전은 러시아가 보장할 것이라는 내용이었다. 또한 리홍장과는 야마가타-로바노프 협정 이전인 6월 3일에 6개조로 이루어진 리李-로바노프 협정을 맺었다. 그 내용은 일본이 극동 러시아령과 청 그리고 조선을 침략할 경우 러시아와 청은 서로 원조한다, 작전 중에는 청의 모든 항만을 러시아에 개방한다, 헤이룽장 성·지린 성 두 성을 가로질러 블라디보스토크까지 이르는 철도 건설에 청은 동의한다, 러시아는 평시와 전시를 불문하고 그 철도를 이용할 수 있다는 것 등이었다. 러시아는 겉으로는 조선 문제에 대하여 일본과 타협하는 한편, 당사자인 조선과 청에도 손을 써 포석을 깔고 있었던 것이다. 그러한 배경 속에서 6월 11일 고무라는 외무차관으로 취임했고 후임 주조공사로는 외무차관이었던 하라 다카시가 취임했다. 상황이 이와 같았으므로 하라는 일본이 내정간섭과 같은 정책을 쓰지 않는다면 러시아도 같은 대응을 할 것이라며, 사태의 추이를 지켜보면서 향후 조선내각에 친일파를 심는 것이 가장 중요하다고 주장했다. 그 결과로 고종은 1897년 2월 20일 러시아공사관에서 경운궁으로 돌아왔고 아관파천은 1년여 만에 끝이 났다. 그 상황을 끝까지 지켜 본 후인 2월 23일에 주조공사는 하라에서 가토 마쓰오^{加藤增雄}로 교체되었다.

대한제국의 탄생과 독립협회

갑신정변 이후 미국으로 망명했던 서재필은 갑오경장 무렵 귀국했지만 정부에 들어가는 것은 거절하고 민중계몽 및 국권회복을 목적으로 1896년 4월에 『독립신문』을 창간했다. 이어서 서재필을 중심으로 한 '독립협회'가 그 해 7월 2일에 설립되어 고문에는 서재필이, 회장에는 안경수^{安駉壽}가 취임했다. 그러나 과거의 개화파가 중심이었던 독립협회 사람들 입장에서 볼 때 친러파는 수구파였고, 친러파의 러시아 의존은 조선의 국익을 해칠 수 있다고 비춰졌다. 이 때문에 양자 사이의 마찰은 점점 커지고 있었다. 그러한 가운데 고종은 러시아의 지지를 전제로 근대화에 착수했고 1897년 8월 14일에는 연호를 '광무^{光武}'로 고쳤다. 나아가 10월 12일에는 황제 즉위식을 거행한 뒤 국왕을 황제로, 왕태자를 황태자로, 국호도 '대한제국^{大韓帝國}'으로 고쳐 고종 스스로 중국과의 종속관계를 부정했다. 뿐만 아니라 청과의 조공관계를 상징했던 영은문^{迎恩門}을 1896년에 철거하고 대신 그 옆에 독립문^{獨立門}을 건설했다. 독립문은 독립협회를 중심으로 한 모금운동을 통해 그 해부터 건설되기 시작했고 청으로부터의 독립을 상징하기 위해 프랑스 파리의 개선문을 모방하여 건설되었다. 독립문은 대한제국이 선포된

1897년에 완성되었으며, 현재는 서울 서대문구 현저동에 있다.

고종은 대한제국을 선포한 후 여러 가지 개혁에 착수했다. 하지만 당시 한국 정부는 '친러파'·'친일파'·'친미파' 등으로 나누어져 있었고 해당 국가들이 각 파의 배후에서 각축전을 벌이고 있었다. 또 그 과정에서 뇌물 등의 부정행위가 난무했다. 그러던 중 1897년 9월 2일에 신임 러시아 공사 알렉시스 스페예르Alexis de Speyer가 부임해왔다. 그는 강압적인 방법으로 조선(한국)에서 러시아의 권익을 확대하기 위하여 앞에서 언급한 1896년 6월에 체결된 조선과 러시아 간의 밀약에 따라 동년 9월 6일 러시아군인 14명을 군사고문으로 취임시켰다. 이어 10월 25일에는 알렉세예프K. A. Alexeev를 재정고문 겸 해관총세무사로 임명했고, 이로써 원래 그 직함에 있던 영국인 브라운M. Brown이 해임되었다. 다음 해인 1898년 2월 25일에는 부산과 절영도絶影島의 조차권 및 저탄소貯炭所 설치권도 획득했다.

이와 같은 러시아의 권익 확대에 대해 독립협회는 1898년 2월 9일 서울 종로에서 민중들과 함께 만민공동회를 개최하여 러시아인 군사고문과 재정고문의 부당성을 규탄했다. 영국 또한 브라운의 해임에 항의하기 위하여 군함을 파견하려 했다. 이 때문에 한국 정부는 3월 12일에 러시아인 군사고문과 재정고문의 해임을 통고하여 알렉세예프는 해임되었고 브라운은 복직되었다. 게다가 러시아 정부의 지시로 4월 4일에는 주러공사인 스페예르도 해임되었다.

이처럼 러시아 정부의 태도가 변한 이유는 이 즈음인 1898년 3월 27일에 러시아가 청으로부터 뤼순旅順과 다롄大連의 조차권을 획득하여 이 지역에서의 목표 중 하나였던 부동항*의 확보를 현실화시켰기 때문이었다. 따

---

* 不凍港. 사계절 내내 해면이 얼지 않는 항구.

라서 한반도의 중요성은 희박해졌고 더 나아가 일본·영국 등과의 불필요한 마찰을 싫어했기 때문이기도 했다. 그래서 당시 외상인 니시 도쿠지로^{西德二郎}와 주일 러시아공사 로만 로젠^{Roman R. Rosen}은 1898년 4월 25일에 야마가타-로바노프 협정을 계승하는 형식으로 1. 러일 양국은 한국의 독립을 존중하고 그 내정에는 간섭하지 않는다 2. 한국이 일본 또는 러시아에 조언을 구할 경우 연병교관^{練兵敎官} 또는 재정고문관의 임명은 러일 양국이 협정한 후 행한다 3. 러시아는 한일 간 상공업상 관계의 발전을 방해하지 않는다는 내용의 한국 문제에 관한 의정서(니시-로젠 협정)를 체결했다. 러시아는 자국의 뤼순·다롄 조차권 획득에 대한 일본의 항의를 피하기 위하여 그들의 주의를 한국으로 돌리려는 목적이 있었다. 그에 대해 당시 일본내각은 제3차 이토 내각이었는데 이토 수상을 비롯한 수뇌부들은 '만한교환론^{滿韓交換論}'적인 입장에서 이 의정서를 승락했다. 한편 시모노세키 강화조약에서 일본이 획득하기로 결정된 랴오둥 반도를 청에 반환하도록 주도한 러시아가 조차방식을 통해 그 중심지역을 실질적으로 영유하게 되자 일본내 여론이나 민중의 반러감정은 더욱 강화되었다.

독립협회의 해산

그 무렵 한국 정계에서 대두한 인물이 있었는데 그는 바로 이용익^{李容翊}이었다. 이용익은 상민의 아들로 태어났지만 임오군란 당시 명성황후를 도운 인연으로 신임을 얻어 이후 순조롭게 출세할 수 있었다. 이용익은 대표적인 친러파로서 탁지부 전환국장에 임명된 뒤 백동화를 남발하고 황실재정을 위한 전매사업을 추진하면서 일본의 대조선 전략에 맞서는 일이 많았다. 때문에 일본은 이용익의 극단적인 친러적 자세와 더불어 그를 극도로 싫어했다. 독립협회 역시 1898년에 이용익을 부패관료로 규탄하여 친러파 정권과의 대립을 심화시켰다. 그런 점에서 일본과 독립협회는 반친러파 정권, 반이용익이라는 공통점을 가지고 있었지만, 실제로 일본은 한국의 친일적 독립을 희망한데 비해 독립협회는 한국의 절대독립을 희망한다는 커다란 차이가 있었다. 이 때문에 양자 사이에 협력은 이루어질 수 없었다.

독립협회에 대한 정부의 압력이 강화되자 그에 대한 항의로 독립협회는 1898년 10월 25일에 4개조로 이루어진 항의상소를 제출했고, 이를 계기로 한국 정부는 언론의 자유를 승인했다. 10월 29일에 만민공동회를 다시 개최한 독립협회는 시국에 관한 헌의 6개조를 상주했고 한국 정부 각료 중에서도 그것은 동참하는 자가 있었다. 고종은 일단 헌의 6조를 승인했는데 그것은 독립협회의 힘이라도 빌려 광무개혁을 이루고자 하는 생각에서였다. 그러나 독립협회의 영향력이 확대되어 자신들에게 위협을 가하게 될 것을 두려워 한 친러파 정부는 독립협회가 황제의 권력을 빼앗으려 한다며 고종에게 거짓 보고를 올렸다. 보고를 받은 고종은 11월 4일에 독립협회를 해산하고 협회 지도자들을 검거하라는 명령을 내렸다. 그 결과 만민공동회에 참가한 박정양 등의 대신들은 파면되었고 11월 7일에 17명이 체포되었다. 그에 대한 항의로 개최된 만민공동회에 독립협회에 대항하기 위하여 조직된 황국협회 사람들이 습격하는 바람에 난투극이 벌어지기도 했다. 그러한 가운데 독립협회는 일단 재건되었지만 12월에 군대가 투입되면서 강제로 해산되었다. 이로써 한국 정부는 '한국의 자립을 위한 마지막 개혁의 기회'를 스스로의 손으로 없애버리는 형국을 자초했다. 독립협회 회원들 중에는 훗날 친일파로 분류되는 인사도 많았지만, 애국계몽운동가나 독립운동가들도 다수 배출되었으므로 독립협회는 조선(한국) 부르주아 민족주의 운동의 출발점이 되었다고 할 수 있다.

그러한 가운데 1899년 8월 17일 총 9개조로 이루어진 대한제국국제가 의정·공포되었다. 그 내용은 절대적이라고 할 수 있는 황제의 권력을 인정하는 것으로서, 일본 제국헌법이 정한 천황의 대권을 능가하는 것이었다. 더구나 일본의 경우 그러한 원칙과는 별도로 실질적인 권력분립이 이루어져 있었지만, 한국에서의 황제권은 원칙 그 이상의 것이었다. 때문에 특정계파(친러파에서 친일파)나 특정국(러시아에서 일본)이 고종만 억압하면 그것으로 끝인 구조가 되어버렸고, 그 결과 권력다툼이 벌어지는 상황이 전개되었다.

그 당시 한국에서는 시부사와 에이치澁澤榮一, 오미와 초베大三輪長兵衛, 다케우치 쓰나竹內綱(훗날 수상이 된 요시다 시게루吉田茂의 친부), 마에지마 히소카前島密 등이 중심이 되어 철도부설권을 획득하기 위해 활동하고 있었다. 서울-인천 간의 경인철도 부설권은 미국인 제임스 모스James R. Morse가 갖고 있었는데 자금난으로 사실상 부설이 곤란한 상태였다. 이 때문에 1897년 4월에 설립된 일본 경인철도 인수조합이 1899년 1월 31일에 모스에게 100만 불을 주고 부설권을 사들여 1900년 11월 12일에 약 40km에 달하는 철도를 개통시켰다. 또 서울-부산 간의 경부철도는 시부사와와 다케우치 등이 1897년 7월 경부철도 발기인회를 만들어 부설권의 양도를 한국에 요구했다. 하지만 러시아의 압력이 있었기 때문에 한국 정부는 계속해서 강경하게 거부하는 자세를 취했다.

그러나 1898년에 전술한 니시-로젠 협정이 체결되자 전 수상인 이토는 8월 25일에 한일관계를 조정하기 위하여 고종을 회견했다. 그 영향으로 9월 8일에는 한국 정부와 경부철도 발기인회 사이에 경부철도 부설계약이 성립되었다. 게다가 서울-신의주간 경의철도 부설권은 프랑스인 그릴M. Grille이 1896년 7월 3일에 인수했는데 역시 착공이 곤란해졌기 때문에 1899년 7월 6일자로 그 권리가 소멸되었다. 그러자 한국 정부는 서북철도국을 설립하여 경의철도를 건설하려 했지만 역시 일본인이 만든 발기인회의 후원을 받은 대한철도회사가 인수에 뛰어들면서 대결을 벌이게 되었다. 결국 경의철도 부설권은 대한철도회사가 인수하게 되었고 일본 정부는 그 회사에 차관을 제공하는 것으로 합의가 이루어졌다. 그러나 경부선과 경의선 양 철도에 대한 일본 국내의 출자는 경기의 후퇴와 러시아와 일본 간의 긴장이 높아지는 것에 대한 우려 때문에 생각대로 자금이 모아지지 않았다. 한편 군부에서는 역으로 러시아와 일본 간의 긴장이 높아짐에 따라 전쟁 수행 시 철도의 필요성 때문에 야마가타, 가쓰라 다로桂太郎, 데라우치 마사타케寺內正毅 등이 이 문제에 적극적인 태도를 보였다. 그 결과 경부·경의 양 철도는 러일전쟁 중인 1905년에 개통되었다.

3. 영일동맹 및 러일교섭과 한국 문제

청에 대한 열강의 이권 침탈

청일전쟁에 패배하면서 나약함을 드러낸 청에 대하여 유럽 열강의 이권 침탈이 시작되었다. 그 최초는 독일이 1897년 11월 산둥 성에서 발생한 독일인 선교사 살해 사건을 이유로 자오저우膠州 만을 점령한 다음, 1898년 3월 6일에 독청자오저우만조차조약獨淸膠州灣租借條約을 체결하여 조차권을 획득한 것이었다. 이어서 러시아는 3월 27일 러청뤼순·다롄조차조약露淸旅順·大連租借條約으로 랴오둥 반도의 조차권과 뤼순의 군항화, 다롄의 개항, 하얼빈-다롄까지의 둥칭東淸철도 남부선 부설권 등을 획득했다. 4월에는 프랑스가 프랑스령 인도차이나와 인접한 광둥 성 광저우 만(현재의 잔강湛江) 지역에 대한 조차조약으로 광둥 성·광시 성·윈난 성 등 남부 3성에서 영향력을 갖게 되었다. 또한 일본은 4월 22일에 일본령이자 대만 대안對岸에 위치한 푸젠성을 할양하지 않는다는 청일교환공문日淸交換公文으로 푸젠 성에 대한 배타적 영향력을 계속 유지하게 되었고, 영국은 러시아와 프랑스에 대항하기 위해 6월 9일 영청주룽반도조차조약英淸九龍半島租借條約을, 7월 1일에는 영청웨이하이웨이조차조약英淸威海衛租借條約을 체결함으로써 조차권을 획득했다. 이로써 청은 열강에 의해 분할된 상태가 되었다. 러시아는 베이징-펑톈(현재의 선양瀋陽) 간의 징펑京奉철도에도 손을 뻗었는데 역시 그것에 관심을 가지고 있던 영국은 청과 러시아가 징펑철도 차관계약을 맺으면 러시아는 한국의 경의철도에도 관여하게 될 것이라며 반대했다.

그 결과 1899년 4월 28일에 영러철도 협정英露鐵道協定이 체결되어 영국은 만주에서 러시아의 철도권익을, 러시아는 양쯔강지역에서 영국의 철도권익을 승인했다. 단 징펑철도 부설권은 영국이 갖게 되었다. 하지만 러시아는 징펑철도와 어깨를 나란히 하는 둥칭철도의 연장선을 부설하여 징펑철도를 유명무실하게 만들었다. 이러한 상황이 전개되자 한국에 대한 러시아의 관심은 상대적으로 저하되는 한편, 중국에 대한 일본의 관심은 상대적으로 상승하는 결과가 나타났다. 그러나 일본의 제1의 관심사는 언제나 한국이었다. 그러한 가운데 일본은 1899년 6월 24일에 아이즈會津 출신의 하야시 곤스케林權助를 신임 주한공사로 파견했고, 러시아도 같은 해 파블로프A. Pavloff를 주한공사로 파견하여 양자의 외교전은 1904년까지 전개되었다.

그러던 중 청에서는 열강의 '분할'에 대한 반발로 의화권義和拳(1808년 금지된 종교로 후일 의화단으로 개칭)이 1899년, 독일의 산둥 성 침략을 반대해 '부청멸양扶淸滅洋'을 주장하며 봉기했다. 그 여파는 1900년이 되자 화북지역까지 미치게 되었고 2월에서 6월 사이에 이들은 베이징과 톈진을 점령했다. 6월 20일부터 8월 14일까지는 베이징에 있는 열강의 공사관을 포위했고 6월 11일에는 일본공사관 서기관 스기야마 아카라杉山彬를, 6월 20일에는 독일공사 케틀러K. Kettler를 살해했다. 이러한 의화단의 활약에 고무된 청의 서태후는 6월 21일 열강에 대해 선전을 포고하는 조서를 내렸다. 그러자 열강 8개국 연합군(총인원은 약 2만 명이었고, 그중 절반이 일본군이었다)이 투입되어 의화단의 공사관 포위를 해제시켰다. 또한 의화단의 영향이 만주(현재 중국 동북부)까지 미쳤기 때문에 러시아는 둥칭철도를 보호한다는 명목으로 만주 전 지역을 점령했다. 그러자 주일 러시아공사인 알렉산드르 이즈볼스키Alexander Izvolsky는 1900년 7월에 도쿄에서 야마가타 수상, 아오키 슈조青木周藏 외상, 이토에게 그리고 동시에 주한 러시아공사인 파블로프는 서울에서 하야시에게 한국에서 러일 양국의 세력범위를 확정하여 각각 질서를 유지하자고 제안했다. 하지만 그 세력범위가 어디까지인지는 분명히 하지 않았다. 파블로프는 같은 시기인 7월 23일에 고종을 접견하여 의화단 폭도가 한국을 침입할 경우 한국은 러시아에 구원을 요청해야 하며, 그럴 경우 러시아군이 국경을 넘어올 수도 있다고 전했다. 그 사실은 곧 일본에게 보고되었고 일본은 대응책을 마련해야 했다. 야마가타 수상은 의화단의 난이 진압된 후인 1900년 8월 20일에 작성된 「북청사변北淸事變* 선후에 관한 (야마가타 후작)의견서」에서 서쪽으로는 (평양을 가로지르는) 대동강으로부터, 동쪽으로는 원산에 이르는 선까지의 이남지역을 맡으라는 러시아의 제안에 응하는 태도를 보였고 이토와 이노우에도 그 의견에 동의했다. 그러나 아오키와 당시 주러공사였던 고무라는 러시아의 제안이 일본에게 가

---

* 의화단의 난을 뜻한다.

장 불리한 '만한교환滿韓交換'에도 미치지 못하는 것이라며 반대했다. 또한 1896년에 귀족원의장이 된 공작 고노에 아쓰마로近衛篤麿(뒤에 수상이 된 고노에 후미마로近衛文麿의 아버지)가 1898년에 결성한 동아동문회東亞同文會도 9월에 러시아의 제안을 거부하자고 주장했다(고노에는 한일국방동맹을 주장했다). 심지어 군부 내에서는 한국으로 출병하여 보호국화를 추진하자는 주장과 한국을 3분할[10]하자는 주장도 있었지만, 육해군의 상층부가 소극적이었기 때문에 그에 대한 명확한 방침은 마련되지 않았다. 그리고 9월에 이르러서는 러시아의 제안도 흐지부지되었다.

또한 고종은 1897년 이후 목포·진남포·마산포·성진포·평양 등의 개항과 개시를 결정했는데, 그 이유는 이들 지역을 각국의 공동거류지로 만들고 거주시킴으로써 서로 견제시키려는 목적때문이었다. 그 때문에 러일 양국은 한국에서 토지 매수를 놓고 서로 경쟁하게 되었고(일본은 특히 군사적 목적으로), 1899년부터 1900년에 걸쳐 마산포에서 벌어진 토지획득 문제로 러일관계는 몹시 긴박해졌다. 러일 쌍방이 일정한 양보를 한 결과 일본은 꽤 많은 용지를 획득했다.

이러한 상황을 해결하기 위하여 고종은 한국의 중립화를 모색했다. 그것은 의화단의 난을 진압하기 위한 열강의 출병이 한국의 분할로 이어질 수 있다는 두려움과, 또 한국을 둘러싸고 러시아와 일본 간의 밀약으로 이어지지 않을까 하는 우려 때문이었다. 그래서 고종은 1900년 8월에 심복인 조병식을 주일공사로 임명하여 열강이 '공동보증'하는 방식의 한국중립화를 일본 측에 제안했다. 그러나 이것은 한국의 분규에 끌려 들어가는 것을 바라지 않았던 미국의 소극적인 자세와, 한국의 중립화를 일본과 가까워지는 것으로 생각한 주한러시아공사관의 반대, 역으로 한국의 중립화를 러시아와 가까워지는 것으로 생각한 일본의 반대 때문에 실패로 끝났다. 더욱이 러시아는 만주에서의 권익을 더욱 확고히 하기 위해 한국에서 커다란 현상 변화가 일어나는 것을 원치 않았으므로 재무장관인 세르게이 비테Sergei Witte가 주도하여 한국의 중립화를 제안해 왔다. 그는 황제인 니콜라이 2세와 궁정고문관인 베조브라조프A. M. Bezobrazov 등 강경파의 움직임이 러일전쟁 개전으로 이어질까 우려하고 있었다. 그러나 1900년 10월에 성립된 제4차 이토 내각의 외상인 가토 다카아키는 만주에서 러시아가 철수하는 것이 중립화의 전제조건이라고 주장했고 당시 주청공사였던 고무라도 같은 입장이었다. 게다가 고종은 1901년 10월에 다시 한 번 외부대신 박제순을 일본으로 파견하여 중립화안을 제안했지만 실패로 끝났다. 한편 당시 일본의 정책은 고노에가 주장하고 있던 한일국방동맹韓日國防同盟으로 기울고 있었다.

러일전쟁 전야

일본에서는 1901년 6월에 제1차 가쓰라 내각이 성립되었고 9월에는 고무라 쥬타로가 외상으로 취임했다. 가쓰라와 고무라 그리고 이토·이노우에 등과 함께 이 당시 '원로'(제1차 가쓰라 내각 이후 수상이 된 경우는 없었지만 막부를 무너뜨렸거나 메이지 유신 등을 이룩한 현존 '공로자', 또는 '원훈'으로서 법률에 명시되어 있지는 않더라도 막강한 영향력을 가진)였던 야마가타는, 이토와 이노우에 등이 주장한 '만한교환=러일협상론'을 거부하고 러시아에 대해 이해관계가 일치하고 있던 영국과 제휴하여 러시아를 억제하는 방법을 선택했다. 그 결과 1902년 1월 30일 제1회 영일동맹이 조인되었다. 동맹규약 가운데 제1조는 청에서 영국의 이익과 청과 한국에서 일본의 이익에 침략적 행동이 가해져 공격을 받을 경우 영일 양국은 그 옹호를 위하여 필요한 조치를 취할 것, 제2조는 그 때문에 영일 양국 한쪽이 제3국과 전쟁을 할 경우 다른 쪽은 엄정하게 중립을 지키고, 제3조는 제3국과 타국이 합세할 경우 다른 쪽은 원조·협동하여 전투를 한다는 것이었다. 이 동맹에 따라 러시아와 일본이 개전할 경우 프랑스와 독일 등이 개입할 가능성은 사실상 배제되었다. 다만 일본은 영일동맹 때문에 러시아와 대결 구도로 갈 생각은 없었고, 영일동맹으로 입장을 강화한 후 러시아와의 교섭을 통해 한국 문제와 만주 문제를 해결하는 것을 목적으로 하고 있었다. 그것이 바로 한국을 일본의 세력범위에 넣는 것을 러시아가 인정한다면 만주를 러시아의 세력범위에 넣는 것을 일본이 인정한다는 '만한교환'이었다.

바로 그 무렵 영일동맹에 대항하기 위하여 청과 한국의 독립에 관한 러불공동선언露佛共同宣言이 3월 16일에 발표되었다. 게다가 의화단의 난 당시 이루어졌던 러시아의 만주점령을 해소하기 위하여 만주를 다시 돌려준다는 러청협약露淸協約도 4월 8일에 조인되었다. 그 내용은 만주에서 러시아의 철병을 3단계로 나누어서 행하는 데 제1단계는 조인으로부터 반년 후인 1902년 10월 8일까지 랴오둥 성 남부에서, 제2단계는 조인으로부터 1년 후인 1903년 4월 8일까지 랴오둥 성 북부 및 지린 성에서, 그리고 제3단계는 조인으로부터 1년 반 후인 1903년 10월 8일까지 헤이룽장 성에서 철수하여 제3단계에서 철수를 완료한다는 것이었다. 그러나 실제로 러시아는 제1단계는 약속대로 실행했지만 제2단계는 실행하지 않고 오히려 군사를 늘렸기 때문에 러시아와 일본 간의 긴장감은 증대되었다. 그 이유는 러시아 내부의 권력투쟁 결과 '온건파'인 비테가 해임되고 베조브라조프와 1903년 8월에 설립된 극동총독부의 총독이 된 이바노비치 알렉세이예프Y. Ivanovich Alekseyev 등 '강경파'가 대두했기 때문이었다.

한국에서는 1902년 후반부터 고종의 측실인 엄순비가 명성황후의 아들인 황태자 이척李拓(훗날의 순종)이 병약하고 후사가 없다는 점을 들어 자신의 아들인 영친왕 이은李垠을 그 후계로 삼고자 했다. 때문에 그녀는 의친왕 이강李墹(순종의 이복동생이자 영친왕의 이복형)을 견제했으며, 아직 남아있던 명성황후 세력들은 이척을 앞세우면서 황실 내 주도권 다툼을 벌였다. 이 정쟁에 정계도 휩싸이면서 한국중립화안은 중지되어 버렸다. 그러한 가운데 파블로프와 이즈볼스키, 주미러시아 대사 카시니A. Cassini 등의 러시아 재외 외교관들은 1902년 9월 이후 미·일·러가 공동으로 보증하는 방식의 한국중립화안을 제안했고, 파블로프는 1902년 9월 고종 즉위 40년 기념식장에서 그 안을 고종에게 전달했다. 그에 대해 고무라는 주미공사인 다카히라 고고로高平小五郎에게 미국과 사전에 협의할 것을 지시했고, 주러공사인 구리노 신이치로栗野愼一郎에게는 러시아 측이 한일공수동맹을 수용하게 하라고 지시했다(하지만 러시아는 이를 거부했다). 또한 주한공사 하야시에게는 러시아와 한국 내의 중립화 지지자들이 다시는 이 문제를 제기하지 못하게 하라고 훈령했다. 그리고 미국의 존 헤이John Hay 국무장관이 러시아의 제안을 거부하는 뜻도 보였기 때문에 러시아 재외 외교관들이 주장한 한국중립화안은 실패로 끝나고 말았다.

한편 한국 정부 내에서는 파블로프와 이용익 등의 책략으로 궁내부고문이었던 미국인 샌즈W. Sands가 1903년 3월에 해임되면서 친미파가 후퇴하고 친일파와 친러파의 양자대립이 보다 선명해졌다. 또 이 시기에 1854년 생으로 1885년에 조선에 건너온 독일 국적의 러시아 여성 앙트와네트 손탁Antoinette Sontag은 이후 베베르의 처형이라는 이유로 궁궐에 들어갔고, 아관파천 당시 도와준 일도 있어 고종의 신임을 얻었다.[11] 이 일로 그녀는 1895년에 덕수궁과 가까운 정동 29번지에 있는 왕실 소유의 가옥과 토지를 하사받았다. 손탁은 그 가옥을 개조해 1902년에 '손탁호텔'을 개업했고, 한국에 거주하고 있는 외국인들 사이에서 '사교계의 꽃'이 되었다. 그 후 손탁호텔은 그들과 한국 정계인의 회합장소가 되었고, 또 후술하는 1905년에 미국 대통령 시어도어 루스벨트[Theodore Roosevelt](이하 TR로 표기)의 딸인 앨리스가 서울에 체재했을 때, 그리고 1904년과 1905년 이토가 서울에 체재했을 때 숙소로 제공되는 등 한국을 방문하는 외국인들의 주요 숙소가 되었다.[12]

그 무렵 러시아에서는 비테와 외상 블라디미르 람스도르프[Vladimir Lams-dorf]·육상 알렉세이 쿠로팟킨[Aleksey Kuropatkin] 등의 온건파와 베조브라조프·알렉셰이예프 등의 강경파가 대립하고 있었다. 외무성 내에서도 강경파에 속하는 파블로프와 1903년 4월에 다시 주일공사가 된 온건파 로젠이 대립하고 있었다. 그러한 구도 아래 1902년 11월 이후부터 동아시아 정책을 검토하기 위한 협의가 러시아 정부 내에서 진행되었다. 1903년 2월 7일에 열린 특별회의에서는 일본과 교섭은 하되 만주에서의 철병은 중지한다는 방침이 결정되었고, 실제로 4월 8일까지 2차 철병은 실행되지 않았다. 또 4월 8일에 개최된 회의에서는 베조브라조프 등의 강경파들이 압록강에 대한 권리를 확보하고 만한국경을 방위선으로 확립하자고 주장했다. 하지만 비테를 비롯한 온건파들은 그 주장에 반대했는데, 일단 한국을 일본에게 맡긴다고 해도 일본은 고통스러울 뿐이므로 러시아는 그동안 시간을 갖고 준비해야 한다고 주장했다. 결국 베조브라조프 등 강경파의 주장 가운데 만주에서의 철병을 중지하자는 방침만이 정책으로 결정되었다. 이에 따라 러시아는 만주에서의 권익을 확보하기 위하여 청의 보증을 얻으려고 했지만 청은 4월 27일 미·영·일의 지지 아래 러시아의 요구를 거절했다. 그래서 러시아는 만주 북부지역의 점령을 계속 유지하면서 뤼순 등의 방비를 강화하기로 결정했다.

한편 교토에 있는 야마가타의 별장인 무린안[無隣庵]에서는 1903년 4월 21일에 야마가타·이토·가쓰라·고무라 사이에 4자 회담이 개최되었다. 회담 결과 만주에서 철병할 것을 러시아에 요구하는 한편 만한교환 차원에서 러일교섭도 갖기로 합의했다. 그 결과 6월 23일에 개최된 어전회의에서 러일교섭을 개시하기로 결정했다. 그러나 러시아는 압록강 연안의 한국 측 최북서부에 있는 용암포의 토지를 매수하여 5월부터 가옥 등 대규모공사에 착수했다. 7월 20일에는 러시아 삼림회사와 한국 삼림감리인 조성협趙性協 사이에 용암포토지조차계약龍巖浦土地租借契約이 조인되었는데, 이 러시아 삼림회사는 베조브라조프의 영향 아래 있었고 황제 니콜라이 2세도 출자한 회사였다. 게다가 만주에 주둔하고 있던 러시아 군인들이 군복을 벗고 근무하고 있었다. 이에 대해 일본은 8월 26일 하야시에게 이 계약의 파기를 고종에게 권고하라는 훈령을 내렸다. 그러나 러시아는 한국에 압력을 가하는 한편 8월 12일에는 극동총독부를 설치하고, 알렉셰이예프를 총독으로 임명하여 그로 하여금 극동지역의 군사·행정·외교를 담당하게 했다. 게다가 러일교섭도 알렉셰이예프의 지시 하에 도쿄에서 진행하게 되어 니콜라이 2세 및 베조브라조프에 의해 온건파인 비테는 장상에서 해임되었다.

이러한 상황 아래 일본 군부 내에서는 참모본부 내의 중견층을 중심으로 대러개전론이 강화되었고, 참모총장인 오야마 이와오大山巖를 비롯한 고위 간부들도 같은 방향으로 나아갔다. 또 1903년 6월 24일에는 대러강경론을 주장하는 '도다이나나하카세東大七博士'의 의견서*가 제출되었고, 8월 9일에는 고노에 아쓰마로를 중심으로 하는 대러동지회對露同志會가 만들어졌는데 이 단체 역시 대러강경론을 주장하여 개전론으로 기울어지고 있었다.

그러자 한국 정부는 독립을 유지하기 위하여 1903년 3월 징병에 관한

---

* 「일곱 박사들의 의견서七博士意見書」라고 불리는 이것은 도쿄제국 대학, 와세다 대학 등의 교수들이 중심이 되어 개전을 주장한 의견서로서, 러일전쟁 직전인 1903년 6월 10일부로 당시 내각총리대신 가쓰라 다로와 외무대신 고무라 쥬타로 등에게 제출되었다.

소칙을 발포하는 한편, 군부대신 윤웅열尹雄烈은 7월 29일에 해군제도를 상신하기도 했지만 재정적인 기반이 없었기 때문에 실현되지 못했다. 또 한국 정부는 8월에 일본과 러시아로 특사를 파견하여 러일전쟁이 일어날 경우 전시중립을 보증해 달라고 요청했지만 양국 모두 그것을 거부했다.

일본은 1903년 8월 12일 구리노 신이치로를 통해 6개조로 이루어진 러일협상안을 러시아 측에 제출했는데 그것은 '만한교환'의 내용을 담고 있었다. 로젠은 그 문제를 알렉셰이에프와 협의하기 위해 9월 22일에 일본을 출발했고, 뤼순에서 협의(지시)를 거쳐 10월 3일에 러시아의 대안을 고무라에게 제출했다. 그 내용을 보면 한국의 독립과 영토의 보전을 존중하고(1조), 한국에서 일본의 우위를 승인하며(2조), 한국에서 일본의 상공업 발전을 방해하지 않고(3조), 한국에 군대를 파견하는 것은 일본의 권리임을 승인하는(4조) 것을 인정하는 한편 한국의 영토는 군 전략상의 목적으로는 사용하지 않고(5조), 한국의 영토 중 북위 39도선 이북지역을 중립지대로 하며(6조), 만주는 완전히 일본의 이익 범위 밖으로 한다(7조)고 언급하고 있었다.

일본은 이러한 러시아의 대안을 자신들을 향한 도전으로 인식했다. 그래서 10월 6일에 시작한 고무라·로젠 회담 중 제5회 회담(10월 30일)에서, 6조에 대해서는 한만韓滿국경 양쪽에 각각 50km 넓이의 중립지대를 둘 것, 7조에 대해서는 한국도 러시아의 이익 범위 밖에 둘 것을 내용으로 하는 확정수정안을 로젠에게 건넸다. 러시아의 대안에 대해 참모본부는 개전할 것을 촉구했지만 일본 정부는 1903년 12월 28일 군사에 관한 4개조의 긴급칙령을 발포하는 한편, 그에 앞서 12월 16일에 열린 원로·각료회의에서는 러시아에 재고를 요구하고 러일교섭을 계속하는 것으로 결정되었다.

그러나 12월 30일에 열린 각의에서는 러일전쟁 개전 시 청의 중립은 유지하는 한편 한국은 "어떠한 경우에도 실력으로 우리의 세력 하에 두지 않으면 안 된다"라며 공수동맹이나 보호조약을 맺어야 한다고 결의했다. 1904년 1월에도 러일교섭은 계속되었는데 일본의 입장에서 볼 때 러시아는 말도 안되게 작은 양보밖에 하지 않았기 때문에 2월 4일에 열린 어전회의에서 러일교섭을 중단할 것과 대러 군사행동이 결의되었고, 2월 6일 러시아에 그 뜻을 통고했다. 가장 최근의 연구 성과에 의하면 당시 러시아는 한국 문제만이 아니라 러시아와 일본 간의 여러 전반적인 현안에 대해서도 강하게 나갈 생각은 대체로 없었고, 오히려 더 많은 양보까지 생각했다고 한다. 반면에 일본은 러시아와의 타협은 일체 고려하지 않았고 한국 문제에 대해서는 특히 그러했기 때문에 러일전쟁으로 바로 돌입했다는 연구도 나오고 있다. 어쨌든 그 와중인 1월 24일에도 한국 정부는 러일전쟁 개전 시 한국의 중립을 러일 양국에 요청했다. 그에 대해 러시아는 받아들인다는 뜻을 보내왔지만 고무라는 잠시 회답을 보류했다. 그 이유는 러시아와 일본의 전쟁은 불가피한 것이었지만 아직 개전하지 않은 상황에서 한국의 제안을 받아들일 생각은 처음부터 없었고, 개전할 경우 한국을 침공할 계획이 있다 하더라도 개전 전에 그것을 말할 수는 없었기 때문이다. 그렇다고 중립안을 받아들인다고 말하면 개전 후에는 (열강과의 관계를 생각하면 더욱) 한국의 중립을 파기하기 어렵다는 '딜레마'가 있었기 때문이었다. 결국 일본 함대는 2월 9일 뤼순항과 인천항에 정박해 있던 러시아 함대를 공격하여 인천항에 정박하고 있던 영국과 프랑스, 이탈리아 등 함선의 함장들도 오히려 일본의 잘못을 비난하는 가운데 러일전쟁은 발발했던 것이다.

4. 러일전쟁과 한국 문제

한일의정서 및 제1차 한일협약의 체결

러일전쟁 발발 후 영국과 미국 등의 열강은 러시아와 일본 양국에게 청의 중립을 준수하라고 제의했지만 한국에 대해서는 언급하지 않았다. 일본은 열강의 그러한 제의에 대해 청의 중립은 존중한다고 하는 한편, 한국에 대해서는 군사력을 바탕으로 한 영향력 행사를 기정사실로 만들어 문제를 해결하려 했다.

한편 러일전쟁이 시작된 후인 1904년 2월 12일에 파블로프는 인천에서 퇴각했고, 친러파의 영수이며 러일전쟁 개전 당시 군부대신이었던 이용익은 면직되었다. 그가 칙명에 의한 일본시찰이라는 명목으로 2월 22일에 일본으로 떠난 것을 보면 한국에서 친러파는 이미 세력을 상실했음을 알 수 있다. 또 그 전인 2월 18일에는 일본군이 서울로 진입하여 각지에 주둔했고 23일까지 한국의 다른 주요지역도 점거했다. 그와 같은 상황에서 하야시 곤스케는 전년도 12월 30일에 열린 각의의 결정방침에 따라 한국을 압박했기 때문에 1904년 2월 23일에 하야시와 외부대신 임시서리인 이지용李址鎔 사이에 한일의정서韓日議定書가 조인되었다. 모두 6조로 이루어진 한일의정서의 요지는 한국 황실, 한국의 독립과 영토보전은 보증될 것이며, 그 목적을 위하여 일본은 군사상 필요한 한국 지역을 임시로 수용하는 한편, 한국도 충분한 편의를 일본에 제공한다는 것이었다. 이로써 한국은 일본과 공수동맹을 맺은 것으로 간주되었으며 또 내정간섭권을 일본에 승인해 주었다.

이후 이토 히로부미는 고종을 위문하기 위하여 1904년 3월 18일과 20일에 특사신분으로 고종을 알현했다. 그는 한·일·청에 의한 동양평화책東洋

平和策을 진언했고, 고종도 향연을 베풀어 대훈금척대수장大勳金尺大綬章을 이토에게 수여했다. 고종이 이런 태도를 취한 까닭은 그 당시의 전황이 일본에게 유리하다고 보았기 때문이었지만, 이전까지의 태도를 보면 일본에 대한 불신감이 매우 강했던 고종은 오히려 전쟁이 러시아에 유리하게 전개되기를 바라고 있었다. 일본군이 압록강을 건너 남만주로 진입하고, 또 주롄성九連城과 펑황성鳳凰城 등을 공략했다는 보고를 받은 뒤 한국은 5월 18일에 러시아와 국교를 단절하고 한국과 러시아 간의 조약 및 러시아에 공여한 두만강·압록강·울릉도에서의 삼림채벌권을 파기한다고 선언했다. 그러나 한일의정서만으로는 아직 안심할 수 없다고 생각한 일본 정부는 5월 31일에 열린 각의에서 대한방침對韓方針을 결정했다. 그 내용은 한국에 대한 보호권을 확립하기 위해 정치상·외교상·군사상의 실권을 장악하여 일본의 이권을 확충하고, 한국을 사실상 일본의 주권 범위 내에 포함한다는 것이었다. 그 결과 8월 22일에 하야시와 외부대신서리 윤치호는 모두 3개조로 이루어진 제1차 한일협약에 조인했다. 그 내용은 한국 정부는 일본 정부가 추천하는 일본인 재정고문 1명(제1조)과 외국인 외교고문 1명(제2조)을 각각 고용하여 그 의견을 묻는다, 외교안건은 미리 일본 정부와 협의한다(제3조)는 것이었다. 그에 따라 대장성 주세국장인 메가다 다네타로目賀田種太郎는 재정고문, 주미 일본공사관 고문인 더럼 스티븐스Durham W. Stevens는 외교고문에 임명되어 한국의 재정과 외교, 특히 외교는 일본 정부가 지휘하게 되었다. 이로써 전 외상이며 주영공사인 하야시 다다스林董는 9월 26일 한국의 외교관계를 인수하는 조치를 취해 줄 것을 영국 외상 헨리 랜스다운Henry Lansdowne에게 제안했고 랜스다운도 이를 받아들였다. 또 미 대통령 TR은 동아시아에서 세력을 확장하고 있는 것으로 비춰진 러시아를 억제하기 위하여 일본과 긴밀한 관계를 유지할 것을 러일전쟁 개전 전부터 각 방면으로 전달했고, 개전 후에는 한국 문제에 대한 일본의 입장을 지지한다는 뜻을 각 방면에 표명했다. 더욱이 재정고문 메가다의 정책으로 어쩔 수 없이 1905년 1월 19일부터 한국 내에서 일본화폐가 법화로 유통되는 것이 공인되었다.

일본의 독도 편입

이러한 상황 하에서 일본 정부는 1905년 1월 28일 동해(일본에서는 일본해)에 위치한 독도獨島를 다케시마竹島라고 명명한 뒤 주인 없는 땅이므로 시마네島根 현 오키도사隱岐島司의 관할로 편입한다는 것을 각의에서 결정했다. 2월 15일에는 이러한 각의의 결정을 내무성 훈령 제87호로 고시할 것을 관내에 지시했다. 그에 따라 시마네 현은 2월 22일 고시 제40호를 발포하여 각의의 결정 내용을 고시하고 독도를 일본에 편입시켰다. 독도에 관해서는 전후부터 현재에 이르기까지 일본과 대한민국, 그리고 조선민주주의인민공화국까지 모두 자신들의 영토라고 주장하여 그 때에는 역사적으로도 자국령이었음을 3국 모두 자국에 유리한 역사적 사료를 근거로 들어 그 정당성을 주장하고 있다. 이처럼 독도는 역사인식을 둘러싼 문제이기도 하므로 어떻게 평가할 것인가에 대해서는 쉽게 말할 수 없다. 다만 시기적으로 보면 당시 일본은 러일전쟁을 유리하게 이끌어 한국을 군사적으로 제압한 상태였고, 전술한 바와 같이 한일의정서와 제1차 한일협약을 체결하여 한국을 외교적으로도 실질적으로도 상당히 억압하고 있는 상황이었다. 그러한 상황에서 일본이 독도를 자국령으로 편입하는 것에 대해 한국이 이의를 제기한다는 것은 사실은 불가능한 일이었다는 것을 지적해두고자 한다.

제3장

한국에서 일본의 지배권 확립과 열강

1. 일본의 한국 보호국화와 국제관계

러일강화조약과 '가쓰라 – 태프트 협정'

러일전쟁은 시간이 흐를수록 일본에게 유리하게 전개되었다. 1904년 3월 11일에는 일본공사관·영사관·거류민의 보호와 치안유지, 그리고 일본군이 전개하는 작전의 배후에 있는 여러 설비를 지킨다는 등의 목적으로 6·5개 대대에 달하는 병력의 한국주차군韓國駐箚軍이 편성되었고, 사령관으로는 조슈 번 출신의 육군대장인 하세가와 요시미치長谷川好道가 취임했다. 다만 한국주차군은 실제로는 당초의 목적보다 훨씬 많은 역할을 담당하게 되었다. 이후의 전황은 1905년 1월의 뤼순 함락, 동년 3월의 펑톈회전奉天會戰, 동년 5월의 일본해해전日本海海戰에서 러시아 발틱함대의 괴멸, 그리고 1905년 1월 22일 당시 러시아 수도인 상트페테르부르크에서 '피의 일요일 사건'이 일어나는 등 러시아에게 불리하게 전개되었다. 그러나 일본도 막대한 희생을 지불하고 전력도 고갈되어 가고 있었기 때문에 러시아와 일본 모두는 강화를 바라고 있었다.

이 때문에 1905년 1월 25일에 주미 일본공사 다카히라 고고로高平小五郎는 러시아와 일본이 평화를 회복한 뒤의 만한과 뤼순에 대한 일본 정부의 의견 및 강화에 대하여 TR에게 제의했다. 부대통령 후보였던 TR은 1900년에 이미 팽창주의적인 러시아를 억제하기 위해서는 세계정책 및 세력균형에 기초하여 일본이 한국을 손에 쥐고 견제 역할을 해주기 바란다고 주장했다. 그는 러일전쟁 후에도 그와 같은 태도를 유지하고 있었지만, 1904년 후반 무렵부터는 일본이 너무 크게 승리하여 동아시아의 세력균형이 붕괴되는 것을 우려하기 시작했다. 그러한 이유로 TR은 '일본의 관심을 남쪽이 아니라 북쪽 대륙으로 돌리게 한 후 만주에서 러시아와 대립시켜 쌍방의 힘을 소모시키고, 그 전제조건으로 자립이 불가능한 한국은 일본에 종속시킨다'라는 구도 하에, 1905년 3월 24일 강화조건에 대해 다카히라가 귀띔해 주기를 원했다. 그러나 그 시점에서 일본은 전황이 불투명하다는 판단을 했기 때문에 강화조건을 명시하는 것은 회피했다.

한국에 보호권을 수립하는 문제는 1905년 4월 8일 각의에서 결정되었고 또 4월 21일에는 러일전쟁의 강화조건이 결정되었다. 강화조건은 갑의 절대적 필요조건과 을의 충분조건이라는 문제로 나누어졌는데, 한국 문제는 필요조건 가운데 가장 선두에 있었고 '극동평화의 최대 근원지인 한국은 완전히 우리의 자유처분에 맡긴다는 것을 약속할 것'으로 결정되었다. 일본이 일본해 해전에서 승리하자 다카히라는 6월 1일 TR에게 러일강화에 대한 우호적인 주선을 희망했고 TR은 러시아와 일본 양국에 강화권고서를 건넸다. 6월 12일에 러시아가 그에 응했으므로 러일강화회의는 미국 북동부에 위치한 뉴햄프셔주 포츠머스에서 일본 측 전권위원인 고무라와 다카히라, 러시아 측 전권위원인 비테와 로젠이 참가하여 8월 10일부터 개시되었다.

이 회의에서 일본은 12개조로 이루어진 강화조건을 제시했는데 러시아는 사할린의 할양과 배상금 지불 등에 관한 4개조는 거부했고 나머지 8개조는 승낙했다. 그중에서 제1조인 한국 문제에 대해 러시아는 한국에 대한 일본의 '지도·보호 및 감리' 조치를 방해하지 않는다는 것을 수용했다. 다만 한국 황제의 주권을 침범하지 않는다는 전제조건을 붙이려는 러시아의 주장에 일본은 이에 대해서는 한국과 이미 협약을 맺었고 열강, 특히 후술하는 영국과 미국으로부터 승인을 받았다는 것 등을 이유로 거부했다.

강화회의는 영토의 할양과 배상금의 지불을 둘러싸고 논란이 있었으나, 결국은 북위 50도 이남의 사할린지역을 일본에 할양하고 배상금은 없다는 내용으로 1905년 9월 5일 러일강화조약이 조인되었다. 이 조약의 제2조에서 러시아는 한국에서 일본이 정치상·군사상·경제상의 탁월한 이익을 갖는 것을 인정하고, 일본이 한국에 필요하다고 인정되는 지도·보호 및 감리 조치를 취하는 것에 대해 방해하지 않는다고 약속했다.

일본은 러일강화조약에 앞서 영국, 그리고 미국과도 한국 문제에 대해 합의했다. 고무라는 1905년 2월 15일에 영일동맹을 지속하고 강화할 의사를 영국에게 전달했고 영국도 그것을 환영했기 때문에 5월 26일에 신협약의 원안이 제시되었다. 원안은 수정을 거쳐 8월 12일에 제2회 영일동맹으로 조인되었다. 이로써 일본은 한국에서 정치·군사·경제상의 탁월한 이익을 옹호하고 증진하기 위해 지도·감리·보호의 권리를 갖는다는 협약을 인도까지 확대하여 동아시아와 인도에서의 평화 확보 및 영국과 일본의 이익을 보호하려 했다. 또한 일본은 인도에서 영국의 조치를 인정하기로 했고 이전의 협약에서 약속한 청과 한국의 독립과 영토보전, 기회균등을 인정한다는 내용에서는 한국을 삭제했다.

더욱이 미국이 일본에 대해 불안해하기 시작한 가운데 육군 장관 윌리엄 태프트^{William H. Taft}는 일찍이 자신이 총독으로 근무했던 필리핀을 재방문하기 전 일본을 방문했고, 가쓰라의 요구로 양자는 7월 27일에 비밀회담을 가졌다. 그 회담에서 일본은 필리핀에 대해 야심을 갖고 있다는 것은 사실이 아니며, 우호국인 미국이 필리핀을 계속 지배하길 바란다고 했다. 또한 미국이 국내정치 문제로 공식적인 동맹관계에는 가담하지 않았지만 극동의 평화 유지를 위해 실질적으로는 영일동맹에 가담하고 있는 것과 동일하며, 한국 문제는 이전부터 전쟁 발발의 원인이 되어왔으므로 전쟁 재발 방지를 위해서는 일본이 한국의 종주권을 갖고 있어야 하며 미국도 그것을 인정한다는 세 가지 사항에 합의했다.

태프트는 7월 29일에 헤이의 사망으로 새로이 국무장관에 막 취임한 엘리후 루트^{Elihu Root}에게 이러한 합의 내용을 문장으로 만들어 전문을 보냈다. 그러나 루트는 당시 휴가 중이었으므로 그를 대신하여 전문을 본 TR은 7월 31일에 이를 모두 승인한다는 뜻을 태프트에게 전했다. 그리고 태프트는 8월 7일에 체재하고 있던 필리핀 마닐라에서 TR이 승인했다는 취지의 전문을 가쓰라에게 보냈고, 가쓰라는 다음 날 러일강화회의의 전권 대신으로서 미국 포츠머스에 주재하던 있던 고무라에게 그것을 알려 미국과 일본 간의 협약을 위한 일련의 행위를 마쳤다.

이 '가쓰라-태프트 협정'은 존스홉킨스 대학의 외교사 교수였던 타일러 데닛^{Tyler Dennett}이 워싱턴 의회도서관에 있는 TR 문서 속에서 발견하여 1924년 잡지 『Curent History』에 게재하기 전까지 공개된 적이 없었다. 이 협정은 필리핀에 대한 미국의 입장과 한국에 대한 일본의 입장을 각각 승인한 것일 뿐, 필리핀과 한국을 교환한 것은 아니었다. 뿐만 아니라 러일전쟁의 전황에 따라 TR과 막역한 사이인 상원의원 헨리 로지Henry C. Rodge는 6월에 영국을 방문하여 영국수상 아서 밸포어Arthur Balfour와 랜스다운 등 영국 정부의 수뇌들과 회담을 가진 후 극동에서 영국과 미국의 이해가 일치한다는 것, 영국과 미국은 일본의 한국지배를 완전히 승인한다는 것 등에 합의했다. 이에 따라 한국 문제에 대한 미·영·일의 소위 '트라이앵글 봉쇄체제'가 확립되었다.

고종의 외교활동

러일전쟁 시기에 한국을 둘러싼 국제상황은 이상과 같았다. 그렇다면 한국은 그중에서도 특히 일본과의 관계에 대해 어떠한 태도를 보이고 있었을까? 고종은 러일전쟁 개전 전부터 한국에 대해 야심이 가장 적고, 또 일본을 가장 잘 견제할 수 있다고 생각한 미국이 1882년에 맺은 조미조약 제1조의 '거중조정조항'에 근거하여 한국을 도와 주기를 바라고 있었다. 그러나 TR을 비롯한 미국 정부 수뇌들은, 더욱이 1897년 주한공사로 왔던 알렌까지도 한국은 이미 자립이 불가능하다고 판단하여 일본의 보호 하에 들어가는 편이 좋다고 생각하고 있었다.

예를 들면, 앞에서 언급했듯이 독립협회 탄압 당시 체포되어 6년 남짓 옥중에서 지내다 1904년에 석방되어 다음 해인 1905년에 미국으로 파견된 이승만은 동년 8월에 TR을 만나 한국을 도와달라고 요청했다. 그에 대해 TR은 주미 한국공사관을 통해 공식적으로 요청할 것을 요구했지만, 사실 그는 일본이 한국을 제압하고 있는 것을 알고 있었을 뿐만 아니라 이미 가쓰라-태프트 협정을 승인한 상태였기 때문에 실질적으로는 이승만의 요청을 거부한 것이나 다름없었다. 또한 고종은 태프트 일행과 동행한 TR

의 딸 앨리스가 1905년 9월 19일부터 10월 2일까지 한국에 체재하는 동안, 그녀를 통해 아버지인 TR의 원조를 끌어낼 목적으로 앨리스가 서울에 머무는 9월 29일까지 최상급의 환대를 베풀었다. 그러나 일본 측의 방해도 있었고 앨리스 자신도 단순히 '유람여행'을 목적으로 한국에 왔을 뿐이었으므로 고종의 시도는 성공하지 못했다.

친일단체 일진회의 등장과 을사보호조약

그 무렵 한국에서는 친일단체인 일진회一進會가 등장했다. 일본에서 약 10년간 체류하고 있던 상민 출신의 송병준宋秉畯은 청일전쟁 이후 일본군 통역으로 귀국했다. 그는 자신의 정치적 영향력을 확대하기 위하여 경의철도 건설 노동자를 모집한다는 명목으로 1904년 8월에 유신회維新會를 설립했다. 한편 갑오농민전쟁 뒤 일본으로 망명한 제3대 동학교주 손병희를 대신하여 동학의 국내 사무를 담당하고 있던 이용구李容九는 1904년 9월에 진보회進步會를 설립했다. 이 유신회와 진보회가 통합하여 일진회가 결성되었고 하야시와 하세가와 등의 후원을 받아 세력을 확대했다. 그리고 일진회는 1905년 10월 15일에 보호조약을 촉구한다는 내용의 성명서를 발표했다. 또 1904년이 되자 정부 안에서도 친일파 세력이 확대되었다. 한편 1905년 봄에는 강원도·충청도 일대에서 후기 의병이 봉기했다.

한편 지조地租의 인상 등으로 인한 경제적 부담이 증가하고 징병된 병사들이 적지 않게 전사하면서 인적 부담이 늘어난 일본 국민들에게 포츠머스에서 체결된 러일강화조약의 획득물은 만족스럽지 못했다. 이 때문에 1905년 9월 5일 도쿄에서 일어난 히비야 방화日比谷燒打 사건을 비롯하여 전국 각지에서는 강화조약에 대한 불만으로 폭동이 발생했다. 일본 정부는 계엄령을 선포하여 폭동을 진압하긴 했지만, 악화된 국민감정을 무마하기 위해서는 그 당시 일본에게 유리했던 국제환경을 이용하여 한국 문제를 처리해야 할 필요가 절실해졌다.

그리고 1905년 9월 고무라와 TR 및 루트와의 회견과 하야시 다다스와 랜스다운과의 회견을 통해 한국에 대한 일본의 조치는 이미 영국과 미국의 승인을 얻었다는 것을 근거로 일본 정부는 10월 27일에 개최된 각의에서 한국에 보호권을 설정한다는 결정을 내렸다. 이때 제출된 협약안을 한국에 직접 전달하는 특사로 이토가 결정되었다. 이토는 11월 4일에 도쿄를 출발한 뒤 9일에 서울에 도착했고 다음 날인 10일에 고종을 알현했다. 11월 15일에 이토는 조약안을 고종에게 제시했지만 고종은 조약체결을 회피하기 위하여 궁궐 내에 칩거한 후 정부 각료들에게 그 일을 위임했다. 이 때문에 이토는 하야시, 하세가와 함께 일본군의 무력으로 위협을 가하면서 한국 정부 각료들에게 일본안을 수락하라고 압박했다. 그러나 참정대신 한규설韓圭卨이 '절대 거부'라는 자세를 바꾸지 않았으므로[13] 한규설을 제외한 외부대신 박제순, 내부대신 이지용, 학부대신 이완용, 군부대신 이근택, 농상공부대신 권중현 등 5명의 대신만이 서명했고,[14] 협약안에 국새를 찍으면서 11월 17일 하야시 곤스케와 박제순 사이에 제2차 한일협약이 조인되었다.[15]

'한일보호조약' 또는 '을사보호조약'으로도 알려져 있는 이 협약으로 한국의 외교권은 일본 외무성으로 이전할 것, 일본은 대표자로서 한국에 통감을 두고 통감은 외교사항을 관리할 것, 한국은 일본의 허락 없이 마음대로 외국과 조약 등을 체결하지 않을 것 등이 결정되었다. 일본은 한국에 공사관을 두고 있던 영국·미국·프랑스·이탈리아·독일·오스트리아·청·벨기에·덴마크 등 각국에게 이 사실을 통지하고 정부선언을 발표했다. 곧이어 각국은 주한공사관을 철수시켰는데 그중에서도 미국이 가장 빨리 철수 소식을 일본에 통고했다.

다만 이 협약의 조인에 대해서는 일본의 '협박'에 의한 것이었다는 것, 국새의 날인은 일본 측의 국새 강탈에 의한 것이었다는 것, 고종은 이 협약에 전혀 동의하지 않았다는 것 등을 이유로 대한민국 정부와 대한민국에서 발표된 여러 연구는 모두 '무효론'을 주장하고 있다. 반면 일본 정부는 조인과정에 문제가 없었다는 '유효론'을 취하고 있고, 일본에서 발표된 여러 연구들은 '무효론'·'유효론'·'유효부당론' 등으로 나누어져 있다.

더욱이 고종은 1905년 3월에 일본의 견제를 호소하는 각서를 상하이 주재 러시아군 소장인 콘스탄틴 데시노Constantine N. Dessino에게 전달했는데, 러시아가 러일전쟁에서 패배했기 때문에 그 결실을 보지 못했다. 또 미국인 호머 헐버트Homer B. Hulbert의 노력도 있었다. 그는 1883년에 한국으로 건너와 교육활동 등에 종사하며 고종의 고문을 맡았고, 1904년 러일전쟁 개전 전후로는 일본에 대해 호의적이었지만 그 후 일본이 약속을 저버리고 한국의 독립을 파괴하고 있다며 반일로 돌아선 인물이었다. 그는 1905년 11월 고종의 지시를 받고 조미조약의 거중조정조항에 따라 미국의 원조를 요청하기 위해 워싱턴으로 갔다. 하지만 워싱턴에서 TR과 루트가 모두 바쁘다는 핑계를 대며 그를 만나주지 않는 사이에 제2차 한일협약이 조인되었다. 헐버트는 조인 후에야 루트를 만났는데 루트가 '한국 정부의 의사로 조인했기 때문에 미국의 개입은 불가능하다'며 요청을 거부하는 바람에 그의 노력은 실패로 끝났다. 제2차 한일협약의 조인으로 한국 정부 내에서는 친일파의 거두로 이완용이 두각을 나타내는 한편, 친미파의 대표자였던 민영환閔泳煥은 11월 말에 자결했다. 12월에는 민영환의 아우이며 주불공사였던 민영찬閔泳瓚이 미국의 원조를 요청하기 위해 방미했지만 헐버트와 마찬가지로 실패했다.

또한 러일전쟁기인 1904년과 1905년에 미국인 저널리스트 조지 케넌 George Kennan[16]이 취재를 목적으로 두 차례에 걸쳐 동아시아로 건너와 일본과 한국, 만주 등을 돌아본 뒤 관련기사를 잡지 『Outlook』에 기고했다. 그는 자신의 논고에서 근대화를 이룩한 '아시아의 선진국'으로서 일본은 높이 평가한 반면, 한국에 관해서는 「한국: 퇴화한 나라」 또는 「한국문화: 부패한 문명의 산물」 등의 자극적인 제목으로 황제(고종)와 관직자, 일반 민중 모두에 대해 혹평을 가했다. 케넌은 한국인은 자력으로 갱생할 수 없다는 것, 그러나 일본의 도움이 있으면 갱생이 가능할지도 모른다는 것, 러일전쟁 후 불량 일본인 다수가 한국으로 건너와 한국인을 괴롭히고 있는데 강력한 통치기구로 그것을 저지할 필요가 있다는 것 등을 들면서 일본이 한국을 지배할 필요가 있다고 강하게 주장했다. 케넌의 이 '열광적인 친일반한'에 대해 알렌은 '한국에 피크닉을 와서 바보 같은 것을 썼다'고 혹평했다. 또한 헐버트는 앞에서 언급한 미국에서의 사명이 실패한 이후 한국으로 돌아온 1906년에 자신이 발행하고 있던 잡지인 『Korea Review』에서 케넌이 주장한 모든 것을 반박하는 논고를 실었다. 이후 헐버트와 케넌은 서로 '불구대천'의 원수지간이 되었다. 하지만 케넌은 그 후에도 후술하는 안중근의 이토 히로부미 암살, 일본의 한국병합, '105인 사건' 등 한국 및 조선에 관한 일들에 대해 일본을 옹호하는 글을 『Outlook』에 계속 기고했다.

2. 한국 내 '통감정치'의 전개와 열강

제3차 한일협약의 체결

제2차 한일협약의 결과 1906년 2월 1일 한국에는 통감부統監府가 설치되었고 3월 2일에는 이토가 초대통감으로 부임했다. 이토는 새로이 성립된 박제순 내각과 이완용의 협력 아래 각종 '개혁'에 착수했다.

예를 들어 1906년 4월에는 내부에 치도국이 설치되어 도로건설이 본격화되었고, 탁지부에는 수도국이 신설되어 서울에서 수도공사가 시작되었다. 8월에는 각급 학교의 학제개혁이 이루어졌다. 10월 1일에는 신지방관제가 실시되어 전국이 13도 11부 333군으로 재편성되었고, 일본인 참여관이 배치되어 행정을 감독하게 되었다. 한편 통감부는 4월에 보안규칙을 공포하여 언론을 규제하고, 6월에는 재판사무에 관한 법률을 공포하여 사법권을 침해했으며, 광업령을 공포하여 광산의 독점화를 도모함으로써 한국을 더욱 더 장악하는 방향으로 나아갔다. 또 11월 16일에는 토지건물증명규칙이 발포되어 한국에서 일본인의 토지소유권이 전면적으로 인정되었고, 메가다가 실시한 '화폐정리사업'이 시행되면서 한일 화폐제도의 일원화가 이루어졌다. 이로써 일본의 상품과 화폐의 유통 및 자본수출을 위한 기초가 마련되었고, 제일은행 서울지점이 한국의 중앙은행이 되었다. 이토는 이러한 조치를 박제순 수상이나 이완용 등 '협력자'들의 도움을 받아 시행했는데, 그는 실제로 이러한 조치들이 한국의 근대화를 위해 필요하다고 생각했다.

한국에서는 그러한 통감부의 조치에 대해 주로 두 가지 움직임이 있었다. 하나는 도시의 지식인이나 학생, 민족자본가 등이 주도했던 애국계몽운동이었다. 애국계몽운동은 1906년 4월에 윤치호를 중심으로 결성된 대한자강회에서 시작되었는데, 교육이나 상업을 진흥시키고 실력을 양성함으로써 독립을 위한 기초를 구축하는 것이 필요하다는 것이었다.[17] 또 다른 움직임은 제2차 한일협약과 함께 격화된 의병투쟁이었다. 의병투쟁은 1906년 3월과 5월에 전 참판인 민종식閔宗植이 강원도 홍천에서 거병했고 6

월에는 최익현崔益鉉이,[18] 경상북도 평해에서는 의병장 신돌석申乭石이 거병하는 등 주로 유학자를 중심으로 남부지역에서 일어났다.

이러한 의병운동을 진압하기 위해 일본 정부는 5월에 의병해산에 관한 소칙을 발포했고 6월에는 전국에 경무분파소 122개소를 설치했다. 10월에는 개정헌병조례를 공포하여 한국주차 헌병대를 14헌병대로 개편했다. 그럼에도 불구하고 의병의 출몰은 그치지 않았기 때문에 진압도 점차 잔혹함을 더해갔다. 이러한 상황이 전개되자 이토는 자신이 한국에서 추진하려 했던 '개혁'에 대해 점차 회의를 갖기 시작했다. 게다가 한국에서는 일진회의 송병준과 이용구, 그리고 우치다 료헤이內田良平 (일본에서 국가주의 단체인 흑룡회黑龍會를 창설하고 당시 한국으로 건너와 일진회의 고문을 역임)가, 일본에서는 야마가타 아리토모·가쓰라 다로·데라우치 마사타케 등이 이토의 대한방침이 미온적이라며 압박을 가해왔고 즉시 한국을 병합할 것을 요구했다.

그러한 내외의 압박 속에서 이토는 1906년 내내 자신의 개혁에 대해 협력을 구하기 위하여, 또는 적어도 방해하지 못하도록 하기 위하여 고종과 여러 번 회견을 가졌다. 하지만 고종의 불신감은 뿌리가 깊었고 회견은 서로의 불신감만 키운 채 끝나버렸다.

고종은 1906년 1월에 제2차 한일협약을 부인하는 내용의 밀서를 미국 정부에 보냈는데 그 사실이 드러나자 자신이 관여했다는 것을 부정했다. 또한 고종은 1907년 1월에 자신과 친밀한 관계였던 영국인 어니스트 베델Ernest T. Bethell이 경영하는 『대한매일신보』에 『London Tribune』지의 기사를 다시 싣는 형식으로 제2차 한일협약을 부인하는 칙서를 게재하게 했다. 고종의 입장에서 '이이제이'는 아직 포기할 수 없었던 것이다.

그런데 때마침 1907년 6월 네덜란드 헤이그에서 제2회 헤이그 만국평화회의가 열리게 되었다. 고종은 그 회의에서 한국이 일본의 지배 하에 놓여 곤란한 상황에 처했다는 것과 제2차 한일협약은 무효라는 것 등을 호소하기 위하여, 헐버트의 지원 아래 전 의정부참찬 이상설李相卨과 전 평리원검사 이준李儁 등 2명을 헤이그에 파견했다. 시베리아를 횡단한 두 사람은 러시아의 수도 상트페테르부르크(레닌그라드)에서 전 주러공사관 참사관 이위종李瑋鍾과 합류하여 헐버트와 함께 헤이그에 도착했다. 세 사람은 회의 의장인 러시아 대표 넬리도프A. Nelidov를 비롯한 각국 대표들에게 한국의 상황을 호소하고 비공식회의에서 연설도 했다. 동정적인 자세를 보이는 중소국 대표도 있었지만 일본 대표인 스즈키 게이로쿠都築馨六가 각국 대표들에게 한국 대표들과 만나지 못하도록 미리 손을 쓰기도 했고, 한국의 외교권은 일본이 갖고 있으며 한국 대표들이 가지고 있는 신임장은 위조라는 것 등을 이유로 그들의 호소는 6월 29일에 거부당했다. 이후 이준은 7월 14일 현지에서 사망했고[19] 다른 두 사람과 헐버트는 미국으로 건너갔다(헤이그 밀사 사건). 이 사건을 빌미로 이토는 7월 3일에 고종을 힐문하며 '이러한 일을 할 바에는 오히려 정정당당히 선전포고를 하라'고 공격했지만 고종은 모르는 일이라고 주장했다.

하지만 5월 22일에 성립된 이완용 내각과 일진회는 이 사건을 핑계삼아 함께 고종의 양위를 주장했고 이를 위해 당시 사이온지 긴모치西園寺公望 내각의 외상이었던 하야시 다다스가 한국을 방문했다. 이로써 고종은 7월 19일 유생과 학생들의 반대와 항의를 뒤로 한 채[20] 양위한다는 소식을 발표했고 다음 날 퇴위했다. 그 결과 7월 24일 이토와 이완용 사이에는 제3차 한일협약(정미 7조약)이 체결되었고 한국의 내정권은 일본으로 넘어갔다. 또 공표하지 않은 각서에는 한국군의 해산이 결정되어 7월 31일에는 군대 해산에 관한 소칙이 발포되었고, 이어서 8월 1일에 군대 해산식이 거행되었다. 이 일로 한국 군인들 중 다수는 무기를 들고 8월 5일에는 강원도 원주에서, 8월 9일에는 강화도 등지에서 일어난 의병투쟁에 가담했다. 한편 러일전쟁 이후 국제정세가 미일관계의 악화, 영러관계의 개선, 영·프·러 삼국협상에 의한 독일의 봉쇄로 전개되면서 러일관계는 개선되어 나갔다. 그 결과 1907년 7월 30일에 제1회 러일협약이 체결되었는데, 협약 제2조에서 러시아는 한국에서 일본의 입장을 인정하여 방해하지 않겠다는 것을 약속했다. 고종이 퇴위하면서 고종과 명성황후의 아들인 이척이 8월 27일에 순종으로 즉위했는데 그는 어릴때부터 병약하다고 알려져 있었다. 게다가 이토는 1907년 12월에 역시 고종의 아들이며 측실인 엄순비의 소생인 이은을 고종과 엄순비의 반대를 물리치고 도쿄로 유학을 보내어 일본식 교육을 받게 했다. 하지만 유학 시 약속한 1년에 한 번씩 귀국시키는 것은 실행되지 않았다.

이상과 같은 상황 속에서 1907년 10월에 제14헌병대장으로서 한국주차 헌병대(다음 해인 1908년에 개조된) 대장에 취임한 인물이 아카시 모토지로明石元二郎였다. 그는 러일전쟁 당시 유럽에 파견되었는데 러시아를 교란시키기 위해 후방에서 러시아의 통치 하에 있던 핀란드의 독립운동가, 또는 볼셰비키 등과 접촉했던 인물이었다. 아카시는 한국주차 헌병대장에 취임한 이후 의병운동을 철저하게 진압하는 활동에 직접 착수했다. 그러나 그러한 진압에도 불구하고 한국에서는 안창호·이동휘·김구·신채호 등 훗날 대표적인 독립운동가가 되는 사람들이 여럿 가담한 비밀결사 단체인 '신민회新民會'가 결성되었다. 1907년 12월에는 의병 약 6,600명이 경기도 양주에 집결하여 이인영李麟榮을 13도 의병대장으로 추대한 뒤 최대 규모의 항일전을 전개할 예정이었다. 하지만 이인영은 1908년 1월에 부친이 사망하자 삼년상을 치르기 위해 귀향해버려 그 기회는 무산되었다.

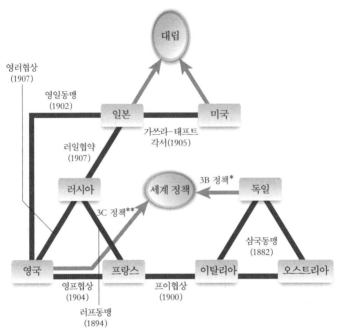

영러협상
(1907)

영일동맹
(1902)

러일협약
(1907)

가쓰라-태프트
각서(1905)

3B 정책*

3C 정책**

삼국동맹
(1882)

영프협상
(1904)

프이협상
(1900)

러프동맹
(1894)

대립

일본

미국

러시아

세계 정책

독일

영국

프랑스

이탈리아

오스트리아

러일전쟁 후 국제관계

또한 영국인 베델은 자신이 주재하는 『대한매일신보』에 일본의 통감정치를 비판적으로 보도하며 양기택·박은식·신채호 등 뒷날 독립운동에 참여하는 사람들과 함께 활동하고 있었다. 그러나 그의 활동을 좋지 않게 생각한 통감부가 영국에 압력을 넣었기 때문에 영국 정부는 1907년 10월과 다음 해인 6월 두 차례에 걸쳐 베델을 영국의 영사재판 법정에 세웠다. 두 번째 재판에서 베델의 행위는 치안을 문란하게 한다는 혐의를 받아 3주 간

---

* 3B 정책은 독일이 베를린Berlin, 터키의 비잔티움Byzantium, 이라크의 바그다드Bagdad를 철도로 연결하여 세력을 팽창하기 위한 정책이다.
** 3C 정책은 영국이 이집트의 카이로Cairo, 남아프리카 공화국의 케이프타운Cape town, 인도의 캘거타Calcutta를 철도로 연결하여 식민지배를 강화하기 위한 정책이다.

의 금고 및 종료 후 6개월 치 석방보증금을 지불하라는 유죄판결을 받았고, 한국에는 적당한 구치소가 없다는 이유로 상하이로 이송되었다. 베델은 상하이에서 3주간의 금고형을 마치고 7월에 다시 서울로 이송되었는데 그 후에도 언론활동을 계속 이어나갔다. 그러나 그는 그동안의 스트레스로 건강이 악화되어 1909년 5월 1일에 결핵으로 사망했다.

항일운동의 전개

애국계몽운동의 목적은 실력을 양성하여 국운을 만회하려는 것이었는데, 일본의 입장에서는 역시 받아들이기 힘든 것이었다. 그래서 일본은 1907년에 공포한 보안법과 신문지법, 1908년에 공포한 사립학교령이나 학회령, 1909년에 공포한 출판법 등으로 이들을 탄압하기에 이르렀다.

한국인의 항일운동은 해외에서도 전개되었다. 때마침 1908년 3월 23일 샌프란시스코의 기자회견 석상에서 일본의 한국통감정치의 정당성을 주장한 스티븐스에게 다수의 재미한국인들이 항의를 표명했다. 하지만 그는 그 항의에 귀를 기울이지 않았고, 결국 전명운과 장인환 두 사람에 의해 암살되었다. 한편 국내에서의 의병투쟁은 1908년에 절정에 달하여 각 도에서 의병과 일본군의 교전은 1,976건, 교전 의병수는 82,676명에 이르렀다. 그 진압을 위해 일본은 포위작전과 병량공격兵糧攻擊(식량보급로를 차단하는 공법)을 단행했고 이로써 의병들은 점차 고립되었다. 의병 측은 그러한 상황을 타개하기 위하여 민중들에게 협력을 요청했고 민중들 또한 그 요청에 꽤 부응했다. 하지만 의병 측의 요구가 점차 많아지면서 상류층 민중 중에는 의병에 대한 지원을 거절하는 사람들이 나오게 되었고, 그러면서 일본의 고립화 공격은 효과를 거두게 되었다. 또한 장비 면에 있어서도 의병 측은 일본에 비해 열세였기 때문에 의병 중에는 간도와 시베리아 등으로 이

동한 뒤 아예 그곳에서 항일 독립운동을 전개하는 사람들도 나타났다. 그래도 의병투쟁은 지속적으로 전개되었으므로 의병투쟁에 대한 일본의 공격은 점차 섬멸전 양상을 띠어갔다.

1908년 6월 20일에 송병준이 내부대신에 오르면서 일진회 세력은 한국 정부 내부로까지 확대되었다. 또한 1907년 11월부터 다음 해 2월까지 일곱 차례에 걸쳐 교환된 일본인 이민에 관한 미일신사협약美日紳士協約으로 일본에서 미국으로의 이민은 사실상 자율 규제가 되었고, 1908년 2월에는 캐나다와도 같은 내용의 협약을 교환했다. 그리고 조선으로의 일본인 이민을 더욱 확대·촉진시키기 위하여 일본은 1908년 12월 28일에 일본 자본금 1,000만 엔으로 동양척식주식회사東洋拓殖株式會社(이하 동척)를 설립했다.[21] 이로써 이민 자체는 증가했지만 일본 당국이 예상하고 또 기대한 정도까지 증가하지는 않았다.

3. 일본의 한국병합과 국제관계

이토 히로부미의 암살

1909년에 접어들자 송병준은 우치다 료헤이의 후원을 받아 2월에 한일합방론을 가쓰라 다로 수상에게 제출하고 그에 대한 자금으로 1억 엔을 요구했다. 또한 한국 정부 내에서 이완용 세력과 송병준의 대립은 심화되어 갔고, 충분한 '협력'을 얻지 못했다는 것과 한국 민중의 냉담한 자세, 그리고 끊임없이 계속되고 있던 의병투쟁 등으로 인하여 한국의 '개혁'에 대한 이토의 신념은 동요되었다. 이에 1909년 4월 10일 가쓰라 수상과 고무라 외상, 이토 이 세 사람은 도쿄의 레이난자카霊南坂에서 한국병합을 실행하기 위한 방침을 비밀리에 논의했다. 그 후 이토는 6월 15일에 추밀원 의장으로 자리를 옮겨 갔고 그 후임으로 제1차 가쓰라 내각의 장상으로 근무했던 부통감 소네 아라스케曾禰荒助가 취임했다. 한국즉시병합파 측에서 볼 때 이토의 사임은 '귀찮은 존재를 제거한' 셈이었지만, 이토는 '한국인의 협력을 충분히 얻지 못했다'라며 일본으로 돌아갔다. 이후 7월 6일에는 '적당한 시기에 한국병합을 단행할 것'이라는 방침이 일본 각의에서 결정되었고 7월 12일에는 기유각서己酉覺書가 조인되었다. 이로써 한국의 사법과 감옥사무는 일본에 위임되었다. 그리고 9월 1일에 일본군 헌병대는 남한대토벌작전을 개시했다.

일본으로 돌아간 이토는 1909년 10월, 한국병합 다음의 현안이었던 만주시찰과 만주 문제 등을 러시아 대장대신인 블라디미르 코콥초프Vladimir N. Kokovtsov와 협의하기 위하여 하얼빈행 열차를 타고 랴오둥 반도에서 평톈을 거쳐 10월 26일 오전 9시 30분 하얼빈역에 도착했다. 이토를 기다리고 있던 사람들 가운데 바로 안중근이 있었다. 1879년 황해도 해주에서 태어난 안중근은 1895년에 프랑스 선교사에게 세례를 받고 가톨릭신자가 되었다. 그는 1905년 제2차 한일협약 이후부터 애국계몽운동에 뛰어들었고 1907년에는 간도에서 러시아 연해주로 건너가 의병을 조직했다. 1909년 6월에 안중근은 회령에서 일본부대를 공격하기도 했지만 그것은 실패로 끝났다. 그 곳에서 안중근은 '단지동맹'을 결성하여 왼손 약지 제1관절 위를 절단한 동지 11명과 함께 '침략의 원흉'인 이토를 암살하기로 결정했다. 그날 그는 열차에서 내려 러시아 군대를 열병하는 이토에게 3발의 총탄을 쏘아 사살한 후 그 자리에서 러시아 관헌에게 체포되었다. 안중근의 신병 구속권은 러시아에게 있었으나, 러시아는 앞에서 말한 바와 같이 제1회 러일협약에 따라 일본과의 관계를 개선하는 중이었기 때문에 직접 안중근의 신병을 구속하여 재판을 제기한 일본의 신병 인도요구에 응했다. 뤼순으로 이송된 이후 안중근에 대한 심문과 재판이 시작되었는데, 그는 11월 6일에 다음의 15개조에 걸쳐 이토의 '죄상'을 열거했다. 1. 명성황후의 암살[22] 2. 고종의 폐위 3. 제2차 한일협약과 제3차 한일협약의 체결 4. 무고한 한국인들을 학살 5. 정권을 강제로 탈취 6. 철도·광산·산림·천택을 강제로 탈취 7. 제일은행권을 강제로 사용 8. 군대의 해산 9. 교육을 방해 10. 한국인들의 외국유학 금지 11. 교과서를 압수하여 불태운 것 12. 한국인이 일본인의 보호를 받고자 한다고 세계에 거짓말을 퍼트린 것 13. 한국이 태평무사한 것처럼 천황을 속인 것 14. 동양평화를 깨뜨린 것 15. 1867년에 고메이孝明 천황을 살해한 것[23] 등이 그것이다.* 또 안중근은 재판에서 자신은 한국의 독립 및 동양의 평화를 위하여 개인으로서가 아니라 의병 참모중장으로서 이토를 살해한 것이고, 만국공법에 따라 재판받기를 원한다고 주장했다. 그리고 안중근은 감옥에서 한·중·일을 바탕으로 한『동양평화론』집필에 착수했다. 감옥에서 안중근을 직접 접한 많은 사람들은 그에게 큰 감명을 받았고 안중근은 그러한 사람들의 요구에 따라 글씨를 써주곤 했다. 그러나 고무라가 유난히 압력을 넣은 탓도 있었으므로 안중근을 재판에 회부한 관동도독부 지방법원은 1910년 2월 14일에 그에게 사형판결을 내렸다. 안중근은 3월 26일에 교수형에 처해졌고 집필을 서둘렀던『동양평화론』은 미완으로 남았다. 안중근에 의한 이토의 암살은 일본인들에게 한국인에 대한 멸시와 위협을 증폭시켰다. 한편 구미제국에서 이토의 암살은 여태껏 일본이 해온 선전덕분에 '일본의 위대한 정치가의 죽음'이라든지, '한국을 위해 일한

---

* 이 15개조의 내용은 안중근이 뤼순감옥 수감 중 자신의 삶을 담담히 쓴『안응칠 역사』에 수록되어 있다.

이토가 모델이었던 1,000엔 권 지폐(左)와 안중근이 모델인 200원 우표(右)

은인을 한국인 스스로가 죽였다'는 것으로 비춰졌기에, 한국을 병합할 때 일본은 이 사건으로 발생한 구미의 동정심을 이용했다고도 할 수 있다. 게다가 이토는 1963년부터 1984년까지 사용된 일본화폐 1,000엔권의 모델이 된 반면, 안중근은 1982년에 발행된 200원짜리 우표의 주인공이 되었다. 현재 서울 남산공원에는 1970년에 건립된 안중근의사 기념관이 있다.

1909년 12월에 일진회 회장이 된 이용구는 합방상주문 및 청원서를 순종과 소네 아라스케 통감, 그리고 수상인 이완용에게 제출했다. 그러나 그것은 너무 심한 매국행위라며 일진회에 대한 민중들의 반발이 강해졌기 때문에 일진회는 오히려 일본에게 점차 커다란 짐이 되었다. 이러한 일진회에 대한 반감으로 1909년 12월 22일에 이완용은 이재명에게 칼을 맞아 중상을 입었지만 목숨은 건졌다. 한편 합방에 대한 반대운동이 격화되고 의병투쟁도 계속 이어졌지만 1910년에 이르러 그 기세는 한풀 꺾였다.

일본의 한국병합

그런데 1904년부터 다음 해에 걸쳐 더욱 좋아지고 있던 미일관계는 러일전쟁 이후부터 만주에서 계속되고 있던 일본의 군정문제, 해군 증강문제, 미국 서해안에서의 일본인 이민자에 대한 배척문제 등으로 마찰 정도가 점차 커지고 있었다. 그래도 TR이 대통령의 자리에 있는 동안에는 미국과 일본 양국이 서로 자제했기 때문에 미일관계는 그 상태에 머물러 있었다. 하지만 1909년 TR에 이어 윌리엄 태프트가 대통령에 취임하자, 미국에게 유리한 국제환경을 만들기 위하여 현저하게 신장된 미국의 경제력을 외교에 투입하는 '달러외교'가 국무장관인 필랜더 녹스$^{Philander C. Knox}$를 중심으로 전개되었다. 그리고 일본이 한국을 보호국으로 삼았던 1905년에 주한 미국공사관 부영사였던 윌라드 스트레이트$^{Willard D. Straight}$는 서울에서 진행되고 있는 상황을 지켜보면서 일본에 대한 반감을 가지게 되었지만, 서울에서는 이미 아무 것도 할 수 없으므로 다른 장소와 다른 기회에 일본에게 보복할 것을 기약한 뒤 서울을 떠났다. 이후 펑톈 총영사가 된 그는 주일공사관에 근무하던 중 일본에 반감을 갖게 된 국무차관 헌팅턴 윌슨$^{Huntington Wilson}$을 후원하는 방식으로 만주에서 일본의 우위를 붕괴시키고자 했다. 예를 들면 1906년에 일본이 설립한 남만주철도 주식회사(만철)의 하얼빈–뤼순 간 철도 노선에 버금가는 다른 철도 노선을 건설하는 데 자금을 제공하거나, 만주의 여러 철도를 '중립화'하기 위하여 열강이 공동으로 자금 출자를 모색하는 것 등이었다.

이러한 미국의 정책에 대해 일본과 제1회 러일협약으로 북만주에서 우위를 차지하게 된 러시아 역시 위기감을 갖게 되었고, 러시아와 일본은 더욱 협력함으로써 그에 대처하려 했다. 그리고 일본은 한국병합을 서둘렀다. 왜냐하면 미국이 일찍이 한국에 대한 일본의 입장을 승인해주기는 하였으나, 만주에 대한 태프트 정권의 '달러외교' 여파가 한국에 미치게 될까 우려했기 때문이었다.

안중근이 이토를 암살한 이후 고무라 쥬타로는 외무성 정무국장인 구라치 데쓰키치^{倉知鐵吉} 및 통감부 외무부장인 고마쓰 미도리^{小松綠}에게 한국병합조약 문안을 작성하게 했다. 뿐만 아니라 1910년 5월 30일에 소네 아라스케가 병을 이유로 통감직을 사임하자 후임 통감으로 데라우치 마사타케寺內正毅가 육상을 겸임하여 취임했다. 부통감으로는 야마가타 아리토모의 양자인 야마가타 이사부로山縣伊三郎가 취임했다. 이로써 6월 24일에는 경찰사무 위탁에 관한 각서가 조인되어 한국의 경찰권도 일본에게 박탈되었다. 이때 도쿄에서는 데라우치를 회장으로 하는 병합준비위원회가 회합을 시작했다. 게다가 당시 일본은 외교적으로도 영국과 러시아에게 병합방침을 통고하여 양국의 양해를 얻었다. 러시아와는 7월 4일 제2회 러일협약에 조인하여 만주에서의 현상유지를 약속했는데 한국에 대한 내용은 그 이상 없었다. 7월 23일 서울에 도착한 데라우치는 8월 16일 통감 관저에서 내각 총리대신 이완용에게 병합조약안 및 병합각서를 직접 건넸다. 그것을 건네받은 이완용 내각은 8월 18일에 병합조약안을 각의에 상정했는데 학부대신 이용식李容植만이 반대했을 뿐 그 외의 모든 각료가 찬성했다. 한국병합에 관한 한일조약은 8월 22일에 데라우치와 이완용 사이에 조인되었고 정치적 집회나 옥외집회 등이 금지된 가운데 8월 29일에 공포되었다. '한국 황제는 일체의 통치권을 완전히 그리고 영구히 일본 황제에게 양여하고', '일본 황제는 이를 받아들인다'라는 형식으로 '한일병합'(한국과 조선에서는 '한일합방'또는 '경술국치'라고 한다)이 성립되었고, 한국은 일본의 통치 하에 들어가게 되었다. 데라우치는 병합조약이 조인된 날 '고바야카와 다카카게小早川隆景, 가토 기요마사加藤淸正, 고니시 유키나가小西行長가 세상에 있었다면 오늘 밤의 달을 어떻게 보았을까'라고 노래했고, 고마쓰가 이에 답하여 '다이코太閤*를 지하에서 일으켜 세워 보여주자, 고려산에 높이 오른 일

---

* 정식 명칭은 다이코카太閤下로 셋쇼摂政 혹은 간파쿠関白 직책을 자식에게 물려준 인물을

장기'라고 노래했다. 또한 한일병합은 도요토미 히데요시와 그가 일으킨 분로쿠·게이초의 역으로도 이룰 수 없었던 '3천 년의 현안해결'이라고 말했다(하야시는 '2천 년'이라고 했다). 반면 시인인 이시카와 다쿠보쿠石川啄木는 1910년 9월 9일에 '지도 위 조선국에 새까만 색을 칠하고 가을 바람소리를 듣는다'라며 일본의 한국병합을 비판적으로 보는 단카短歌를 지었다.[24]

또 이때 일본의 최대 정당이었던 입헌정우회를 실질적으로 이끌었고, 야마가타 세력이나 가쓰라 내각에 대해 타협과 대치라는 두 가지 방법으로 임하고 있던 하라 다카시는 8월 29일에 일본의 한국병합 소식을 듣고 홍시가 자연적으로 떨어지기까지 기다려야 하는데 너무 서둘렀다는 것, 병합은 야마가타 등이 공명심 때문에 서둔 결과라는 것,[25] 급히 서둔 일본의 한국병합이 '나중에 곤란한 일'이 되지 않을까 라는 등의 감상을 자신의 일기에 남겼다. 하라는 일본의 한국병합 자체에는 반대하지 않았지만 지금 병합을 하는 것이 맞는가에 대해서는 위구심을 가지고 있었던 것이다. 그리고 하라는 9년 후에 스스로가 말한 '나중에 곤란한 일'과 마주하게 되리라는 것을 당시엔 알지 못했다.

뜻한다. 하지만 근세 이후로는 조카 도요토미 히데쓰구豊臣秀次에게 간파쿠를 물려준 '도요토미 히데요시'를 이르는 말이 되었다.

일본의 조선통치 시작과 국제관계

1. 일본의 조선 '무단통치'의 시작과 국제관계

조선총독부의 설치와 토지조사사업

3장에서 기술한 것처럼 일본은 한국병합을 단행했지만 그에 따른 몇 가지 현안을 처리할 필요가 있었다. 첫째로는 국호를 그대로 유지할 것인가의 문제였다. 총독 데라우치 마사타케寺內正毅 등은 국호를 그대로 유지할 경우 국가가 존속하고 있다는 인상을 줄 수 있다는 우려에서 '한국'이란 국명은 반드시 바꾸어야 한다고 생각했다. 그러므로 국호 존속을 원했던 한국 정부의 요청은 거부되었다. 체신상遞信相*인 고토 신페이後藤新平가 '고려'로 바꿀 것을 제안했지만 결국은 국가로서의 '조선국'이 아닌 일본의 한 지

---

* 우편, 전신, 전화 등의 행정을 담당하는 중앙 관청인 우정성郵政省의 우두머리에 해당하는 우정상의 옛이름.

역이라는 뜻에서 '조선'으로 명칭이 결정되었다. 두 번째로는 황제의 칭호를 '왕'으로 고치는 문제였다. 이로 인해 순종은 '이왕^{李王}', 고종은 '이태왕^{李太王}', 이은은 '이왕세자^{李王世子}'로 격하되었고 한국 황실은 일본 황족에 편입되었다. 셋째로는 조선의 지위문제였다. 이 문제는 일본이 한국을 병합하기 전인 1909년 7월에 개최된 각의의 결정에 따라 조선에서는 일본제국의 헌법을 시행하지 않고 천황의 대권에 따라 통치할 것, 조선 총독은 천황에 직예^{直隷}하고 조선에서 일체의 정무를 총괄할 것, 총독은 위임받은 대권에 따라 법률사항에 관한 명령을 발포할 것 등으로 결정되었다. 이로써 조선의 지위는 일본의 다른 지역과 비교할 때 미묘한 차이가 있게 되었다. 넷째로는 한국병합으로 인하여 한국과 외교관계를 맺었던 외국과의 관계에 대한 것이었다. 이에 대해서는 주한 각국 외교관과의 협의 하에 만들어진 「한국병합에 관한 선언」을 1910년 8월 29일자 『관보』에 게재하는 방법으로 공표했다. 그 내용은 한국에서 열강의 영사재판권을 철폐하고 현행 관세율을 금후 10년간 유지한다는 것 등을 강조하는 것이었다. 스스로도 주장했듯이 일본은 여러 외국으로부터 한국병합에 대한 승인을 얻기 위해 타협적인 자세를 보였으므로 이들 또한 병합을 수용했다. 다섯째로는 한국의 정치단체에 대한 대응이었는데, 이것은 1910년 9월 12일에 조선 내 10개 정치단체의 해산령으로 나타났다. 그중에는 이제는 '유명무실해진' 일진회도 포함되어 있었다.

이러한 과정을 거쳐 1910년 9월 30일에 통감부가 폐지되었고 「조선총독부관제」의 공포에 따라 조선총독부가 설치되었다. 다음 날인 10월 1일에는 초대 조선총독으로 데라우치 마사타케가, 서열 4위인 정무총감으로는 야마가타 아리토모^{山縣有朋}의 양자이며 문관인 야마가타 이사부로^{山縣伊三郎}가 각각 취임했다. 「조선총독부관제」에 의하면 조선총독은 천황이 직접 임명하며 육해군 대장으로 충원한다고 규정되었다(제2조). 이에 따라 데라우치와 하세가와 요시미치長谷川好道(1916년 10월~), 사이토 마코토齊藤實(1919년 8월~), 야마나시 한조山梨半造(1927년 12월~), 사이토 마코토(1929년 8월~), 우가키 가즈시게宇垣一成(1931년 6월~), 미나미 지로南次郎(1936년 8월~), 고이소 구니아키小磯國昭(1942년 5월~), 아베 노부유키阿部信行(1944년 7월~) 등 9대에 걸친 총 8명의 총독 모두가 군인이었고 그 가운데 해군 출신인 사이토를 제외한 모두가 육군 출신이었다. 더구나 데라우치와 사이토 그리고 고이소 이 3명은 이후 수상의 자리에까지 올랐다.[26] 또 조선총독은 천황에게 직속되었고 육해군을 통솔하며 조선의 정무를 총괄하는 것으로 규정되었다. 더욱이 조선에서 법률을 요하는 사항은 내각총리대신을 거쳐 칙재한 후 조선총독의 명령으로 충당한다고 규정하여 총독의 자유재량이 인정되었다. 천황과 직결된 이 무관통치제는 안봐도 뻔히 예상되는 조선의 저항을 억압하고 조선인을 일본의 통치 하에 두기 위한 것이었다.

조선총독부가 설치됨에 따라 10월 1일에 한국내각은 해산되었고 10월 7일에는 일본황실에서 공포한 「조선귀족령」에 근거하여 조선 귀족 76명이 작위를 받았다. 후작 6명, 백작 3명, 자작 22명, 남작 45명이 임명되었는데 한규설과 유길준 등 작위를 거절하거나 반납한 8명을 제외하면 이들은 모두 '친일파'로서, 작위수여는 당시까지의 행위에 대한 논공행상의 성격이 강했고, 이후 조선통치에 대한 협력을 기대하며 쥐어 준 '당근'이었다. 반면 '채찍'으로는 일체의 정치집회·강연회·연설회의 금지(8월 25일), 각종 신문과 서적의 발행금지(8월 30일) 등의 조치가 취해졌다.

한국병합 직전인 1910년 6월 30일에 통감부는 「경찰관서관제」와 「한국주차헌병조례」를 제정했고 그에 따라 경무총감부가 신설되어 헌병경찰체제가 실시되었다. 그리고 조선총독부는 그것을 그대로 계승했다. 1910년

9월 10일에는 「조선주차헌병조례」가 발포되어 헌병정치가 확립되었다.[27] 헌병은 1910년 12월 15일에 공포된 「범죄즉결령」(경찰서장과 헌병지방분대장에게 범죄자라고 생각되는 자를 재판 없이 즉결처분 할 수 있는 권한을 부여)을 시행할 수 있는 권한을 가지게 되었을 뿐만 아니라, 일상생활 전반에 걸친 매우 광범위한 임무도 맡게 되었다.

1910년 9월 30일에는 「조선총독부임시토지조사국관제」가 공포되어 조선에서 토지조사사업이 본격적으로 시작되었고, 이 사업은 1918년에 완료되었다. 사업의 목적은 근대적 토지소유권이 불분명했던 조선에 토지소유권을 도입하기 위해서였다. 그러나 이 사업은 농민들에 의한 자진신고제였으므로 절차를 모르는 대다수 농민들이 수속을 밟지 않아 소유권을 인정받지 못한 경우가 속출했다. 그 결과 농민들은 땅을 빼앗기고 소작인으로 전락하거나 만주로 건너갈 수밖에 없었다. 그리고 동척은 최대 규모의 일본인 지주로서 소유권을 확대하여 일본인의 이민을 추진하려 했다. 국유지는 27만 정보*, 일본인 소유지는 24만 정보, 조선인 소유지는 391만 정보로 외견상 그리 많지는 않았지만 조선인 사이에서도 지주와 소작인의 분화가 진행되었다. 이 토지조사사업은 1912년 8월 13일에 「토지조사령」이 공포·시행됨에 따라 정식으로 시작되었다. 토지조사사업 중에서 여러 외국, 특히 영국과 미국 사이에서 관심의 초점이 된 것은 외국인의 토지소유권 문제와 거류지 제도의 문제였다. 이것은 '일본령'이 된 조선을 예외를 둘 수 없다는 양국의 체면문제이기도 했다. 조선총독부는 전자에 해당하는 토지소유권 문제에 관해서는 영국과 미국이 의심을 제기한 것에 대한 답으로 영국이 이집트와 인도에서 시행한 토지조사 사례를 참고하여 토지

---

* 町步. 1정보는 약 3,000평에 해당한다.

조사를 시행하고, 한편으로는 불이익을 당하지 않도록 배려하며 또 토지 소유권도 인정해 주기로 결정했다. 후자인 거류지제도에 관해서는 조선총독부가 거류지를 철폐하겠다는 단호한 자세를 보였기 때문에 협의회를 거친 후인 1913년 3월 말에 철폐가 결정되었다.

105인 사건의 발생

이상의 과정을 거쳐 일본의 한국병합과 조선통치가 시작되었다. 또 1910년에는 치열했던 의병투쟁도 국내에서는 그 세력이 한풀 꺾여 만주나 러시아로 이동했지만 조선총독부는 경계를 늦추지 않았다. 그리고 1911년에 이르러 나중에 외교문제로까지 확대된 사건의 '발생' 소식이 전해졌다.

조선총독부는 초대총독인 데라우치가 1910년 12월에 평안북도 선천宣川과 신의주新義州 등을 시찰했을 때, 비록 미수로 끝났지만 총독을 습격하려 했다는 이유를 들어 비밀결사 단체인 신민회 회원을 중심으로 조선인 700명 남짓을 1911년 9월부터 다음 해에 걸쳐 체포하고 투옥했다. 체포자 중 기소된 122명의 판결이 1912년 9월에 내려졌는데 17명은 무죄판결을, 그 외의 105인은 모두 징역형을 선고받았기 때문에 이들 모두는 항소를 신청했다.[28] 그 결과 '사건'의 재판에서 105명 중 99명은 무죄판결을 받았으나, 1904년 제1차 한일협약 체결 시 외부대신 임시서리로서 협약에 조인했던 윤치호를 비롯하여 중심인물이 된 6명은 재심파기, 감형, 상고, 상고기각, 다이쇼大正 천황 즉위대례로 인한 특사 등의 과정을 거쳐 1915년 2월 16일에 출옥했다.[29] 이러한 일련의 과정 속에서 조선총독부를 비롯한 일본 측은 체포자 가운데 기독교 장로파교회Presbyterian 신자가 많은 것을 근거로 들어 그들과 재조선 미국인 선교사와의 연관성에 대해 의심하기 시작했다. 하지만 재조선 미국인 선교사들과 미국 내 기독교단체 및 보도기관, 게다가 미국 정부 조차도 양자의 연관성에 대한 일본의 의심에 반발했다. 그리고 체포자들에게 자백을 받아내기 위해 일본 당국이 고문을 행한 것이 아닌가라는 의심을 갖게 되어 이 문제는 미국과 일본 간의 외교문제로 확대되었다.

사무엘 모펫Samuel A. Moffett · 올리버 애비슨Oliver R. Avison · 노먼 위트모어 Norman C. Whittemore 등 3명은 1912년 1월 23일에 데라우치와 회견하여, 지금까지 기독교 교회는 조선인들에게 일본의 통치에 복종할 것을 권유해 왔고 따라서 '사건'의 배후에 자신들은 없다고 주장했다. 한편 체포자 가운데에는 자신들이 가장 신임하는 사람들이 있는데 그들이 그와 같은 행위를 저질렀다는 것을 믿을 수 없다는 것과, 고문에 관한 소문이 끊임없이 들린다는 것 등을 주장했다. 그에 대해 데라우치는 그 소문은 사실무근이며 기독교에 대해서는 악의가 없다고 대답했다. 그러나 체포자 중에 기독교도가 그렇게 많은 것에 대해서는 자신도 놀라지 않을 수 없다고 응수했다. 또한 미국 내에서도 그때까지 일본의 조선정책에 호의적이었던 재미 뉴욕장로파의 해외 전도부장 아서 브라운Arthur J. Brown이 이 '사건'에 대한 일본의 태도를 비판하는 소책자 『Korean Conspiracy Case』를 발행했다. 이 때문에 주미 일본공사인 진다 스테미珍田捨已는 브라운과 회담을 갖고 데라우치와 똑같은 대답을 했다. 또한 진다와 하니하라 마사나오埴原正直(1등서기관)는 국무성과 윤치호의 감형을 요구해 온 미연방의회 의원들에게 진상을 설명하는 등 공세를 펼쳤다. 사실 이 사건은 일본에 의해 날조된 것으로 신민회를 일망타진하고 조선인 전반에 위압적인 분위기를 조성하는 것이 목적이었다. 그러므로 일본은 더 이상 내외로부터의 비판을 받지 않기 위해 결국 무죄 석방을 하거나 유죄를 선고 받은 인사도 특사를 통해 풀어주었다. 그렇지만 체포자들에게는 상당한 고문이 가해졌다고 알려져 있어 이 사건은

'조선판대역사건^{朝鮮版大逆事件}', 또는 '조선음모사건^{朝鮮陰謀事件}'이라고도 불리고 있다.

해외에서의 독립운동 전개

일본이 조선을 병합한 이후 다수의 조선인들은 해외로 이동한 다음 현지에서 독립운동을 일으켰다. 조선인들은 특히 압록강과 두만강을 사이에 둔 중국, 그중에서도 간도(현재 지린 성 내의 연변조선인 자치주 일대에 해당)에 다수 거주했는데(조선총독부는 1920년 당시 100만~150만 명 정도의 조선인이 만주에 있다고 추정했다), 그들은 민족의 독립을 지향하는 정치 그룹으로서의 성격이 농후했다. 그러던 중 조선을 병합하기 전인 1909년 9월 4일 중국과 일본 사이에 조인된 「간도에 관한 청일협약」에서 청은 간도에서 조선인의 거주를 인정할 것, 간도에 거주하는 조선인은 청의 법권에 복종하는 한편 그들의 토지와 가옥은 보호받는다는 것 등이 규정되었다. 그런데 병합 후인 1915년 5월 25일 중국과 일본 간에 조인된 「남만주 및 동부 내몽고에 관한 조약」 제8조에서 '만주에 관한 일지^{日支}(일본과 지나^{支那}*) 현행 각 조약은 …… 일체 종전대로 실행할 것'이라고 규정됨에 따라, 중국 측은 간도조약에서 규정한 것과 같이 조선인은 변함없이 중국의 법권 하에 있다고 주장했다. 이에 반해 일본 측은 한국 병합 후 조선인이 '일본신민'이 된 이상 그 규정은 더 이상 적용할 수 없다고 주장하여 양국은 서로 대립했다. 그러나 중국은 마침 같은 날인 5월 25일, 앞서 동년 5월 7일에 일본이 제안한

---

* 중국을 가리키는 호칭이다. 어원에는 여러 가지 설이 있으나 중국 역사상 최초의 통일국가인 진秦나라에서 유래했다는 것이 제일 일반적이다. 일본에서는 메이지 유신 이후 후쿠자와 유키치가 제창한 탈아입구 정신을 표방하면서 중화사상적 뉘앙스가 강한 "중국中國" 대신 "지나"라는 호칭이 일반화되었고, 청일전쟁에 일본이 승리하면서 이 호칭은 점차 쇠퇴해가는 중국을 경멸조로 부르는 것을 의미하게 되었다.

최후통첩에 응하여 「대화對華 21개조 요구」를 억지로 승인했는데 이 조약은 그 하나였다. 이 때문에 중국은 조선인 문제로 불필요한 분쟁이 일본과의 사이에 일어나는 것을 피하기 위해 조선인의 행동을 규제하기 시작했고, 그 결과 일부 조선인 민족주의자들은 러시아령이나 미국으로 이동했다.

러시아에는 1863년에 조선인 13가구가 동부 러시아령으로 들어간 이래 많은 조선인들이 이주했고, 러시아 정부의 방침에 따라 조선인의 러시아 국적 취득이 촉진되었다. 조선인의 러시아 이주를 촉진시킨 원인은 일본의 조선 보호국화와 병합, 그리고 병합 이후 조선에서의 '무단통치'였고, 다수의 독립운동지사들이 블라디보스토크를 거쳐 갔다(조선총독부는 1920년 시점에서 러시아령에 약 50만 명의 조선인이 있다고 추정했다).

러일전쟁 이후 러일관계는 서로에 대해 경계하면서도 점차 개선되어 가고 있었다. 실제로 1907년 7월 30일, 1910년 7월 4일, 1912년 7월 8일, 1916년 7월 3일 네 차례에 걸쳐 러일협약이 조인되면서 러시아와 일본은 실질적인 동맹관계가 되었다. 이 관계를 내세워 일본 정부는 러시아에 거주하고 있는 조선인을 단속해 줄 것을 러시아 정부에 요청했다. 그 때문에 1911년 6월 1일에 본 조약과 부속 비밀선언서로 이뤄진 「러일도망범죄인 인도조약露日逃亡犯罪人引渡條約」이 체결되었지만, 현지에서 이뤄진 유화정책 덕분에 1914년까지 인도되어 추방된 조선인 운동가는 한 명도 없었다. 그래도 1914년 12월 5일 주러 일본대사관이 수 명의 조선인을 추방해 달라는 요청에 대해, 러시아 정부는 러시아에 귀화한 조선인에 대해서는 불가하다고 한 반면 귀화하지 않은 조선인에 대해서는 추방조치를 취했다.

그러던 중 1917년에 러시아 혁명이 일어났다. 제정 러시아의 붕괴로 단속에서 자유로워진 러시아령 거주 조선인들은 전로한족회全露韓族會를 결성했고 1918년 6월 제2회 총회에서는 비교적 온건한 귀화자 중에서 최재형

崔才亨, 급진적 귀화자 중에서 이동휘李東輝가 각각 명예회장으로 결정되어 점차 사회주의적인 경향이 농후해져 갔다. 이동휘는 일찍이 구한국 군인이었으나 1907년 7월에 이루어진 한국군의 해산과 두 차례에 걸친 체포와 수감생활 이후부터 무장투쟁파로 전환했다. 그는 간도에서 활동하다가 1917년에 블라디보스토크로 이동했는데 이때 일본의 요청으로 러시아에 신병이 구속되었다. 그러나 이동휘는 러시아 혁명으로 석방된 이후 러시아 혁명을 옹호하는 것이 조선독립의 길이라고 생각하여 1918년 6월 26일에 볼셰비키의 원조를 받아 하바로프스크에서 한인사회당을 결성했다.

이러한 상황 속에서 일본 정부는 1918년 8월 2일에 시베리아 출병을 선언했고 8월 12일에는 블라디보스토크, 9월 9일에는 니콜라옙스크尼港에 상륙하여 10월 무렵에는 동부 시베리아 일대를 점령했다. 이동휘는 동년 7월에 의병대를 조직했지만 일본군에게 패하여 중국령으로 근거지를 옮겼다. 일본군은 전로한족회의 강제 해산, 기관지의 발행 정지, 점령지에서의 조선인 등록과 지도자 검속 등을 알렉산더 콜차크Alexander Vasilyevich Kolchak . 드미트리 호르바트Dimitri Leonidovitch Horvat 등의 시베리아 반혁명세력들과 함께 시행했다. 그럼에도 불구하고 조선인 독립운동가들은 각지에서 항일군을 조직하여 하바로프스크의 적군 본부 밑에서 연합군의 시베리아 간섭전쟁에 대항하는 전선에 가담했다. 또한 블라디보스토크에 있던 신한촌新韓村에서 1918년 8월(특히 8년 전 일본이 조선을 병합한 29일)에 반일 시위행동을 일으키기도 했다. 하지만 일본군은 이 국제적 거점지역에 손을 뻗은 다른 연합국, 특히 미국과 분규를 일으키는 것을 우려했기 때문에 신한촌에서 일어난 시위행동을 쓸쓸하게 바라 볼 수밖에 없었다.

한편 미국 서해안 및 하와이에도 여러 개의 재미조선인 단체가 조직되어 활동하고 있었는데, 1909년 2월 1일에 그것들을 하나로 통합한 대한인

국민회大韓人國民會가 샌프란시스코에 본부를 두고 결성되었다. 다만 대한인국민회는 미국의존형인 이승만, 실력양성형인 안창호, 무장투쟁파인 박용만 사이에 분쟁이 끊이지 않았다. 그럼에도 불구하고 대한인국민회는 일본이 조선을 병합한 이후 미국을 비롯한 각국 정부를 대상으로 청원활동을 전개했다. 그러던 중 1913년 6월 26일에 한 사건이 발생했다. 바로 그날 캘리포니아주 헤멧Hemet에서 미국인 농장에 수확을 하러 간 30명의 조선인 농부들이 일본인으로 오인받아 그 땅의 원 주민에게 쫓겨난 사건이었다. 그 사건에 대해 주미 일본대사관은 유감의 뜻을 표명했고 주샌프란시스코 일본총영사관은 손해배상을 돕겠다고 제의했지만 조선인 농부들은 일본의 개입을 거절했다. 그리고 대한인국민회는 워싱턴의 국무성 앞으로 '해가 하늘에 떠있는 한 조선인은 일본의 원조를 필요로 하지 않는다'며 일본의 조선병합을 인정하지 않는다는 것, 조선인과 일본인을 구별하기 바란다는 것, 재미 조선인에 대한 사항은 대한인국민회와 교섭하기 바란다는 것 등의 내용을 통고·요청했다. 그에 대해 국무장관 윌리엄 브라이언 William J. Bryan은 이 내용을 양해했다고 회답했다.

조선에서는 일본의 '무단통치'가 전개되는 와중에 적지 않은 조선인이 처벌되었는데 처벌 방법 중에서 가장 특징적이었던 것은 '태형'이었다. 1912년 3월 18일에 공포된 「조선태형령」이 그 법적 근거였는데, 이 '매로 치는 형'은 구한국시대에도 실시되었던 형벌이었다. 태형은 일반적으로 죄가 중하지 않을 때 사용하는 행형行刑으로 죄수를 형대에 묶은 후 하의를 내리고 둔부를 노출시켜 대수를 세어가며 형을 시행했다. 부녀자의 경우에는 간음한 여자를 제외하고는 옷을 벗기지 않은 상태로 집행하며, 또한 죄수가 재범 이상이거나 백정일 경우는 형틀에서 내려오게 하여 직접 땅바닥에 엎드리게 한 후 집행했다. 다만 구한국시대에는 부녀자의 간음죄에 적용되었던 것에 반해 무단통치기에는 언어나 거동이 수상하거나, 일본인을 모욕하거나, 일본인과 말다툼 등을 한 조선인들에게만 적용되었다. 또한 1910년 12월 29일에 공포된 「회사령」으로 회사의 설립은 조선총독에게 허가를 받아야 했으므로 민족자본의 성장에 제동이 걸렸다. 더욱이 1911년 11월 1일에 시행된 「조선교육령」으로는 교육칙어에 기초한 조선인의 '신민화臣民化'가 도모되었다. 그에 따라 보통학교(수학기간 3~4년)에서 일본어는 필수였지만 조선어는 외국어로 취급되었고, 교사가 칼을 차는 것도 당연하게 행해졌다. 한편 조선에는 초학자를 위한 사설 교육기관으로 각 고을마다 '서당'이 있었는데 조선총독부는 이를 민족주의적인 기관으로 간주하여 억압하기 시작했다.

그 후 1916년 10월 데라우치는 오쿠마 시게노부大隈重信에 이어 수상으로 취임하게 되어 총독에서 물러났으므로 하세가와 요시미치가 후임 조선총독으로 취임했다. 단 하세가와는 기본적으로 데라우치가 펼쳤던 노선을 그대로 답습했다. 그럼에도 불구하고 조선주차군 및 헌병경찰을 전면에 내세운 '무단통치'에 대한 조선인 전반의 불만은 당장 표면으로 나타나지는 않았다. 하지만 점차 커다란 문제로 발전되어 가고 있었다.

2. 국제정세의 변동과 3·1운동

제1차 세계대전과 파리강화회의

조선에서 '무단통치'가 실시되고 있던 1914년 8월 제1차 세계대전이 발발했다. 제1차 대전에는 전차와 잠수함·비행기·독가스 등 이전에는 볼 수 없었던 살상능력이 비약적으로 향상된 신무기들이 등장했다. 이전까지의 전쟁처럼 전장과 비전장이 명확하게 나누어지지 않고 오히려 일체화되었으며, 더욱이 적군과 아군을 불문하고 교전국의 국민 모두가 예외 없이 전쟁에 끌려 들어가 '총력전'으로 변하는 측면도 있었다. 따라서 연내에 끝날 것이라는 예상과는 달리 전쟁은 장기화되었다. 그러한 가운데 영국·프랑스·러시아의 삼국협상 측과 독일·오스트리아·이탈리아의 삼국동맹 측[30]은 모두 황폐해져 간 반면, 미국은 대전 발발 후 중립을 유지하면서도 영국과 프랑스 측에 호의적 태도를 보이면서 존재감을 증대시켜 나갔다. 당시 미국 대통령은 이상주의적 색채가 강했던 우드로 윌슨Woodrow Wilson으로 그는 1913년에 대통령으로 취임했다. 그리고 미국은 대서양에서 독일이 U보트 전을 전개하자 1917년 2월에 독일과 단교한 뒤 동년 4월부터 전쟁에 돌입했다.

윌슨은 미국이 개입하여 전후 새로운 국제정치 체제를 형성해야 한다고 생각했다. 그러한 생각에서 나온 것 중 하나가 '식민지 문제의 공평한 해결'이었고 윌슨은 1917년 1월 22일 미국의회 상원에서 이 대안을 제시했다. 그러던 중 1917년 2월에 러시아 혁명이 일어났고, 이 혁명은 동년 11월 7일에 세계 역사상 최초의 사회주의 혁명인 볼셰비키 혁명으로 전개되었다. 블라디미르 레닌Vladimir I. Lenin이 이끄는 볼셰비키는 다음 날인 11월 8일에 「평화에 관한 포고」를 발표하여, 즉시 휴전·무배상·무병합과 함께 민족자결을 '전 교전국의 인민'들에게 호소했다. 이 때문에 윌슨은 그에 대한 대응책을 빨리 마련해야만 했다. 그리고 1918년 1월 8일 윌슨은 의회 상·하원합동회의에서 세계평화를 위한 유일하고도 가능한 방책으로 「14개조」를 제시했고, 이로써 '윌슨 대 레닌'이라는 구도가 만들어졌다. 14개조 중 제5조는 '식민지 주민의 이해는 권리를 갖고 있는 정부의 요구와 동등한 비중을 갖고 식민지의 요구를 공평무사하게 조정한다'라는 것이었다.

그리고 제10조~13조에서는 오스트리아＝헝가리, 오스만투르크 내의 각 민족과, 18세기 후반에 오스트리아·프로이센·러시아에 의해 3개로 분할된 폴란드 등에 대해 언급했고, 제14조에서는 강대국과 약소국이 동일한 정치적 독립과 영토보전을 보장받기 위해서는 모든 국가가 참여하는 연합체가 조직되어야 한다고 주장했다. 윌슨은 이후의 연설(예를 들면 동년 7월 4일 마운트 버논에서의 연설)에서 민족자결주의를 제시했고 더욱이 그것은 한정적인 것이 아니라는 의견도 제시했다.

그러던 중 동년 11월 11일에 독일이 「14개조」에 따라 강화를 받아들이면서 제1차 세계대전은 끝났다. 휴전이 되자 미국 정부는 「14개조」에 관해 영국·프랑스 등과 협의에 들어갔는데 그중 제5조는 독일의 식민지 및 대전으로 발생한 문제 즉, 패전국의 식민지에만 적용하는 것으로 한정했다. 또 '불완전국가'가 강화회의에 참여하는 것은 바람직하지 않다는 것에도 합의했다. '불완전국가'의 정의는 확실하지 않았지만 조선이 포함된다는 것은 분명했다. 더욱이 파리에서 개최하기로 했던 강화회의에 미국대표단의 일원으로 동년 12월 프랑스에 도착한 국무장관 로버트 랜싱Robert Lansing은 '민족자결주의는 다이너마이트 같은 것으로 실현 가능성이 없는 기대를 갖게 함으로써 세계 각지에서 화근을 일으킬 것이다'라고 경고했는데 이는 뜻하지 않게 조선에서 증명되었다. 또한 일본은 주영대사로 파견한 진다 스테미와 영국 정부와의 협의를 통해 제5조와 일본과의 관계는 일반적인 것으로 해석하는데 합의했다.

그리고 1919년 1월 18일부터 영·미·프·독·일의 '5대국'을 중심으로 한 전승국들은 프랑스 베르사이유 궁전에 모여 파리강화회의를 개최했다. '5대국'의 수뇌로는 미국의 윌슨 대통령, 영국의 로이드 조지David Lloyd George 수상, 프랑스의 조르주 클레망소Georges Clemenceau 수상과 이탈리아의 비토

리오 오를란도^{Vittorio E. Orlando} 수상이 참석했다. 당시 일본은 1918년 9월에 발생한 쌀 소동이 직접적인 원인이 되어 데라우치 내각이 총사퇴하고 대신 본격적인 초기 정치내각인 하라 다카시 내각이 성립되었다. 하라는 조각 직후라는 이유로 강화회의에는 참석하지 않았다. 그러므로 일본강화대표단의 수석전권에는 전 수상인 사이온지 긴모치^{西園寺公望}가, 차석 전권에는 전 외상인 마키노 노부아키^{牧野伸顯}가 임명되었다. 사이온지는 3월이 되어서야 겨우 프랑스에 도착했으므로 실제로는 마키노가 강화회의 관련 실무를 전담했다.

3·1독립운동

제1차 대전이 끝나고 파리강화회의가 열리고 있던 당시 조선은 어떠한 상황에 놓여 있었을까? 당시 조선에는 '어용신문'인 한글판 『매일신보』와 일본어판 『경성일보』, 영문판 『Seoul Press』 등이 발행되고 있었는데, 이들은 어찌된 영문인지 「14개조」 등에 대해서도 보도를 했다. 그러나 나중에는 그 영향을 우려하여 미국을 향해 비난의 화살을 던졌다. 예를 들면, 『매일신보』는 '미국에도 흑인문제가 있고 필리핀을 식민지로 갖고 있지만, "말을 꺼낸 사람부터 시작하라"는 마음가짐은 있는가?' 라는 식이었다. 다만 이러한 세계 조류에 주목한 조선인들은 종교계에 속해 있는 사람들이거나 해외에 거주하고 있는 사람들이었다. 조선 내에서는 천도교(동학의 후신^{後身})와 기독교 간부들이 각각 '이 회의를 기회로 조선의 독립을 세계에 주장해야 한다'고 생각하고 있었다. 곧 그들은 서로의 움직임을 알게 되었고 범민족적인 활동을 위해 협력하기로 했다. 뿐만 아니라 불교계의 인사들도 함께 활동하기로 결정했다. 미국에서는 이승만 등이 파리로 가려했지만 국무성의 제지로 뜻을 이루지 못했다. 또 러시아 거주 조선인들도 윤해^{尹海}와 고창일^{高昌一} 등 2

명의 사절을 파리로 보내려 했으나 이들 역시 러시아 영내에 발이 묶여 결국 파리로 들어가는 것은 상당히 지체되었다. 중국 거주 조선인들은 1918년 11월에 신한청년당新韓青年黨을 결성했는데, 특히 대표적 인물이었던 여운형이 김규식을 파리로 파견했다. 김규식은 무사히 파리에 들어갔고 그의 어깨에는 파리강화회의에 대한 기대가 걸리게 되었다.

그런데 당시 '무단통치'를 실시하고 있던 일본 궁내성과 조선총독부는 '일선융화日鮮融和'를 목적으로 왕세자 이은과 일본인 여성의 결혼을 계획하고 있었다. 후보로 떠오른 사람은 쇼와昭和 천황비 후보자 중 한 사람이었던 나시모토노미야 마사코梨本宮方子(이방자)였다. 결국 1916년 8월에 마사코에게는 아무런 언질도 없이 신문보도로 두 사람의 약혼이 발표되었다. 여자 가쿠슈인女子學習院*에 다니고 있던 마사코는 약혼 발표 이후 결혼준비에 들어갔다. 혼례는 1919년 1월 25일로 결정되었으나 그 직전인 1월 21일에 이은의 부친인 고종이 급사했다. 고종의 죽음에 대해서는 자살설(두 사람의 결혼을 막기 위해)과 독살설(파리강화회의에 일본의 조선통치에 만족하고 있다는 편지의 송부를 거절했고 더욱이 독립운동가와 내통하고 있었기 때문에)이 유포되었다(실제 결혼은 1920년 4월 28일에 치러졌다).

고종의 사망과 관련하여 일본에 대한 의심이 깊어가는 가운데 1919년 2월 8일에는 도쿄 각 대학에 유학중이던 조선인 학생들이 지금도 간다神田에 있는 YMCA(기독교청년회) 회관에서 「도쿄 2·8독립선언」을 발표하고 일본 정부 등 주요기관에 선언서를 배포했다. 당시 와세다대학에 유학 중이던 이광수李光秀가 직접 문안을 작성한 선언서의 내용은 일본의 조선 보호국화와 병합, 조선통치의 부당성 등을 일본 및 영국과 미국에 호소하는 것이었

---

* 현재 가쿠슈인 여자 중·고등과에 해당한다.

다. 그리고 중국과 러시아의 위협이 사라진 이상, 병합 당시의 구실은 정당성을 잃었으므로 파리강화회의는 조선에 대해서도 민족자결주의를 적용해야 하고 그렇지 않으면 조선과 일본의 대립은 영원히 지속될 것이라는 내용이었다. 조선인 학생들은 당연히 일본 당국에 의해 바로 구속되었다. 그렇지만 도쿄에서 그들이 펼친 활약상은 곧 조선에도 전해졌고, 천도교 및 기독교 지도자들은 자신들도 무엇인가를 해야 한다고 생각하게 되었다.

그 무렵 고종의 장례식이 1919년 3월 3일로 결정되어 조선총독부는 식 준비에 착수했다. 하지만 종교계에서는 장례식을 명목으로 수십만 명이 서울로 올라오는 것을 이용하여 장례식 전에 독립을 청원하기로 결정했다.[31] 그리고 21,000장의 「독립선언서」를 인쇄하여 3월 1일에 발표하기로 했다. 이러한 상황 속에서 주서울 미국총영사관은 1919년 1월 29일에 재 조선 미국인, 특히 선교사들에게 조선의 국내 문제에 관여하지 말라는 지시를 내렸다.

또 3·1운동 직전에 기독교인들의 움직임을 알게 된 선교사, 예를 들면 프랭크 스코필드Frank W. Schofield는 이들에게 만세운동을 일으켜도 성공할 가능성이 없으므로 그만두라고 설득했지만 기독교도들은 움직임을 멈추지 않았다. 스코필드는 캐나다 출신으로 미국 장로파교회 계열인 세브란스 병원(현재 연세대학교 세브란스 병원)의 의사이기도 했다. 그리하여 천도교 15명, 기독교 16명, 불교 2명으로 이루어진 33명의 '민족대표'들은 3월 1일에 이미 집결해 있던 학생들로부터 자신들이 있는 곳으로 와서 「독립선언서」를 낭독해 달라는 요청을 받았다. 하지만 민족대표들은 그 요청을 거절하고 요릿집인 태화관에서 「독립선언서」를 낭독한 후 스스로 당국에 연락하여 체포되었다. 민족대표들은 그 후 당국의 심문에서 '전승국'인 일본의

파고다공원 내 3·1운동 장면을 담은 부조물

통치 하에 있는 조선에까지 민족자결주의가 적용될 가능성은 희박하지만, 국내외의 정세를 볼때 이것을 좋은 기회로 삼아 조선도 어떤 운동을 일으킬 필요가 있다고 느껴 거사하기에 이르렀다고 대답했다. 이것은 정세를 정확하게 파악하여 능동적으로 거사했다는 일종의 '기회론'이었다.

민족대표들이 있던 태화관에서 나온 학생들은 서울 종로에 위치한 파고다공원(현재는 탑골공원)에서 이미 집결해 있던 수만 명의 군중과 함께 「독립선언서」를 낭독했고 바로 그 곳에서 3·1운동이 발발했다. 「독립선언서」의 내용은 일본으로부터의 독립을 호소하는 것이었으나 전술한 「2·8독립선언」보다 일본에 대해 호전적인 분위기는 옅었고 추상적인 표현이 많았다. 3·1운동이 발발한 이후 민족자결주의는 민중들에게까지 영향을 끼쳤다는 기록도 있다.

이상에서 언급한 내용을 종합해 보면 민족자결주의가 조선에 끼친 영향력을 과소평가하는 것은 옳지 않다. 또한 3·1운동은 조선인들이 조선 내외의 정세 전개에 힘입어 일으킨 것이 사실이다. 그러므로 3·1운동의 원인을 찾을 때에는 국제정세에서 민족자결주의 이외의 여러 요인, 그리고 무엇보다도 무단통치의 실태를 제쳐놓고 민족자결주의만을 강조하는 것은 적절하지 않다. 즉 민족자결주의와 조선의 관계는(조선의 입장에서 보면), 자율적·능동적인 측면과 그렇지 않은 측면이 동시에 존재했던 것이다. 그러므로 민족자결주의가 조선 독립운동에 미친 영향을 과대평가도, 또 과소평가도 하지 않고 정확하게 파악하는 것이 3·1운동을 이해하는 데 필수불가결한 조건이다.

3. 3·1운동의 전개 및 진압과 국제관계

3·1운동의 전개

일본 당국은 고종의 장례식에 참석하기 위하여 지방 사람들이 서울로 출입하는 일이 많아졌으므로 경계를 세우고는 있었지만, 설마 3월 1일에 대규모의 독립운동이 일어날 것이라고는 예측하지 못했다. 때문에 하세가와 요시미치와 야마가타 이사부로 등은 3월 3일에 열릴 고종의 장례식장 내 배치에 대해 협의하고 있다가 3·1운동 발발 소식을 전해 듣고는 당황하지 않을 수 없었다. 그 소식을 들은 조선군사령관인 우쓰노미야 다로^{宇都宮太郎}는 3월 1일 오후 6시 40분에 육상 다나카 기이치^{田中義一}에게 첫 보고를 보냈다. 3·1운동의 발발 소식을 들은 하라 다카시는 3월 2일의 일기에 '(3·1운동은) 민족자결 등의 낭설에 촉발된 사실도 있겠지만 그 외에도 다소의 원인이 있을 것으로 생각된다'라고 기록했다. 또 3월 11일의 일기에는 '이번 사건은 내외적으로 아주 사소한 문제로 만들 필요가 있다. 그렇지만 실제로는 엄중한 조치를 취해 다시는 이러한 일이 발생하지 않도록 해야 한다. 단 외국인들은 본 사건에 대해 매우 주목하고 있으므로 거센 비판을 초래하지 않도록 충분히 주의하기 바란다'라고 기록하였으며, 다나카와 협의한 후 하세가와에게 훈령을 내렸다.

이후 하세가와는 3·1운동의 진압에 나섰지만 진정되지 않자, 3월 5일에 군중이 '경거망동'하는 것에 대한 유감, 조선독립 등은 파리에서 논의되지 않을 것, 조선과 민족자결과는 아무 관계도 없다는 것 등의 내용이 담긴 논고를 발표했다. 그리고 상황을 설명하기 위해 도쿄로 돌아온 하세가와와 야마가타 이사부로 모두는 3·1운동의 원인이 제도상의 문제는 아니라고 변명하면서, 운동이 진압된 후에는 조선의 통치방침을 쇄신할 용의가 있다고 했다. 하라는 3·1운동을 진압하기 위하여 4월 초에 다나카와 협의했으나 만주에서 돌아온 귀환병을 일시적으로 조선에 주둔하게 하자는 방침은 응급조치에 불과하다며 반대했다. 결국 4월 8일부터 보병 6개 대대가 아오모리青森 현, 후쿠이福井 현 쓰루가敦賀, 히로시마廣島 현 우지나宇品에서 파견되었고 이중 2개 대대는 원산, 4개 대대는 부산에 상륙했다.

3·1운동은 서울에서 일어난 후 처음에는 평안남북도 등 조선 북부지역을 중심으로 활발하게 전개되었는데, 모두 '조선독립 만세' 등을 부르며 거리를 행진할 뿐 일본인들에게 위해를 가하는 등의 행위는 하지 않았다. 그럼에도 이 운동은 3월 하순에서 4월에 걸쳐 절정에 달했고, 지역도 조선 남부 지역으로까지 확대되었다. 일본은 처음부터 무력을 사용하여 진압했기 때문에 조선인들은 그에 저항했고 진압은 유혈사태로까지 전개되었다(그 과정에서 조선에 거주하고 있던 일반 일본인도 일본 당국에 협조했다). 그러한

가운데, 예를 들면 4월 15일 수원 남쪽에 위치한 제암리提岩里에 일본헌병대가 진입하여 교회당으로 마을주민 약 30명을 모이게 한 후 밖에서 사격을 가했고, 증거를 인멸하기 위하여 건물에 불을 지른 '제암리 학살 사건'이 일어났다. 이 사건에 대해서는 다음 날 주서울 미국총영사관의 현지시찰이 있었고 이후 영국총영사관도 현지시찰을 했기 때문에, 사건을 감추려고 한 일본의 의도대로 되지 않았고 동행했던 미국 미디어에 의해 전 세계로 보도되었다.

한국병합 이후 조선통치는 잘 이루어지고 있다고 생각했던 일본은 3·1 운동이 일어난 원인을 '윌슨의 민족자결주의'와 '재조선 미국인 선교사의 선동'이라는 두 가지 '미국 요인'에 있다고 생각했다. 그러한 이유로 조선총독부는 재조선 미국인 선교사들에 대한 압력을 강화했고, 3월 말에는 독립운동에 관여한 조선인을 숨겨주었다는 혐의로 평양에 거주하던 미국인 선교사 모리E. M. Mowry를 체포한 뒤 재판에 회부하여 결국은 벌금형에 처하는 해프닝이 벌어지기도 했다.

재외 조선인의 활동

이 시기 재외 조선인들도 세계 각지에서 여러 가지 활동을 전개하고 있었다.

먼저 미국에서는 이승만과 정한경鄭翰景이 1918년 12월에 대한인국민회의 이름으로 일본의 조선 보호국화와 병합은 부당하다는 것, 병합된 이후 일본의 조선 통치가 조선인에게 최악이라는 것, 조선 문제의 공평한 해결을 바라고 있다는 것 등을 호소하는 청원서를 윌슨 앞으로 보냈다. 그러나 그들은 서재필과 안창호 등의 재미 독립운동가와 협의하던 중 자신들이 파리에 가도 성과를 기대하기 어렵다는 사실을 깨닫게 되었다. 또 그 이전에 미 국무장관인 랜싱은 이승만과 정한경이 미국에서 파리로 출국하는 것을 저지하라는 지시를 국무성에 내렸고, 재뉴욕 일본총영사관 등 일본 당국도 그들에게 여권을 발행해주려 하지 않았다. 그러한 상황 때문에 이승만과 정한경 두 사람은 앞에서 언급한 청원서의 내용에 덧붙여, 일본의 지배에서 조선을 해방시키기 위해서는 장래 조선의 완전한 독립이 보장된다는 전제 하에 조선을 (설립이 예정되어 있던) 국제연맹의 위임통치 하에 두길 바란다고 했다. 이것이 소위 '위임통치청원'이었다. 이승만 일행의 입장에서 이 청원은 당시 국제적 환경이 조선에게 불리하다는 현실과 마주한 가운데, 어떻게든 조선을 일본의 통치에서 벗어나게 하고 싶다는 생각에서 나온 하나의 방책이었다. 그러나 당시의 모든 조선 독립운동가들은 조선을 일본에서 즉시, 또는 완전히 독립하는 것을 목표로 하고 있었고 또 이승만과 정한경이 다른 독립운동가들에게는 알리지 않고 독단으로 '위임통치청원'을 했기 때문에 맹렬한 반발이 이승만 등에게 가해졌다. 이후 이승만은 이 문제로 자주 궁지에 빠지게 되었다.

한편 3·1운동의 발발을 계기로 독립운동을 보다 통일적이고 조직적으로 전개하기 위하여 또 일본으로부터 독립하겠다는 의사를 내외에 알리기 위하여 정부를 수립하자는 움직임이 국내외에서 일어났다. 먼저 서울에서는 독립선언서에 서명한 민족대표들이 체포되자 남은 천도교와 기독교계 인사들이 학생들과 함께 국민대회를 열어 '한성 정부'의 수립을 선포했다. 이어서 시베리아 및 만주에 거주하고 있던 조선인들 사이에도 정부를 수립하려는 움직임이 나타났다. 니콜리스크(현재 우수리스크)에서는 전로한족회 중앙총회를 개최하여 전로한족회를 '대한국민의회'로 개칭한 후 「조선독립선언서」를 발표했고, 행정부 요인을 선출·발표하여 '노령 정부'를 발족시켰다.

하지만 한성 정부는 조선총독부가 취한 계엄태세 때문에, 그리고 노령

정부는 시베리아에 출병해 있는 일본군의 존재 때문에 모두 활발한 활동을 할 수 없었다. 조선이나 러시아보다 안전하고 지리적 조건도 나쁘지 않으며 또 조선인이 많이 있던 곳은 바로 상하이였다. 그 곳에서 여운형과 「2·8 독립선언」을 기초한 이광수 등을 비롯해 조선·미국·러시아령 등에서 온 사람들이 합류하여, 상하이의 프랑스 조계지 내에 독립임시사무소를 설치한 뒤 제1회 임시의정원 회의를 개최했다. 동시에 정부수립, 각료의 선정, 임시헌장의 의정 등을 실행하여 '대한민국 임시정부'(상하이 임시정부)를 발족시켰다.

그 결과 3개의 정부가 성립되었는데, 이들의 공통점은 이승만이나 이동휘, 안창호, 김규식 등이 3개 정부 모두의 각료였다는 것, 특히 이승만은 이 모든 곳에서 제1인자로 추대되었다는 사실이다. 정부가 3개나 있다는 것은 독립운동을 전개하는 데에도 불편했기 때문에 통합하려는 시도가 일어났다. 결국 형식적으로는 한성 정부를 중심으로 삼았지만 실질적으로는 상하이의 '대한민국 임시정부'가 '법통성(정통성)'을 계승하게 되었다. 대한민국 임시정부는 발족 당시 국무총리대신에 취임한 안창호의 주도로 임시정부와 조선과의 연락망 등을 토대로 '연통제聯通制'를 구축하고 기관지인 『독립신문』을 발행하는 등 그 기능을 서서히 발휘하기 시작했다. 일본 당국도 임시정부를 '가정부假政府'라고 부르며 그 동향에 주의를 기울였다. 그러나 임시정부는 민족주의적 색채가 강한 상하이파와 사회주의적 색채가 강한 노령파의 대립, 특히 전술한 '위임통치청원'을 비롯한 이승만에 대한 반대와 지지를 둘러싸고 벌어진 대립 등으로 점차 갈등이 격화되기 시작했다.

대한민국 임시정부는 1926년 당시 프랑스 조계지였던 현재의 상하이 황푸구黃浦區 마탕루馬當路를 활동거점으로 삼았다. 그 터는 당시 미 수교국이었던 중화인민공화국이 1988년에 개최된 서울 올림픽에 참가하는 등 대한민국과의 관계가 개선된 1990년에 상하이 시 당국에 의해 보존과 유지대 상으로 지정되었다. 그리고 중국과 한국이 수교한 다음 해인 1992년에 새로 고쳐 복구한 뒤 개방하면서 현재에 이르고 있다.

그리고 미국에서는 이승만과 정한경의 출국이 금지된 가운데, 1919년 4월 14일부터 16일까지 서재필을 중심으로 조선의 독립운동과 대한민국 임시정부의 수립을 알리는 '한인자유대회'가 펜실베니아 주 필라델피아에서 개최되었다. 필라델피아는 서재필이 거주하는 곳이자 18세기 미국 독립전쟁 당시 독립선언이 채택된 곳이기도 했다. 그 대회에서는 이승만의 「미국에의 청원」 등의 채택과 임시정부의 승인을 미국 정부에 요구하자는 결의 등이 이루어졌고, 참가자들은 태극기와 성조기를 들고 독립기념관을 향해 행진하기도 했다. 주미 일본대사관은 이 대회가 조선 역사상 최초의 '의회' 라며, 일본 정부에게 이 대회에 주의를 기울여야 한다고 보고했다. 대회에서는 서재필이 이승만의 「미국에의 청원」에 대해 출석자들의 의견을 물으려고 하자 이승만은 변경할 필요 없이 그대로 채택되어야 한다고 주장했다. 하지만 서재필은 사람들의 의견을 듣지 않고 일을 진행하는 것은 민주주의가 아니라고 주장했고 정한경도 그 의견에 찬성했다.

같은 시기 파리에서는 조선의 독립을 호소하기 위해 세계 각지에서 파견된 조선인으로는 유일하게 파리강화회의 개최 당시 현지로 들어간 김규식이 고군분투하고 있었다. 김규식은 우선 일본이 불법적인 방법으로 조선을 병합했다는 것, 조선인은 일본의 통치 하에서 신음하고 있다는 것, 조선은 모든 면에서 독립국이어야 한다는 것 등을 내용으로 하는 「해방을 위한 조선인의 주장을 올리는 각서」를 작성하여 파리강화회의에 제출했다. 첨부한 각서에는 이승만 등이 주장한 '위임통치청원'과 별 차이가 없는 내용이 실려있었다. 그러나 김규식의 위임통치청원은 이승만이 청원했

대한민국 임시정부 파리위원부 청사 터의 간판

을 때와는 달리 문제가 되지 않았다. 이어서 김규식은 처음 것보다 더 상
세한 내용이 담긴 「조선 국민과 국가의 주장 – 일본으로부터의 해방, 그리
고 독립국으로서 조선의 재건을 위해」라는 제목의 '청원서'와 '각서'를 준
비하여 파리강화회의의 미국대표단을 비롯해 영국과 프랑스대표단에게
도 보냈다.

그러나 김규식의 이러한 움직임에 대해 영국과 프랑스는 전혀 아무런
반응도 보이지 않았다. 미국대표단도 훗날 1932년부터 1941년까지 주미
대사로 근무하는 조셉 그루Joseph C. Grew나 또 나중에 반일적 자세를 보이는
스탠리 혼벡Stanley K. Hornbeck처럼 약간의 동정심을 가진 예외적인 인물은
있었지만, 윌슨을 비롯한 대부분의 사람들은 시종일관 냉담했다. 다만 미
국대표단은 파리강화회의에서 설립이 확실해진 국제연맹에 일본이 가입
한 뒤 '백인白人클럽'에서 고립되는 것을 피하는 한편 미국 서해안에서 일
어나고 있던 일본계 이민자에 대한 배척운동을 저지하려는 일본의 움직임
에 대응하기 위해 조선 문제를 '이용'했다. 그것은 바로 일본이 국제연맹규
약에 「인종평등안」을 제안할 자격이 없다고 반박하는 것이었는데, 마침 이

를 규약에 삽입하자는 논의가 진행되던 중 3·1운동이 일어났고 일본이 그 진압에 전념하고 있었기 때문이다. 지금도 김규식이 당시 대한민국 임시정부 파리대표부 대표로서 활동거점으로 삼은 건물이 파리 9구 샤토당 거리 38번지에 남아 있다. 2006년 3월 1일에는 건물 입구에 '여기에 대한민국 임시정부 재외공관이 있었다. 1919~1920'이라는 프랑스어와 한국어가 나란히 쓰여진 현판이 프랑스와 대한민국 정부관계자 등이 출석한 가운데 내걸렸다.

러시아령에서는 일본이 러시아 혁명으로 조직된 볼셰비키 세력을 제압하고 또 조선의 독립운동을 모조리 제거하기 위하여 시베리아 출병을 단행했는데, 이 지역의 조선인들은 다른 지역보다도 사회주의의 영향을 강하게 받아 볼셰비키에 의지하려 했고 무장투쟁을 선택하는 경향이 강했다. 그러나 그들 중에는 시베리아 출병에 참가하고 있었으므로 오히려 적이라고도 할 수 있는 미국으로부터 원조를 얻으려고 하는 사람들도 있었다.

중국은 청일전쟁 이후 열강의 반식민지화 상태에서 벗어나기 위하여 제1차 세계대전의 '전승국'으로서 파리강화회의에 참석하고 있었다. 또한 독일이 조차하고 있던 산둥 성의 권익을 회수하고 제1차 대전 중 일본의 강압으로 승인한 「21개조 요구」를 철회하기 위해 노력하던 중 3·1운동이 일어났다. 이 때문에 쑨원孫文이나 천두슈陳獨秀 등은 조선 문제의 동향에 큰 관심을 가지고 있었다. 그런데 파리강화회의에서 산둥 성에 대한 구 독일의 권익이 중국으로 반환되지 않고 일본으로 이전된다고 결정되었기 때문에 그에 대한 불만으로 5·4운동이 일어났고, 그 가운데 중국인들은 3·1운동을 언급했다. 중국에 주재하고 있던 조선인들은 이러한 상황을 기회로 삼아 중국과 연대하여 일본에 저항하려 했고, 중국도 부분적이긴 했지만 이에 응하려고 했다.

3·1운동의 진압과 '무단통치'의 종언

3·1운동 당시 독립선언서에 서명한 33인을 비롯한 독립운동가들은 자신들의 계획을 외국인 선교사들에게 밝히지 않았다. 다만 외국인 선교사들 대부분은 평소 조선인 기독교 신자들과 밀접한 관계를 유지해 왔으므로 그들이 무언가를 계획하고 있다는 것과 3월 3일 고종의 장례식 때 무슨 일이 일어날 것이라는 분위기는 느끼고 있었다. 그러한 외국인 선교사 가운데 예외적으로 3월 1일에 독립운동이 일어날 것이라는 사실을 알고 있던 사람은 앞에서 언급한 스코필드였다. 그는 2월 28일에 평소 알고 지내던 학생을 통해 독립선언서를 보게 되었지만, 이러한 독립운동은 성공할 가능성이 없고 오히려 조선인들에게 피해가 미칠 것이라며 중단할 것을 권유했다. 그런데도 3·1운동은 결국 일어났다. 일본 당국은 3·1운동 발발 후 그 원인이 일본의 조선통치 자체가 아니라 다른 데 있다는 것을 보여주기 위하여 '범인 찾기'에 들어갔다. 그 결과 조선총독부와 일본 및 조선의 보도기관은 3·1운동의 원인을 미국 선교사의 사주와 윌슨의 '민족자결주의'라는 두 가지 '미국요인' 때문이라고 주장했다. 따라서 조선총독부는 미국인 선교사들을 대할 때 엄중한 태도로 임했고(전술한 모리의 체포도 그러한 과정에서 이루어졌다), 3·1운동에 참가하여 부상당한 조선인이 실려 온 세브란스 병원에 헌병대를 보내어 부상자를 호송하려고 했다. 뿐만 아니라 주서울 미국총영사관은 3·1운동이 일어나기 전부터 조선에 거주하고 있는 미국인, 특히 미국인 선교사들에 대해 조선의 정치문제에 관여하지 말 것을 지시했고 미국인 선교사들도 그 지시에 따랐다. 그럼에도 불구하고 일본이 자신들에 대해 '누명'에 가까운 의심을 하고 또 조선인을 진압하는 참상의 정도가 점차 도를 더해가고 있었기 때문에 그대로 두고 볼 수만은 없다는 태도를 가지게 되었다. 선교사들 사이에는 '잔인함에는 중립이 없다[No]

Neutrality for Brutality'라는 말이 슬로건이 되었다. 그래서 조선 거주 미국인 선교사들은 일본 거주 미국인 선교사들과 협력하여 조선총독부와 일본 정부에 영향력을 행사하여 사태의 선처를 요구하는 한편, 3·1운동에서 일본의 진압방식을 목격한 기록을 본국의 기독교 교단과 보도기관, 그리고 미국 정부에 보고하여 모국을 통해 일본에게 압력을 가하려고 했다.

수상인 하라 다카시는 외교의 축을 미일관계로 설정하고 있었기 때문에 이 시기 파리강화회의에서 중국 문제·시베리아 출병 문제 등과 더불어 조선 문제로 미일관계가 불편해지는 것을 원치 않았다. 또한 하라는 야마가타 아리토모가 일본 각계각층에 구축한 '야마가타 계열'의 일각인 조선총독부의 '축소'를 이미 1918년부터 계획하고 있었기 때문에, 미일관계의 개선을 위해서라도 이 기회를 틈타 조선통치 개선에 착수했다. 하라는 1918년 시점부터 하세가와를 교체하려고 생각하고 있었지만 3·1운동이 일어났기 때문에 일단 하세가와에게 그 수습을 맡기는 한편, 하세가와의 후임으로는 한국병합 이래 약 9년간 서열 4위인 정무총감으로 근무하며 '땀 흘려 온' 문관 출신의 야마가타 이사부로를 지목했다. 그는 야마가타 아리토모의 양자였기 때문에 야마가타 아리토모도 반대하지 않을 것이고 또 문관 총독제로의 길을 연다는 목적도 있었다. 그러나 야마가타 아리토모는 '부자의 정'에 휩쓸리지 않고 야마가타 이사부로가 하세가와보다 먼저 사임해야 한다고 완강하게 주장했기 때문에 이 일은 더 이상 진전되지 않았다.

그러한 상황에서 야마가타-가쓰라-데라우치의 흐름을 잇는 '육군대장'의 후계자로서, 또 '야마가타 계열'의 일원이면서 최초의 본격적인 정당내각인 하라 내각의 육상으로 입각한 다나카 기이치는 정당정치가 한층 더 진행될 것으로 전망했다. 그는 자신의 야심인 수상에 취임하기 위하여 여당인 입헌정우회와 더불어 하라의 지원을 얻을 목적으로 야마가타와 하라 사이를 수차례 오가면서 양자 사이의 '절충점'을 찾으려고 노력했다. 그 결과 해군 출신으로 미국생활 경험도 있는 전 해상인 사이토 마코토(미즈사와水澤 번 출신으로 모리오카盛岡 번 출신인 하라와 같은 이와테岩手 현 출신)가 총독후보로 떠올랐고 야마가타와 하라 모두가 수락했다. 사이토는 당초 조선총독으로의 취임을 내켜지 않았지만 다나카 및 하라의 설득과 정무총감으로 경험이 풍부한 전 내상 미즈노 렌타로水野錬太郎가 취임한다는 조건으로 조선총독 취임에 응했다. 그 결과 제도상 문무 양관이 조선총독에 취임할 수 있는 길이 열렸고 하세가와가 사임하자 1910년 이래 계속되어 온 '무단통치'는 종말을 고하게 되었다.

4. 일본의 조선 '문화정치'의 전개와 조선독립운동의 지속

새로운 통치정책─'문화정치'

'무단통치'가 종말을 고하자 사이토는 1919년 8월에 미즈노 등을 데리고 일본을 출발하여 조선에 입국했고, 열차를 타고 9월 2일에 당시 서울의 중앙역이었던 남대문역에 도착했다. 역에서 사이토가 조선총독부 관저로 가기 위해 움직였을 때, 그가 탄 마차를 향해 던져진 폭탄이 굉음을 내며 폭발했다. 파편이 마차를 관통했으나 사이토는 별다른 상처를 입지 않았고 미즈노가 탄 다른 마차에도 파편이 날아들었지만 그 역시 무사했다. 그러나 마중 나온 당국 관계자와 사이토 일행을 취재하고 있던 기자, 그리고 구경꾼들에게 파편이 튀어 다수의 부상자가 나왔고 그중에는 미국인도 있었다. 당국이 범인을 수색한 결과 65세인 강우규姜宇奎가 체포되었다. 어린 시절 유교를 공부한 강우규는 나라가 기울어가는 상황에서 구원을 추구하는 기독교에 입교하여 교육활동에 종사했는데, 일본이 한국을 보호국화 한 이후부터 병합에 이르는 사이에 독립운동에 뛰어들었다. 1911년에는 간도로 망명하여 그곳에서 교육활동에 종사하기도 했다. 3·1운동이 일어나자 강우규는 블라디보스토크에 있던 노인동맹단老人同盟團에 들어갔는데, 노인 동맹단은 테러를 독립운동 방략으로 내세웠고 조선총독부는 그 최초의 대상으로 정해졌다. 강우규는 테러 실행자로 자원하여 블라디보스토크를 거쳐 조선으로 들어왔다. 신문에 보도된 사이토의 얼굴을 기억해 둔 뒤 그는 9월 2일 사이토가 탄 마차를 향해 폭탄을 던졌고, 군중들이 도망치려고 우왕좌왕 하는 사이 혼잡스러운 현장을 천천히 빠져나갔다. 그러나 강우규는 일본 당국이 관계없는 사람들을 차례로 체포하는 모습에 괴로워하여, 스스로 잡히기를 조용히 기다렸다가 9월 17일에 체포되었다. 1920년 4월에 열린 재판에서 사형이 확정되었고 동년 11월에 그는 처형되었다.

사이토는 자신을 겨냥한 폭탄투하 사건이 일어났음에도 불구하고 조선에서 '무단통치'를 대신하여 새로운 통치를 시행하는 것에는 변화가 없다고 분명히 언급했다. 그리고 문관이나 교사·재판관 등의 제복과 대검 의무화의 폐지, 일본인 관리와 조선인 관리 사이의 급여 등 차별의 해소, 「회사령」의 개정에 따라 조선인이 회사를 설립할 경우 개정 전 조선총독부의 허가제에서 신고제로의 전환, 헌병경찰제도에서 보통경찰제도로의 전환, 조선인에게 조선어신문의 발행을 허가[32] 등이 시행되었다. 이러한 정책들은 사이토가 조선총독에 취임한 후 착수한 여러 조치 가운데 일부였고, 이러한 조치로 상징되는 새로운 조선통치를 '문화정치'라고 부른다. 다만 이 '문화정치'를 상징하는 단어였던 '일시동인—視同仁'은 조선인과 일본인을 동일하게 취급하고 차별대우하지 않으며 조선인을 일본인으로 동화시킨다는 것을 의미했다. 그러나 정말로 그렇게 할 생각이었다면 '내지內地'인 일본과 '외지外地'인 조선을 구별할 필요가 없었을 것인데, 그 구별은 그대로 존속했다는 모순이 있었다.

그리고 사이토가 조선에 부임한 목적이 치안의 회복 및 독립운동의 재발을 방지하기 위한 것이기도 한 이상, 조선통치는 '문화정치'라든가 '일시동인'이라는 단어만으로는 설명이 안되는 측면도 있었던 것이 사실이다. 예를 들면 먼저 헌병경찰제도에서 보통경찰제도로의 이관은 정확하게 1919년 11월에 이루어졌는데, 제도가 개정되기 전에는 헌병과 경찰관의 수가 14,518명, 경찰서의 수가 100개였던 것이 개정 후인 1920년 6월에 들어와 경찰관의 수는 20,134명, 경찰서의 수는 251개로 증가했다. 뿐만 아니라 태형은 3·1운동 참가자에게 수없이 시행되었고 미국인 선교사도 이 사실을 보고하고 있었다. 하지만 하세가와는 태형이 한국인의 민도民度에 적절한 매우 효과적인 형벌이므로 쉽게 폐지할 수 없다고 생각했다. 사이토 역시 부임한 이후 아무 말도 하지 않고 있었으나, 선교사들로부터 태형을 즉시 폐지하라는 주장이 제기되었다. 그러나 태형은 바로 폐지되지 않았기 때문에 미국인 선교사들의 비판이 고조되었다. 그 때문에 사이토는 회의를 열어 조선총독부 관계자들과 논의한 결과 태형을 폐지한다는 방침을 결정했고, 그 법적 근거였던 「조선태형령」이 1920년 4월에 폐지됨으로써 태형은 끝을 고하게 되었다.

조선에 부임한 이후 사이토는 3·1운동에 대한 잔혹한 진압상태에 대해 여러 외국, 특히 일본을 향한 미국의 비난을 잠잠하게 만드는 것을 큰 과제로 삼았다. 가장 중요한 대상은 조선에 거주하고 있는 외국인, 특히 미국인 선교사였다. 사이토는 그들에게 접근하여 자신은 조선에서 보다 자유로운 정책을 시행할 계획이라는 것, 선교사들의 포교활동에는 간섭할 생각이 없다는 것, 그러나 정치적 사항에 관여하는 것은 엄중히 삼가해 주기 바란다는 것 등을 언급했다. 그리고 사이토는 종교에 관한 여러 문제에 대해서도 몇 가지 구체적인 조치를 취했기 때문에 선교사들도 비난의 시선을 거두게 되었다. 그들은 원래 조선의 정치 문제에는 관여할 생각이 없었고 조선의 사태도 개선되어 가고 있다고 판단했으므로 조선에서의 '문화정치'를 인정하는 방향으로 나아갔던 것이다. 주서울 미국총영사관도 선교사들과 같은 생각에서 조선은 사이토의 '문화정치'로 인하여 좋은 방향으로 가고 있으며 혼란은 수습되어 가고 있다고 본국 국무성에 보고했다. 이 때문에 미국 국무성, 나아가 미국 정부도 조선의 상황은 정상화되었다고 판단하여 일본의 조선통치를 시인하고, 또 조선 문제에 대해 무관심했던 원래의 '상태'로 되돌아갔다.

조선의 상황은 언뜻 보면 진정된 것처럼 보였지만, 실제 일본인에 대한 조선인의 저항은 산발적으로 계속되고 있었다. 그러한 저항 중에는 미국의 힘을 빌려 상황을 만회하려는 사람들도 있었으므로 일본 당국은 당연히 경계하고 있었다. 또 주서울 미국총영사관은 3·1운동 중에 빈번하게 이루어졌던 (항의·저항의 뜻을 담은) 철시 등이 여전히 계속되고 있는 것과, 조선과 러시아의 국경지대에서 무장한 조선인과 일본군이 군사적으로 충돌하고 있는 것 등을 본국에 보고했다.

바로 그 즈음인 1919년 11월 다나카 기이치와 척식국拓殖局* 장관 고가 렌조古賀廉造 등이 중심이 되어 여운형을 일본으로 불렀다. 그들은 여운형과 모종의 합의를 통해 조선통치의 안정화와 미국에서 일어난 반일 여론의 완화 등을 도모하려고 했다. 11월 17일 도쿄에 도착한 여운형은 하라와 다나카, 고가 등을 비롯한 일본 정부 수뇌들과 연이어 회견을 가졌다. 그들은

---

* 식민지 관할 기관.

그에게 독립운동을 단념하라고 요구했지만 여운형은 일본으로부터 독립을 되찾을 때까지 독립운동을 계속할 것이라고 대답했다. 더욱이 여운형은 11월 27일 데이코쿠帝國 호텔에서 한 연설에서 국내외의 정세로 3·1운동에까지 이르게 된 것, 조선의 독립은 동양평화와 세계평화를 위한 것이기도 하다는 것, 조선의 독립운동은 조선만의 운동이 아닌 세계적인 운동이라는 것 등을 주장했다. 그리고 여운형은 청중 가운데 한사람이었던 요시노 사쿠조吉野作造와 오스기 사카에大杉榮, 사카이 도시히코堺利彦 등과도 의견을 교환한 후 12월 1일에 도쿄를 떠났다. 이로써 일본 당국의 목표는 완전히 빗나가게 되었다.

뿐만 아니라 같은 시기, 고종의 다섯째 아들로 사실상 '유폐상태'에 있던 의친왕 이강이 대한민국 임시정부의 안내로 조선에서 탈출하여 중국 국경 서쪽에 위치한 안둥(현재 단둥丹東)까지 갔다가 일본 당국에 발각되어 서울로 되돌아오는 사건도 발생했다.

끊임없이 계속되는 독립운동

비폭력 독립운동이었던 3·1운동은 일본의 무력으로 진압되었지만 '문화정치'가 도입된 후에도 조선 내외에서의 독립운동은 계속 이어졌다. 그러한 상황 속에서 러시아와 만주에 거주하고 있던 조선인 중에는 무장투쟁을 통해 일본과 전투를 벌이는 사람들도 나타났다. 1920년이 되자 조선 북부지역, 특히 중국 접경지역이 강 건너 중국 지역으로부터 습격을 당하는 사건이 빈번히 발생했는데 그중에서도 홍범도洪範圖가 이끌고 있던 대한독립단大韓獨立團의 공격이 끊이지 않았다. 예를 들어 대한독립단은 6월에 만주 왕정현汪精縣 봉오동鳳梧洞에서 일본군을 공격했는데 이 교전에서 일본 측은 꽤 큰 피해를 입었다. 이 때문에 간도 용정龍井에 있던 일본인 거류민들은 자신들의 생명과 재산을 지키기 위해 일본 당국에 출병을 요청했다. 일본 군은 출병준비를 하면서 이를 위한 평계를 만들기 위해 중국인 마적을 이용한 사건을 고의로 일으켰다. 그리하여 9월에 조선·청·러시아 국경과 가까운 곳에 위치한 훈춘琿春이 일본과 내통한 마적의 습격을 받았고, 10월에는 또다시 중국인 마적이 훈춘을 공격하고 일본영사관을 불태우는 사건이 발생했다.

두 차례나 일어난 '훈춘 사건'으로 일본 정부는 간도 출병 성명을 발표했다. 일본군은 10월 6일부터 북간도에서 조선인 '토벌'에 착수하여 11월 하순까지 사망자 2,285명, 소실가옥 2,507호라는 큰 피해를 가져왔다. 그에 대한 대응으로 홍범도의 대한독립단과 김좌진이 지휘하는 북로군정서가 서로 연합하여 독립군을 조직했고, 간도 화룡현和龍縣 청산리靑山里에서 일본군과 격렬한 전투를 벌여 일본 측에도 꽤 많은 피해를 주었다.

이러한 상황에서 일본 정부는 11월에 육군대좌인 미즈마치 다케조水町竹三를 수장으로 하는 1개 중대를 간도의 실정조사를 목적으로 파견했다. 실정조사를 마친 미즈마치는 중국 정부가 유효한 조치를 취하지 않고 오히려 마적과 내통했기 때문에 일본군 파견에 따른 책임은 중국 당국에게 있다는 것, 조선 안팎에서의 독립운동을 도와주지 못하도록 선교사들에게 강하게 경고할 것, 선교사가 조선 안팎에서의 독립운동을 도와주거나 하면 그들의 선교사업은 손해를 입게 될 것이라고 말했다. 이것이 소위 「미즈마치 성명Statement」인데 이는 간도에서 활동하고 있는 영·미계의 선교사들 때문에 양국의 반발을 불러일으킬 우려가 있었다. 따라서 일본 외무성은 이 성명이 개인의 의견에 지나지 않는다는 것, 내용에도 쓸데없는 부분이 있다는 것 등을 중심으로 하는 담화문을 내지 않을 수 없었다. 이 사건으로도 알 수 있듯이 일본은 조선 문제에 대한 국제적인 시선, 특히 미국의 시선에 주의를 기울이고 있었고 또 경계하고 있었음을 알 수 있다.

5. 워싱턴회의 및 '극동노동자대회'와 조선 문제

미국의원단의 조선 방문

이처럼 조선의 독립운동이 만주와 시베리아에서 '과격화'되고 있던 가운데, 1920년 8월에 동아시아지역을 시찰하는 미국의원단이 시찰 도중 조선에도 들를 예정이라는 사실이 국내외 조선인들에게 알려졌다. 미국의 상·하 양원의원 42명과 가족 74명 등, 총 123명이 동아시아 순방길에 올랐는데 그중 37명이 8월 5일 상하이에 도착했다. 대한민국 임시정부는 같은 날 미국의원단에게 조선 독립에 관한 각종 문서를 제출하기로 결정하고 상하이에서 세 차례 개최된 의원단 환영회에 여운형 등이 참가했다. 그 후 미국의원단은 항저우·난징·지난·베이징·펑톈(현재의 선양) 등을 방문했고, 조선을 경유하여 일본으로 가기로 결정했다. 여운형 등은 베이징에서 미국의원단 중 몇몇 의원과 회견했지만, 당시 의원들의 대답은 자신들은 미국 의회를 대표하지 않으므로 개인자격이라면 몰라도 공식적인 대응은 할수 없다는 것이었다. 이러한 여운형 등의 활동에 대해 일본은 조선에 콜레라가 만연하고 있다든가, 조선인이 일본과 미국의 불화를 노리고 의원단의 습격을 계획하고 있다는 소문을 퍼뜨리며 의원단에게 조선방문 중지를 제안했다. 그러나 의원단은 콜레라는 조선만이 아니라 동양 어디든지 있으므로 신경 쓰지 않는다는 것, 미국을 신뢰하고 있는 조선인들이 자신들에게 해를 가할 리가 없다는 것 등을 이유로 조선으로 들어가는 것을 포기하지 않았다. 일본도 더 이상 말리는 것은 오히려 손해가 된다고 생각하여 의원단의 조선방문을 인정하지 않을 수 없었다. 의원단은 평톈에서 기차로 압록강을 건너 조선으로 들어왔고 8월 24일 서울에 도착했다. 서울까지 오는 도중 그리고 서울에서 의원단에 대한 조선인의 환영은 대단한 것이었다. 의원단은 다음 날인 8월 25일에 서울관광·궁궐방문·사이토 마코토 총독이 주최하는 환영회 등에 출석했는데 하원의원 허스맨Hugh S. Hersman이 유일하게 조선인이 주최하는 환영회에 출석하여 인사를 했다. 그런데 환영회에 일본 군인과 경찰이 들이닥쳐 참석한 조선인 가운데 몇 사람을 구타한 후 연행하려고 했다. 그러자 회장에서 나가도록 요구받은 허스맨은 연행되고 있던 조선인이 석방될 때까지는 자신도 물러나지 않겠다고 말하여 결국 조선인 전원이 석방되는 일도 있었다. 의원단은 다음 날인 8월 26일 부산에서 쓰시마 해협을 건너 시모노세키下關에 도착하는 것으로 조선방문을 마무리했다. 미국의원단의 한국 관광은 '단순한 관광'으로 끝났지만, 그들이 중국이나 조선에서 보여준 일정한 동정심은 조선이 미국에 대해 계속 기대를 갖게 했다.

하딩 정권 발족과 조선 문제

이때 미국에서는 윌슨 대통령의 두 번째 임기가 끝나가고 있었으므로 그 후계자를 결정하는 대통령선거가 한창이었다. 선거에서는 국제연맹 가입에 반대하는 고립주의적인 입장에서 '정상으로의 복귀'를 주장한 공화당 후보인 하딩Warren G. Harding이 당선되어 다음 해인 1921년 3월에 대통령에 취임했다. 제1차 대전의 귀추에 결정적인 영향을 미쳤고 경제력 면에서도 타국을 능가하는 존재가 된 미국이 국제사회에서 '이탈'한다는 것은 현실적으로 불가능했고, 또 국익에도 부합되지 않았기 때문에 하딩 정권은 '(의무없는) 자유로운 국제참가'를 도모했다. 마침 해군 군축문제, 영일동맹의 존속과 폐기문제, 중국 문제 등 파리강화회의와 조약에서는 논의되지 못했던 미해결 문제가 있었으므로 이 문제들을 해결하기 위해 하딩 정권은 일본·영국·프랑스·이탈리아 외 관계 각국을 초청하여 1921년 11월 12일부터 다음 해 2월 6일까지 워싱턴회의를 개최했다. 조선인 독립운동가들은 회의가 개최되기 전 초기 단계에는 하딩 정권에, 그리고 회의가 진행 중일 때에는 워싱턴회의에서 조선의 독립운동에 대한 이해와 지지를 요구하는 활동을 이어나갔다.

먼저 하딩이 대통령선거에 당선되어 차기 대통령으로 취임을 기다리고 있던 1921년 1월 2일, 당시 미국 필라델피아에 있던 대한민국 임시정부 정보국 국장인 서재필은 하딩의 사저가 있는 오하이오 주 메리언에서 그와 회견을 가졌다. 그 자리에서 그는 조선과 중국이 힘을 합쳐 대일 개전을 할 경우 미국이 후원해 줄 것과, 1882년에 체결한 조미조약의 재검토 및 대한 조약상 미국의 책임을 실행해 달라는 것 등을 요구했다. 동월 17일에는 앞으로의 독립운동에 관한 의견을 쓴 편지를 하딩에게 보내기도 했다.

이어서 하딩이 대통령에 취임한 후인 동년 5월 11일에 서재필은 조선의 입장에 동정적이었던 미국인 단체인 '한국친우회'의 서기장이며 회장이었던 홀리 트리니티 교회Holy Trinity Church의 교구목사 플로이드 톰킨스Floyd W. Tomkins와 함께 하딩과의 회견을 주선해 줄 것을 하딩의 비서인 조지 크리스찬George B. Christian에게 의뢰했다. 하지만 그는 현재 집무가 바쁘다는 이유로 국무장관 찰스 휴즈Charles Evans Hughes에게 의뢰한 것을 취소하라고 권유한 뒤 서재필 등에게 회견을 주선해 줄 수 없다고 회답했다. 또 재미조선인 각 단체의 법률고문을 맡고 있던 프레드 돌프Fred A. Dolph와 1919년에 미 의회에서 조선을 동정하고 일본은 비난하는 연설을 한 상원의원 셀던 스펜서Selden P. Spencer는 각각 동년 5월 23일에, 또 이 당시 대한민국 임시정부의 출장기관인 '구미위원부歐米委員部'(이승만이 대표적인 존재)에 속해 있던 정한경은 동년 6월 28일에 휴즈와 크리스찬에게 그때까지의 한일관계와 조선의 주장을 기술한 정한경의 저서를 읽어 줄 것과 하딩과의 회견 주선을 의뢰했다. 뿐만 아니라 이승만은 상하이에서 호놀룰루를 경유하여 워싱턴에 도착한 8월에, 자유와 완전독립에 대한 조선인의 희망은 더욱 강해졌으며 워싱턴회의에서 활동할 생각이 있다는 것 등을 말했다.

그런데 전술한 바와 같이 서재필이 하딩과의 회견을 크리스찬에 의뢰한 때와 같은 날인 5월 11일에, 대한민국 임시정부 대통령이 보낸 '미국대표'라는 직함으로 현순玄楯은 1882년 조미조약 제1조의 '거중조정조항' 발동을 요청했고, 일본의 조선통치는 더 이상 참을 수 없으므로 조선은 독립을 요구한다는 것 등을 서술한 편지를 휴즈에게 보냈다. 그러나 이 편지는 주변 사람들과 마찰을 일으키고 있던 현순이 임시정부의 사전 승인 없이 보낸 것이었다. 이 때문에 돌프와 서재필은 각각 같은 5월 17일에 현순의 행위는 독단적인 것으로 대한민국 임시정부는 승인한 적이 없고, 이후 현순과의 관계를 단절할 것이며, 이번의 불미스러운 일을 사죄한다는 것 등을 서술한 편지를 휴즈에게 보내는 '추태'를 부릴 수밖에 없었고, 조선 독립운동의 분열상을 미국에게 보여주고 말았다.

다만 하딩 정권은 그 '추태'와는 관계없이 조선 독립운동가들의 정치활동에는 응하지 않는다는 방침으로 기울어져 있었다. 휴즈는 5월 16일 앞에서 언급한 현순이 편지를 보낸 것을 계기로, 미국은 일본이 한국의 외교권을 장악한 1905년 이래 조선(한국)과는 외교관계가 없고, 1910년 8월 일본이 한국을 병합한 이후 조선은 일본의 일부라는 것, 국무성은 조선에서 조선총독부 이외의 정부 수립은 승인하고 있지 않으므로 이런 종류의 통신을 인정하는 것은 방침에 어긋난다는 것 등을 크리스찬에게 전했다. 더욱이 휴즈는 7월 2일에 하딩은 회견을 요구해 온 정한경의 청을 받아들일 수 없다는 것, 국무성은 조선에서 온 어떠한 대표의 수용도 거부하고 있는데 대통령이 조선의 대표를 받아들이는 것은 일본과 미국과의 관계를 고려할 때 바람직하지 않다는 것 등을 크리스찬에게 전달했다. 결국 크리스찬은 이 날 대통령과의 회견은 마련해 줄 수 없다는 뜻을 정한경에게 전달했다.

워싱턴회의와 '극동노동자대회'

이러한 상황 속에서 1921년 11월 12일에 워싱턴회의가 개최되었는데, 마침 하라 다카시가 그 직전인 11월 4일 도쿄역에서 18세의 역무원 나카오카 곤이치中岡艮一에게 칼에 찔려 암살당하는 사건이 발생했다. 미국에서는 하라의 암살범이 조선인이라고 보도되었기 때문에 조선 독립운동에 대한 미국 정부의 경계심은 더욱 커졌다.

워싱턴회의에서 미국은 해군 군축문제, 영일동맹 폐기문제, 독일이 갖고 있던 산둥 성 권익문제 등에 대해 일본이 양보해 주기를 원했다. 단 미일관계 개선을 위해 일본의 양보는 미국이 압력을 가해서가 아니라 일본 스스로가 체면이 깎였다고 느끼지 않게 자발적으로 행했다고 할 필요가 있었다. 하딩 정권은 이러한 여러 문제를 해결함으로써 극동과 태평양에서 보다 안정된 국제질서를 구축하려 했기 때문에, 조선 문제는 전자에 비해 훨씬 중요도가 낮았다. 또한 일본이 언급되는 것조차 싫어할 거라 예상되는 조선 문제에 관하여 조선인 독립운동가의 요청에 어떻게 응할 것인지는 문제거리도 되지 않았다.

회의가 개최되고 난 후인 1921년 12월에는 태평양의 현상유지를 결정한 일본·영국·미국·프랑스의 4개국 조약, 1922년 2월에는 주력함의 보유톤수 비율을 정한 일본·영국·미국·프랑스·이탈리아의 5개국 조약, 중국의 문호 개방과 기회 균등을 재확인한 일본·영국·미국·프랑스·이탈리아·네덜란드·벨기에·포르투갈·중국의 9개국 조약이 조인되었다. 그렇게 워싱턴회의가 진행되는 동안에도 조선의 독립을 위한 활동은 꾸준히 이어졌다. 먼저 회의 직전인 1921년 11월 7일에는 신한청년당이, 이어서 동년 12월 4일에는 역시 상하이의 중한호조사中韓互助社가, 동년 12월 14일에는 워싱턴 소재 건튼성당 장로교 선교교회Gunton Temple Presbyterian Church 등이 조선 문제의 재고를 촉구하는 편지를 보냈으나 미국 정부의 반응은 냉담했다.

이러한 미국의 반응을 보고 더욱 본격적인 활동을 전개하기 위하여 이승만, 서재필, 정한경, 돌프, 그리고 전 상원의원 찰스 토마스Charles S. Thomas 등은 조선 독립운동의 강한 의지를 보여주는 방대한 분량의 청원서 작성을 서둘렀다. 1922년 1월 2일에 조선 13도 대표, 260개의 군 대표, 구 황실 및 귀족대표, 52개 사회·산업·종교단체 대표 총 372명이 서명한 「조선인에 의한 군비 제한·극동회의에 제출하는 청원서」를 정한경의 이름으로 한글본과 영어본을 만들어 워싱턴회의에 보냈다. 그러나 청원서는 이전과 마찬가지로 수령통지도 하지 않고 토마스를 통해 반환되었다. 그리고 같은 해 1월 15일자로 조선에 동정적인 미국인 49명이 서명한 조선 문제에 선처를 요구하는 청원서를 정한경이 직접 워싱턴회의에 보냈지만 역시 수령통지도 없었다. 게다가 서재필은 같은 해인 1월 27일에 조선대표가 회의에 초청받지 못한다는 것은 이미 알고 있는 일이고, 그저 적당한 위원회에서 자신들의 주장을 말할 수 있는 자리가 확보될 수 있도록 주선해 주기 바란다는 내용의 편지를 하딩에게 전달해 줄 것을 크리스찬에게 의뢰했으나 역시 아무런 반응도 없었다. 이처럼 조선인 독립운동가들의 바람은 성과도 없이 워싱턴회의는 같은 해인 2월 6일에 조선인들에게 발언기회조차 주지 않은 채 폐회되었다.

더욱이 일본 정부는 워싱턴회의 이전부터 회의를 준비하는 조선인의 움직임을 낱낱이 추적하고 있었다. 한편 이 회의를 통해 독립을 기대하고 있던 조선인들의 실망과 낙담은 컸다. 예를 들면 중국 창춘長春에서 회의 결과를 들은 조선인들이 미국은 신뢰할 수 없다고 생각하여 미국 및 친미파 조선인들에 대한 반발이 강화되고 있다는 보고가 일본 외무성에 들어오기도 했다.

그러나 이러한 결과를 예상했는지 이 무렵 다른 세력과 함께 독립운동을 전개하려는 조선인들이 나타났다. 바로 러시아의 볼셰비키 세력이었다.

볼셰비키는 자본주의 열강의 확대를 역으로 전환하여 자본주의 열강에 사회주의의 맹아를 퍼트리려 했다. 즉 열강의 식민지가 많이 있던 아시아 지역의 여러 민족을 사회주의 편으로 만든 후 열강을 흔들기 위한 목적으로, 볼셰비키는 '동방피압박민족대회'[33]를 개최하여 워싱턴회의에 대항하려 했던 것이다. 결국 이 '극동노동자대회'는 당초의 예정지인 이르쿠츠크에서 모스크바로 변경되어 1922년 1월 21일에서 2월 2일까지, 물론 공산당원이 많았지만 민족주의자들도 포함한 약 150명이 참가하면서 개최되었다. 중국·일본·몽골·인도·자바 등과 함께 조선은 최다 인원인 52명이 참가했고, 주요 참가자는 이동휘·여운형·김규식·박헌영 등이었다. 이 대회에서는 '제국주의 국가 간의 거래'였던 워싱턴회의의 허위성, 미일전쟁 유발의 필요성, 일본에서 혁명을 일으킬 필요성, 조선 및 중국에서 사회주의 세력과 부르주아 세력이 협조해야 할 필요성 등이 논의·결의되었다. 하지만 워싱턴회의와 달리 이 대회에서 조선은 조선인 참가자가 보아도 충분할 정도로 지지를 받았다. 더욱이 코민테른 집행위원회 의장인 그리고리 지노비에프Grigory Y. Zinoviev는 대회 기간 중 워싱턴회의에서 조선의 독립운동이 좌절된 것을 지적하고 조선인이 미국을 믿은 것 자체가 문제라며 반성을 촉구했다. 한편 3년 전 파리강화회의에서 좌절을 경험한 김규식은 당시 미국은 조선을 위해 일본과의 전쟁이라도 불사할 것이라는 희망을 갖고 있었기 때문에 더욱 냉소적으로 변했고, 이제 볼셰비키보다 더 신뢰할 곳은 없다고 생각하게 되었다. 또 김규식은 대회 후 '미국은 "이타적"이고 "민주주의적"이라는 치장을 하고 있었지만 흡혈귀 같은 3개국과 공포스러운 4개국 조약을 체결한 워싱턴회의에서 그 가면을 벗어 던졌다. 대회는 동아시아 인민 스스로 "단결"해야 할 필요성을 보여 주었다 ⋯⋯ 조선의 독립은 러시아의 도움으로 달성될 것이다' 라는 글을 남겼다. 그의 발언은 조선 독립운동에서 공산주의의 존재가 무시할 수 없게 되었다는 것을 상징했다.

6. 관동대지진과 조선인

관동대지진의 발생

1920년대에는 '문화정치'가 본격적으로 전개되었다. 일본이 조선을 병합한 지 꼭 10년이 되는 1920년 8월에 조선의 관세법이 폐지되면서 일본의 관세법이 조선에 적용되었고, 조선과 일본이 아닌 다른 국가와의 무역이 차지하는 비율은 점차 저하되어 갔다. 반면 조선의 대외수출 가운데 일본이 차지하는 비율은 1917년에 77.5%, 1920년에 86.7%, 1930년에 94.1%를 차지할 정도로 증가되어 갔다. 그중에서도 쌀이 차지하는 비율이 높았는데 그것은 1920년부터 시작된 '산미증식계획' 때문이었다(다만 실제로 1920년대 증가율은 비교적 낮았고, 1930년대에 들어선 후에야 많이 증가했다. 그렇지만 1920년대에도 쌀의 대일 수출은 증가했다). 당연하게도 조선인의 1인당 쌀 소비

량은 감소했다. 이 때문에 궁핍해진 조선인 중에는 압록강을 건너 중국으로 건너가는 사람들도 있었고 일본으로 건너가는 사람들도 늘어났다.

그러한 상황 속에서 1923년 9월 1일 정오가 되기 조금 전, 관동(간토關東) 대지진이 발생했다. 많은 가정에서는 점심식사를 준비하기 위해 불을 사용하고 있었고 목조가옥도 지금보다 많았다. 기와로 된 건축물로 당시의 명물이었던 '아사쿠사淺草 12층' 료운가쿠凌雲閣가 지진 발생 후 바로 붕괴된 것이 상징하듯이, 건물의 내진성에도 그다지 신경 쓰지 않았기 때문에 도쿄를 비롯한 수도권에서 10만 명 이상의 사망자와 그 이상의 부상자를 낸 대참사였다. 당시 일본은 8월 26일에 가토 도모사부로加藤友三郎 수상이 병사하여 그 후임으로 제2차 야마모토 곤노효에山本權兵衛 내각의 성립이 결정되어 있었으나 아직 조각 중인 상태였다. 그러나 이 사태에 직면한 가토 내각의 내상인 미즈노 렌타로는 경시총감인 아카이케 아쓰시赤池濃(전 조선총독부 경무국장)와 내무성 경보警保국장인 고토 후미오後藤文夫 등과 상의한 후 관동지역에 계엄령을 선포하기로 결정했다. 그 이유는 미즈노와 아카이케가 조선에서 체험한 '불령선인不逞鮮人'에 대한 경계심 때문이었다. 9월 2일이 되자 야마모토 내각이 성립되었고 내상으로 고토 신페이가 취임했다. 고토는 대만총독부에서 민정장관을 경험한 후 1916년에 발족한 데라우치 내각에서 내상(1918년 4월까지 역임. 바로 그 뒤를 이은 사람은 미즈노로, 동년 4월~9월까지 역임)과 외상(동년 9월까지)을 역임했고 1918년 8월에 일어난 쌀 소동도 미즈노와 함께 각료로서 경험한 인물이었다.

대지진으로 관동지역은 대혼란에 빠졌고 사망자와 행방불명자는 약 14만 명에 이르렀다. 그러한 가운데 일본인들은 특히 사회주의자 등에 대한 경계심이 극심해졌다. 예를 들면 헌병대 대위였던 아마카스 마사히코甘粕正彦를 중심으로 한 헌병대원들이 무정부주의자인 오스기 사카에와 내연의 처인 이토 노에伊藤野枝 등을 살해한 '아마카스 사건'과, 사회주의자인 가와이 요시토라川合義虎 와 히라사와 게이시치平澤計七 등 10명이 가메이도龜戸에서 출동한 나라시노習志野 기병대에 살해당한 '가메이도 사건' 등이 발생했다. 일반인의 경우에도 소수의 사람들(특히 오키나와 출신)이 발음이 다르다는 이유로 살해되었다.

대지진 당시 조선인 살해

그러나 대지진의 피해를 제일 많이 입은 사람들은 조선인들이었다. 대지진이 발생하자 일본의 조선통치 실태와, 일본에서 재일조선인이 처한 열악한 상황 때문에 조선인은 일본인을 미워하고 있다고 생각한 나머지, 이기회에 조선인이 일본인에게 일종의 보복을 하지 않을까(실제로 그러한 일은 없었다)라고 두려워한 일본인들이 적지 않았다. 그러한 이유로 당시 내무성 관할 하에 있던 경시청 관방주사인 쇼리키 마쓰타로正力松太郎[34]는 '불령선인들에 의한 방화와 폭탄투하, 또는 하천이나 우물에 독약투하' 라는 등의 소문을 유포시켰다. 그 후 관동 계엄사령부 참모장이었던 아베 노부유키(1944년~1945년에 마지막 조선총독으로 근무함)가 '쇼리키는 머리가 이상해져 버린 것이 아닌가' 라는 말을 할 정도로 그는 세력을 모아 군과 경찰 그리고 각지에서 결성된 '자경단'을 조종했다고 한다.[35]

그 결과 군과 경찰, 그리고 '자경단'은 소위 '조선인 사냥'에 뛰어들었고, 차림새나 '15엔 55전'과 그 외 몇 개의 단어를 일본인처럼 발음하지 못한다는 것 등을 이유로 들어 많은 조선인을 구속하거나 살해했다.[36] 중국인도 살해되었는데, 일본에 유학 온 재일중국인 가운데 대표적 인물이었던 왕시텐王希天이 일본군에 의해 살해되었으며, 조선인으로 잘못 알려져 살해된 사람들도 약 200명에 달했다.[37] 그래도 관동대지진에서 중국인 및 사회주의자 살해와 조선인 살해를 비교해 보면, 후자가 사상적인 색채는 전자보다 옅었지만 '일본인의 조선인 차별'이라는 민족적인 색채는 전자보다도 진하고 보다 뿌리깊은 것이었음을 알 수 있다.

또한 소련이 관동대지진을 원조하겠다고 일본에 제안했지만, 일본 정부는 사회주의 사상이 유입될 것을 우려하여 거부했다. 한편 미국은 일본 수도권의 지리를 상세하게 조사할 목적으로 대지진에 대한 원조를 제안했는데, 일본은 미국의 의도를 경계하면서도 원조는 받아들였다. 미국은 대지진에서 보여준 일본인의 '규율' 잡힌 상태를 칭찬했지만, 머지않아 조선인들을 살해한 사실을 알게 된 주일 미국대사인 사이러스 우즈Cyrus Woods는 "이처럼 끔찍한 조선인 대학살이 대낮에 버젓이 행해지고 있는 일본이라는 나라는 결코 문명국으로 인정할 수 없고, 특히 이를 대수롭지 않게 보고 저지하지 않는 일본 정부는 세계에서 가장 야만스러운 정부다"라는 감상을 남겼다.

7. '문화정치' 기 조선과 일본의 대응

조선독립운동의 분화

상하이 대한민국 임시정부는 강경노선의 여부와 미국에 의존할 것인가, 아니면 러시아 볼셰비키에 의존할 것인가 등 노선의 차이, 그리고 내부의 인간관계 등이 원인이 되어 임시정부를 단속하려던 일본 당국도 언급한 '내분' 상태가 이어졌다. 그중에서도 앞서 언급한 파리강화회의가 한창일 때 이승만이 행한 '위임통치청원'에 대한 비난이 끊이지 않았다. 일례로 신채호는 '이승만은 현재 없는 나라를 팔려고 한 사람으로 있는 나라를 판

이완용보다 나쁘다'라고까지 말했다. 이에 대해 이승만은 '위임통치청원'은 3·1운동 발발 전의 일이었고 일본의 통치에서 벗어나기 위한 일시적 방편에 지나지 않았다는 등으로 반박했지만, 그것은 이후 그 자신을 공격하는 빌미가 되어 결국 이승만은 1925년에 임시정부 대통령직에서 탄핵당했다. 이러한 일도 있었기 때문에 임시정부는 좀처럼 세력을 확대하지 못했지만, 1926년 김구가 국무령으로 취임한 이후부터는 활발한 활동이 전개되었다. 특히 임시정부는 중화민국(남방) 정부와 제휴를 추진하여 당시 최고의 실력자였던 쑨원, 그리고 1925년에 쑨원이 사망한 뒤에는 장제스蔣介石의 지원을 받아 함께 활동했으며 조선인 청년들을 중국 군관학교에 보내기도 했다.

한편 '문화정치' 때문에 노동운동과 농민운동이 이전보다 활발하게 전개된 이유도 있었고, 또 전술한 '극동노동자대회'에서 조선 독립운동에 대한 지지도 있었으므로 국내외의 조선인들에게 사회주의라는 존재는 무시할 수 없는 것이 되었다. 그러한 이유로 조선공산당이 1925년 4월에 결성되었고 코민테른의 승인을 받아 그 지부가 되었지만 일본 당국의 탄압으로 제1차 조선공산당 조직은 궤멸되었다. 1926년에 제2차 조선공산당, 역시 동년에 제3차 조선공산당, 1928년에 제4차 조선공산당이 계속 재건되었지만 그때마다 일본의 탄압으로 붕괴되었다. 1927년에는 민족주의자와 사회주의자 양자에 의한 민족통일전선 조직인 신간회와 그 여성조직인 근우회가 결성되어 활발한 활동을 전개했으나, 둘 다 1931년에 일본에 의해 해산되었다.

'문화정치' 하에서는 1920년에 회사령이 철폐됨에 따라 조선인들에 의한 회사 설립이 이전의 허가제에서 신고제로 바뀌기도 했다. 또한 조선에는 고등교육기관인 대학이 없어 고등교육을 받으려면 사실상 일본으로 유학을 갈 수밖에 없었던 상황을 타개하고, 또 조선인 스스로의 힘으로 고등 교육을 발족·전개하기 위하여 1920년부터 '민립대학' 설립운동도 일어났다. 그러나 조선총독부는 '힘빼기'와 민족주의의 억제라는 양 측면에서 '민립대학' 설립을 방해하여 총독부가 주도하는 대학설립으로 나아갔다. 그 결과 1924년에는 경성제국 대학('성대城大'라고 약칭되었다) 예과가, 1926년에는 법문학부 및 의학부가 설치되었다. 1920년에 착수된 '산미증식계획' 및 일본 자본의 조선 진출 등은 특히 경제면에서 조선의 대일 의존도를 높이는 역할을 했다.

또한 남산에 청사가 있던 조선총독부는 1916년 6월에 경복궁의 일부를 훼손하여 새로운 청사를 지었다. 신청사는 거액의 비용과 대규모 인원을 투입하여 1926년 1월에 준공·이전했으며 일본이 조선을 통치하는 내내 그 위용을 과시했다. 이 건물은 일본의 조선통치가 종말을 고한 뒤 미군정 청사와 대한민국 정부중앙청사 등으로 사용되다가 1986년부터는 국립중앙박물관으로 사용되었다. 그러나 1993년에 발족한 김영삼 정권은 '식민지시대의 잔재를 일소'하기 위해 건물을 해체하는 방침을 세웠다. '치욕의 상징이므로 해체에 찬성'한다는 의견, '치욕의 상징이므로 그것을 잊지 않기 위해 해체에 반대'한다는 의견, '이전한 후 보존'하자는 의견 등 국내외에서 여러 가지 의견이 나왔다. 결국 해체작업은 일본의 조선통치가 종말을 고한 지 딱 50년 후인 1995년 8월에 시작되었고 다음 해인 1996년 말에 완전히 해체되었다. 한국 정부는 그 후 해당 터에서 경복궁의 완전한 복원을 시도하고 있다.

조선독립운동에 대한 회유

조선총독부는 통치명분으로 내세운 '일시동인'을 실행하기 위해, 또 조선의 독립운동을 분열시켜 제2의 3·1운동이 일어나는 것을 막기 위해, '당근과 채찍'이라는 양면정책을 사용하여 영향력 있는 조선인들을 회유하려고 했다. 그들 중에는 그때까지의 독립운동이 소기의 목적인 독립을 얻는 것에 실패하고 일본의 조선통치에 저항하는 것에 한계를 느끼고 있던, 예를 들면 앞에서 언급한 이광수라든지, 3·1운동 당시 자의로 '민족대표'가 된 것은 아니지만 적극적으로 관여했던 최남선 등이 그러한 회유에 응하게 되었다. 이광수는 1923년 『동아일보』에 「민족적 경륜」을 발표하여 조선이 망국에 이른 것은 일본의 탓이라기보다는 조선 민족이 갖고 있던 몇 가지 결점 탓이고, 그것을 극복하기 위해서는 민족 자신의 실력을 양성하지 않으면 안 된다고 주장했다. 또 이광수는 조선은 즉시 독립해서 살아갈 수 있을 만한 힘이 없으므로 일본의 조선통치 범위 안에서 자치권을 비롯한 권리를 확대해야 한다고 주장했다. 이광수가 주장한 '민족개량주의'는 그가 생각하기엔 당시의 현실에 부합하는 것이었지만, 일본의 조선통치를 거부하고 일본으로부터 즉시 독립을 추구하는 조선인들에게는 당연히 받아들일 수 없는 것이었다. 이광수는 이 일을 계기로 '친일파'로 돌아서게 되었다.

그 한편에는 1910년대부터 잡지 『동양경제신보東洋經濟新報』에서 활발한 언론활동을 전개했고 전후에는 1956년부터 1957년까지 단기간이었지만 총리도 역임한 이시바시 단잔石橋湛山이 있었다. 그는 1921년 워싱턴회의 개최에 앞서 '소일본주의小日本主義'라는 자신의 생각에 따라 일본은 조선과 대만 등의 식민지 및 만주와 산둥 성 등에서의 특수권익을 오히려 적극적으로 포기해야 한다고 주장했다. 그렇게 해도 일본은 통상부문 등에서 손해를 입지 않을 것이며, 현지 사람들의 적의도 사라질 것이라고 했다. 또 군사를 상주시킬 필요가 없어지기 때문에 부담도 줄어들어 오히려 플러스가 될 것이라는 것과, 일본이 솔선수범함으로써 다른 식민지 보유국에도 특수권익 포기를 압박할 수 있게 될 것이라고 주장했다.

그 외 일본 국내('내지')에서는 1919년 중의원 의원 선거 당시 선거권 중 필요요건이었던 직접국세 납입액이 10엔 이상에서 3엔 이하로 인하되었다. 1925년에는 그 필요요건마저 철폐되어 소위 보통선거법이 성립되었고 직접세 납입과는 상관없이 25세 이상의 남자에게는 선거권이, 30세 이상의 남자에게는 피선거권이 주어졌다. 이로 인하여 같은 조건을 갖춘 재일조선인에게도 똑같은 조치가 취해졌다. 조선인 중에서는 1920년에 조선인 노동자 부조扶助단체인 상구회相救會를 결성한 후 다음 해에 이를 친일단체인 상애회相愛會로 개조한 박춘금朴春琴이 보통선거가 실시된 후인 1932년 2월 20일, 1936년 2월 20일, 1937년 4월 30일, 1942년 4월 30일에 각각 시행된 네 번의 중의원 의원 선거 당시 도쿄부 제4구(당시의 혼조구本所區 후카가와구深川區)에 입후보했고, 그중 1932년과 1937년에 걸쳐 두 번 당선되었다.

이 시기 조선에서는 1926년에 사망한 순종의 장례식이 치러진 6월 10일에 3·1운동의 재현을 목적으로 청년층이 만세 사건을 일으켰다. 하지만 일본 당국이 사건 진압에 전력을 기울였기 때문에 3·1운동과 같은 대규모적이며 장기적인 운동으로는 발전되지 않았다. 그 후 1929년 1월에는 원산에 있던 영국계 기업인 라이징 선Rising Sun사의 제유소에서 조선인 노동자들이 파업에 돌입했다. 전년도인 1928년 9월에 일본인 감독이 조선인 노동자들에게 폭행을 가한 것에 대한 항의였다. 파업은 3개월 동안 계속되었지만 당국의 개입으로 중지되었다. 동년 10월에는 전라남도 광주와 나주를 오가는 통학열차 안에서 일본인 남학생이 조선인 여학생에게 가한 모욕적인 발언이 계기가 되어 다음 달인 11월에 광주학생운동이 일어났다. 이 운동이 전국으로 퍼지게 되면서 다음 해인 1930년 3월까지 194개교의 학생 약 6만 명이 참가했고, '식민지 노예교육 제도의 철폐' 등을 주장하며 3·1

운동 이래 최대 규모의 운동으로 발전했다. 그러나 이 또한 관헌에 의해 진압되었다.

IPR 참가문제

제1차 세계대전이 휴전되고 얼마 지나지 않은 1919년 초에 미국 YMCA 사무국은 기독교의 근본적이며 보편적인 요소에 대하여 검토하기 시작했다. 그리고 그러한 요소가 태평양지역 사람들 사이의 상호이해를 심화시키는데 기반이 되는 방법에 대한 검토를 주요 테마로 정하여, 환태평양 각국과 각 지역에 있는 YMCA에서 지도적 위치에 있는 사람들을 소집한 회의를 하와이 호놀룰루에서 개최하라고 지시했다. 이것이 태평양문제조사회(The Institute of Pacific Relations, 약칭 IPR)가 설립되는 발단이 되었다. 그로 인해 1921년부터 회의를 위한 협의의 장이 간헐적으로 열렸고, 1925년 7월 호놀룰루에서 민간인들의 유지에 따라 IPR이 설립되었다. 그리고 그 설립과정에서 IPR이 정쟁의 도구가 되는 것을 막기 위하여, 이 조사회는 순수한 민간 연구와 토의기관으로서 정부와는 선을 그을 것, 그 목적을 위해 회원은 민간인이 개인 자격으로 참가할 것, 각국·각 지역의 지부는 환태평양 지역의 여러 문제를 과학적이고 객관적으로 조사·연구하고 그 성과를 토대로 국제적인 비교연구를 수행할 것 등이 계획되었다. 그때 영국 통치 하에 있던 인도, 미국 통치 하에 있던 필리핀, 그리고 일본 통치 하에 있던 조선이 IPR에 참가하는 것을 인정할 것인지의 여부가 문제로 떠올랐다. 그들 지역, 특히 조선 IPR이 문제를 일으킬 수 있다며 미국 IPR 내부에서는 참가를 반대하는 사람들도 있었지만 결국 조선 IPR의 참가가 결정되었다. 7월 1일 호놀룰루에서 시작된 제1회 IPR 회의에서는 조선 YMCA의 총주사이며 훗날 신간회 등에서 활동하게 되는 신흥우申興雨가 조선 IPR

을 대표하여 연설을 맡았다. 「조선에서 본 태평양문제」라는 제목의 연설 내용은 기독교가 조선에서 포교를 시작한 지 겨우 40년밖에 되지 않았지만 보급되어 있다는 것, 일본의 조선 '동화정책'은 조선의 정체성에 상처를 줄 뿐이고 조선인은 조선어로 교육받고 싶어 한다는 것, 조선에서 유일한 지폐발행 은행인 조선은행의 설립목적은 '선만鮮滿'으로 발전하려는 일본인을 위한 금융이며, 조선인의 흥업과 통상의 발전이라는 목적에는 부합하지 않는다는 것, 동척은 설립 당초 한일 쌍방이 부담과 이익을 공평하게 나누기로 했는데 일본이 조선을 병합한 후에는 일본이 지배하게 되었고, 일본인에게만 편의를 주고 있기 때문에 조선인 농민들 대부분은 토지를 팔고 나라를 떠날 수밖에 없다는 것 등이었다. 그리고 일본에게 이상과 같은 차별을 중지하라고 요구했지만 IPR의 이념이나 주위의 상황 등을 고려하여 독립에 대해서는 언급하지 않았다. 그러나 그날 밤 서재필은 신흥우의 연설은 조선인이 가지고 있는 많은 고통과 불만을 언급한 것이라고 연설한 후, 그것들에 대해 공평한 논의가 있어야 한다고 요구했다. 그 영향으로 제1회 IPR회의가 진행되었고 IPR의 항구화를 요구하는 목소리가 높아지면서 조선 IPR의 대표권 문제가 표면화되었다. 조선 IPR은 모든 활동에 참가할 수 있는 권리를 주장한 반면, 일본과 미국 IPR은 영속적 조직위원회의 구성 멤버는 독립국 회원으로 한정되어 있기 때문에 조선 IPR이 그 위원회에 참가하는 것은 반대했다. 단 IPR에서는 일본이나 미국과 같은 독립국 IPR과 조선이나 필리핀 같은 '지방그룹' IPR이 동등한 지위에 있다고 보지 않았고 실제로도 동등하게 취급되지 않았다. 그리고 조선 IPR 대표권 문제는 영속적 조직위원회가 조선을 독립된 회원으로 보지 않는다는 양해 하에, 조선 IPR 회원이 위원회에 출석하는 것을 인정한다는 선에서 일단 타협했다.

그 후 IPR이 영속적 조직으로 되어가는 가운데 IPR 기본규약을 초안하는 작업이 진행되었다. IPR 기본규약안은 1927년 7월에 개최된 제2회 하와이회의 중앙위원회에 제출되었는데, 조선 IPR의 지위에 관해서는 이미 국내위원회가 있는 국가를 비롯하여 조선이나 하와이, 필리핀과 같은 영토적·인종적 단체가 IPR 회의에 참가할 경우에는 그들이 속한 국가의 국내위원회가 동의를 해야만 했다. 그 결과 조선 IPR의 경우 일본 IPR의 동의가 필요하게 되었으므로 기본규약안에 대해 큰 불만을 가졌지만, 기본규약안은 제2회 하와이회의 마지막 날인 7월 29일에 중앙이사회에서 승인·서명되었다. 그래도 IPR 중앙사무국 간사장인 미국인 멀 데이비스J. Merle Davis가 조선 IPR의 입장에 동정적이었기 때문에, 미국 IPR로부터 필리핀 IPR과의 직접적 교섭에 관한 동의를 얻어 필리핀 IPR이 1929년에 예정된 제3회 교토회의에 참가할 것과, 그것을 선례로 일본 IPR로부터 조선 IPR과의 직접 교섭에 관한 동의를 얻어 조선 IPR이 교토회의에 참가할 수 있는 방법을 구상했다.

그러한 데이비스의 구상에 대해 일본 IPR은 부정적이지는 않았지만 조선 IPR은 어떤 형식이건 IPR 회의에 자신들이 참가하기 위해서는 일본 IPR의 동의가 필요하다는 사실에 동의하지 못했다. 그래서 제1, 2차 회의 때와 마찬가지로 독립단체의 자격으로 참가할 수 있도록 IPR 기본규약의 개정을 요구하며, 그것이 받아들여지지 않을 경우에는 제3회 교토회의에 참가하지 않겠다고 회답했다. 그러나 IPR 중앙이사회의 설득도 있었기 때문에 조선 IPR은 IPR 기본규약의 개정요구에 대해 설명하는 것으로 목적을 한정한 뒤, '내빈' 자격으로 제3회 교토 IPR 회의에 참가하기로 결정하고 윤치호와 『동아일보』 사장인 송진우 외 3명을 일본으로 파견했다. 교토에 도착한 일행은 독립대표로 회의에 출석할 수 있도록 IPR 기본규약의 개정을 요구했지만, IPR 중앙이사회는 IPR 기본규약 개정에 관해 중앙이사회의 만장일치 원칙을 채용했다. 그리고 1931년 10월부터 개최된 제4회 상하이회의에서 조선 IPR은 자신들을 IPR 기본규약에 따라 특별히 취급해 달라고 중앙이사회에 요구했다. 그러나 일본 IPR이 이 부분에 이의를 제기하여 만장일치가 되지 않았으므로 조선 IPR의 청원은 받아들여지지 않았다. 그러면서 조선 IPR은 대표 파견을 보류했고 이후 조선은 IPR 회의에 대표를 파견하지 않았다. IPR은 당초 국가라는 차원을 넘어 설립·운영되었지만 국제사회의 현실, 즉 조선은 일본의 통치 하에 있었고 그 사실을 미국을 비롯한 관계국들이 인정하고 있었다는 현실이 이의 없이 반영된 결과였다.

제5장

긴박한 국제정세와 조선의 '대륙병참기지'화

1. 만보산 사건 및 만주사변과 조선 문제

만보산 사건

1929년 10월 미국 뉴욕 월가에서 발생한 주가의 대폭락이 발단이 되어 대공황이 시작되었다. 당시 세계경제에서 미국이 차지하는 영향력이 매우 컸기 때문에 그 여파는 세계로 파급되었고 일본도 마찬가지였다. 때마침 조선에서도 1930년의 쌀농사가 풍작이었기 때문에 쌀 가격이 폭락했고 농작물 전체에 그 영향이 미쳤다. 농작물 전체의 손실액은 전년 대비 26%에 달하는 2억 8,753만 엔이었다. 그리고 조선에서는 인구가 증가한 반면 실업률도 증가했기 때문에, 일자리를 찾아 만주와 일본(만주 쪽이 훨씬 많다)으로 떠나는 사람들이 많아졌다.

한편 만주 간도에서는 조선인들의 독립운동이 끊임없이 계속되고 있었다. 일본은 만주에서 일본의 입장을 강화하고 조선인들의 마음을 어루만

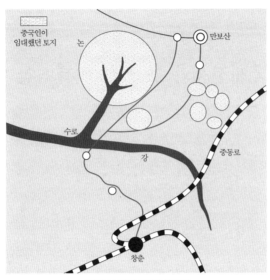

만보산 사건의 무대가 된 지역

지기 위하여 만주의 조선인을 '일본인'이라 부르며 이용하는 정책을 취했고, 조선인 중에는 그러한 일본의 정책에 편승하는 사람들도 나타났다. 때마침 중국에서는 장제스가 추진한 북벌정책으로 남북통일이 이루어졌기 때문에 민족주의가 고양되고 있었다. 예를 들어 일본은 미국에 비해 중국이 요구하는 불평등조약의 개정에 대해 매우 소극적인 자세를 보이고 있었으므로, 고양된 민족주의는 반일의 기운이 고조되는 형태로 변해갔다. 그러던 중 1931년 7월에 발생한 것이 만보산(완바오산萬寶山) 사건이었다.

지린 성의 중심지인 창춘長春 북쪽 마을에 있는 만보산에서 중국인 중개업자가 중국인 지주로부터 수전水田을 상조商租(당사자끼리 상의하여 자유로 계약한 토지임차)했는데, 중국인 중개업자는 그 곳으로 이주해 온 조선인 농민에게 그 땅을 다시 상조했다. 조선인 농민은 수전을 경작하기 위하여 수 마일에 달하는 수로를 팠고, 그 수로가 중국인 소유의 토지를 통과하자 중국인 농민들이 떼를 지어 중국 당국에 항의했다. 그러자 중국 관헌은 경관대를 출동시켜 조선인 농민에게 공사를 중지하라고 요구했다.

한편 재창춘 일본영사관도 '일본인'을 보호한다는 명목으로 영사관 소속 경찰관을 출동시켜 양자 사이에 대립이 발생했다. 그 결과 1931년 6월 8일에 공동조사위원회가 만들어졌는데 결과는 상반되었다. 그리고 조선인 농민들이 공사를 계속 진행하는 것에 대해 7월 2일에 중국인 농민들이 실력행사를 하게 되면서 조선인 농민 약 200명과 중국인 농민 약 300명이 충돌했다. 게다가 재창춘 일본영사관은 경관 약 150명을 출동시켜 발포까지 하게 되었지만 사망자는 나오지 않았다. 그러나 『조선일보』가 만보산의 상황을 보도하면서 사망자가 다수 나왔다며 만보산의 상황을 과장보도하는 바람에 조선 내에서는 역으로 심한 반중운동이 일어났고, 결국 평양이나 인천 등에 있는 중국인 거리를 습격하여 중국인 사망자 127명과 부상자 393명이 발생했다. 7월 22일부터는 조선인 농민과 중국인 농민 사이에 교섭이 이루어져 만주사변이 발발한 9월 18일에 양자 간 타협이 이루어졌다. 이 사건을 통해서도 일본 통치 하에 있던 조선 및 재만주 조선인의 입장은 당시의 동아시아 정세에서 미묘한 것이었음을 알 수 있다.

만주사변과 '만주국'의 건국

이 만보산 사건을 비롯하여 그 직후 만주에서 변장한 채 첩보활동을 하던 나카무라 신타로中村震太郎 대위의 정체가 탄로나 살해당한 '나카무라 대위 사건'이 발생하면서 만주에는 뒤숭숭한 공기가 흐르고 있었다. 그러한 상황에서 조선군(조선 주둔 일본군)은 조선의 독립운동을 근절하고 조선인을 지킨다는 명목으로 1931년 10월 경 조선 동북부에 위치한 회령會寧-간도-용정 간 철도를 폭파했고, 그것을 빌미로 조선군을 간도에 출병시켜 간도를 점령할 계획을 세웠다. 그러나 관동군(만주 주둔 일본군)은 1931년 9월 18일 류타오호柳條湖 사건, 즉 이시와라 간지石原莞爾와 이타가키 세이시로板垣征四郞 등이 주모하여 펑톈 북쪽에 위치한 류타오호를 주행하고 있던 남만주철도의 차량을 폭파한 뒤 그것을 중국의 소행으로 돌리고, '폭력에 대한 응징'이라는 이유로 군사행동을 개시하는 사건을 일으켰다. 이 사건이 확대되어 만주사변이 되었기 때문에 간도출병은 실행되지 못했다. 그런데도 관동군의 요구에 따라 조선군 사령관이었던 하야시 센주로林銑十郞(1937년에 수상으로 취임)는 9월 21일 군대를 움직이는데 필요한 봉칙명령奉勅命令의 하달을 기다리지 않고 제39여단을 독단으로 월경시켰다. 이로써 만주사변을 시작으로 1931년부터 1945년까지 15년간 일본이 전쟁을 계속했다는 의미의 '15년 전쟁'이 시작되었다. '15년 전쟁'이라는 인식에 대한 기존 연구에서는 타당성이 있다는 긍정론과, 만주사변이 일어난지 1년 8개월 후인 1933년 5월 31일 탕구塘沽에서 중일간 정전협정이 체결되어 어쨌든 만주사변은 매듭지워졌기 때문에 만주사변과 이후 일어난 중일전쟁은 연속적인 것으로 볼 수 없다는 부정론으로 크게 나누어진다. 만주사변 다음 해인 1932년 3월 1일에는 일본이 옹립하는 형식으로 괴뢰국가인 '만주국'이 건국을 선언했다. '만주국'은 일(日)·만(滿)·한(漢)·몽(蒙)·조(朝)의 다섯 민족이 서로 공존하는 '5족 협화'를 건국이념으로 삼았다. 하지만 그것은 명분에 지나지 않았고, 실제로는 일본인이 모든 분야에서 '만주국'의 실권을 거머쥐었다. 일본은 일본인을 제외한 4개 민족을 분열시키기 위하여 조선인은 자신들을 잇는 '준일본인'이라며 대우해 주기 시작했다. 조선인들 중에도 그러한 대우를 이용해 스스로의 지위를 확립하려는 사람들이 있었기 때문에, 만주에서 조선인의 입장은 어쩔 수 없이 미묘해졌다.

그 무렵 대한민국 임시정부의 대표적인 존재였던 김구는 1931년 10월에 일본 요인의 암살을 목적으로 한 임시정부 직속단체인 한인애국단韓人愛國團을 결성했다. 한인애국단원이었던 이봉창李奉昌은 1932년 1월 8일에 도쿄의 사쿠라다몬櫻田門 앞에서 히로히토 일본천황을 향해 수류탄을 던졌으나, 실패로 끝나 체포되었다. 그 결과 이봉창은 10월 10일 이치가야市ヶ谷형무소에서 사형당했다. 이어서 한인애국단원이었던 윤봉길尹奉吉은 1932년 4월 29일 상하이 홍커우虹口* 공원에서 일본의 덴쵸세츠天長節(천황탄생일, 현재 쇼와의 날昭和の日) 기념행사에 참석한 일본 요인들을 향해 폭탄을 투척했다. 이로써 육군대장인 시라카와 요시노리白川義則는 사망했고 주중공사로서 전전과 전후 여러 번 외상에 올랐던 시게미쓰 마모루重光葵는 오른쪽 팔을 잃었다. 해군중장이며 나중에 외상에도 오르고 1941년에는 주미대사로 미일교섭에 임했던 노무라 기치사부로野村吉三郎는 오른쪽 눈을 실명했다(상하이 홍커우 사건). 이 사건으로 윤봉길은 체포되었고 5월에 상하이에서 사형판결을 받았다. 이후 그는 일본으로 이송되어 그 해 12월 19일에 이시카와石川현 가나자와金澤 시에서 총살형에 처해졌고 유해는 그곳에 암매장되었다. 윤봉길의 유해는 광복 이후 1946년에 발굴되어 서울로 이장되었고 1962년에 대한민국 정부는 윤봉길에게 건국훈장 대한민국장을 추서했다.

2. 조선의 '대륙병참기지'화와 국제관계

1930년대의 상황

만주사변의 확대, '만주국'의 건국, 1932년 일본의 국제연맹 탈퇴 표명과

---

* 현재 루쉰 공원.

그에 따른 국제고립화라는 상황 속에서, 우가키 가즈시게宇垣一成는 1931년에 조선총독에 취임하여 1936년까지 근무했다. 그는 1932년부터 '농촌진흥운동'을 실시하여 농촌에서 농산물의 증산을 도모하는 한편, 농가 가계의 근검절약을 요구했다. 뿐만 아니라 일본 자본은 조선의 지하자원과 수력자원, 게다가 낮은 임금으로 고용할 수 있는 양질의 풍부한 노동력을 이용하기 위하여 조선으로 진출했다. 1930년대 전반에는 화학공장·수력발전소·방직공장 등이 건설되었고, 그들 중 다수는 각종 원재료와 자원이 매장된 조선 북쪽지역에 세워졌다. 이 기관들은 1945년에 일본이 철수한후 1948년 9월에 건국된 조선민주주의인민공화국의 건국과 그 공업화의기반이 되어, 1960년대 후반까지 대한민국에 비해 경제적으로 우위에 설수 있었던 요인 중 하나가 되었다. 또한 만주와 조선에는 구래의 재벌이 아니 신흥재벌들이 진출했다. 만주에는 히다치日立와 닛산日産콘체른이 진출하여 '만주국'을 경제적으로 지탱하는데 큰 역할을 담당했다. 조선에 진출한 대표적인 일본 자본은 니치쓰日窒(일본질소)콘체른이었다. 노구치 시타가우野口遵가 이끄는 니치쓰는 일찍이 1927년 함경남도 흥남에 조선질소비료주식회사를 설립했고, 이후에는 압록강과 장진강 등의 전원개발에도 진출하면서 태평양전쟁 개전 후인 1942년부터는 조선에 투자된 산업설비 자본의 4분의 1 이상을 차지했다. 니치쓰는 조선에서 철수한 후 질소주식회사로 이름을 바꾸었고 본거지인 구마모토熊本 현 미나마타水俣 시에서 사업을확장했지만 이후 미나마타병이라는 수은병을 발생시켰다.

베를린 올림픽과 '일장기 말소 사건'

1933년 1월 독일에서 정권을 장악한 아돌프 히틀러Adolf Hitler의 통치 아래 나치·독일은 1936년 8월 수도인 베를린에서 제11회 올림픽을 개최했다.

그러나 베를린 올림픽은 나치·독일의 유태인 박해와 나치의 '우수성'을 만천하에 과시하기 위하여 강한 선전색을 띠는 등 여러 가지 문제점을 가지고 있던 올림픽이었다. 그 올림픽 육상 마라톤 경기에는 조선인 손기정과 남승룡 두 사람이 '일본인'으로 참가했다. 두 사람은 올림픽 이전부터, 특히 손기정은 당시 세계 최고기록을 내는 등 좋은 기록을 내고 있었고 일본 대표를 결정하는 예선 경기에서

가슴의 일장기가 지워진 채 보도된 손기정 선수의 베를린 올림픽 마라톤 시상식 사진(1936. 8. 25).

도 남승룡이 1위, 손기정이 2위를 차지했다. 하지만 일본은 두 사람이 베를린으로 들어간 후에도 일본 선수를 뽑기 위한 선발 레이스를 실시했다. 그러나 일본인 후보가 기권했기 때문에 두 사람은 출장하게 되었고, 8월 9일에 치러진 마라톤 경기에서 손기정은 아시아인으로는 최초로 우승을 거뒀으며 남승룡은 3위를 차지했다. 경기 후 두 사람은 '기미가요'가 연주되고 일장기가 게양되는 가운데 '일본인'으로서 시상대에 올랐다. 두 사람은 그러한 상황을 예상하지 못했으므로 수상의 즐거움보다는 '망국'이라는 현실을 통감하고 숙연해졌다. 손기정은 1883년에 국기로 정해져 현재 대한민국의 국기가 된 태극기를 베를린에서 재독 조선인들에게 처음으로 선보이는 등 민족의식을 고양시키고 귀국길에 올랐다. 하지만 모국 조선에서는 손기정이 생각지도 못한 곳에서 중대한 사태가 발생하고 있었다. 동포

의 우승에 조선인 전체가 민족의식에 고무되어 있는 가운데 당시 여운형이 운영하고 있던 『조선중앙일보』[38]는 8월 13일, 또 『동아일보』는 8월 25일에 손기정의 우승을 보도하는 기사에 첨부하여 게재한 사진에서 (제1판에서 검열을 통과한 후 제2판에서) 손기정 가슴 부분의 일장기를 말소해 버렸다. 이 사건으로 『동아일보』는 일본 당국에 의해 무기정간(결과적으로 1937년 6월까지) 처분을 받았고, 『조선중앙일보』 역시 이후 자주 폐간조치를 당하게 되는 '일장기 말소 사건'이 발생했던 것이다. 손기정은 조선으로 금의환향했지만 이후 당국의 심한 감시를 피해 일본으로 건너갔고, 메이지 대학明治大學에 진학하여 학문에 열중했다. 하지만 1940년에 개최 예정이었던 도쿄 올림픽에는 출전을 단념하라는 압박을 받았다.[39]

그 후 손기정은 1988년에 개최된 서울 올림픽 개회식에서 올림픽 스타디움에 입장하는 성화주자로 뛰었다. 뿐만 아니라 생전에 그는 올림픽에서 자신의 국기를 'Japan'에서 'Korea'로, 자신의 이름을 일본어로 발음한 'Kitei Son'에서 조선식 이름인 'Kee-chung Sohn'으로 각각 바꾸어 줄 것을 국제올림픽위원회인 IOC에 요구했다. 하지만 손기정이 2002년에 90세로 사망한 이후 일본올림픽위원회(JOC)는 베를린 올림픽 마라톤경기 우승자의 국적은 일본이라고 주장했다. 이에 한국올림픽위원회는 그의 국적은 당시 일본이 조선을 통치하는 시기였기 때문에 어쩔 수 없이 일본으로 된 것이고 지금은 한국이라며 IOC에 변경을 요구했다. 그 결과 IOC는 현재 올림픽 공식기록에 손기정의 색인 부분은 일본식 이름과 일본 국적으로 표기한 한편, 설명문에는 한국식 이름과 대한민국 국적으로 표기하고 있다. 또 올림픽 기록집이나 미국 캘리포니아 주에 있는 역대 올림픽 마라톤경기 우승자 기념비 등에도 손기정의 국적은 'Korea'로 기록되어 있다.

한편 대한민국 임시정부는 1919년에 수립된 이후 독자적인 군사조직을 갖고 있지 않은 상태였다. 이에 장제스는 1933년 난징에서 김구와 회견했을 당시 조선의 독립운동을 위해서라도 앞서 말한 상하이 훙커우 공원 사건과 같은 테러행위보다는 독자적인 군사조직을 갖추는 것이 필요하다고 제안했다. 그로 인해 허난 성 중앙군관학교 뤄양洛陽 분교에 조선인 특별반이 설치되었고 조선인 청년들의 군사훈련이 실시되었다.

운산금광 경영·채굴권 회수활동

미국인 실업가 제임스 모스James R. Morse는 1895년에 조선 정부로부터 경영권과 채굴권을 양도받아 1898년부터 동양합동광업회사가 그 권리를 행사하는 방식으로 평안북도 운산군 북진면에 위치한 운산금광을 경영·채굴해왔다. 그에 대해 조선총독부는 1932년 7월에 이누카이 쓰요시犬養毅 내각(일본에서 전년 12월에 발족한)의 대장대신으로 취임한 다카하시 고레키요高橋是淸가 취임 즉시 단행한 금 수출 재금지조치에 근거하여, 조선에서 산출되는 금 수출을 금지하고 시가보다 훨씬 싼 가격으로 운산금광에서 산출되는 금을 사들이기 위한 조치를 단행했다. 비록 미국이 경영 및 채굴을 담당하고 있다고 해도, 일본 통치 하에 있는 조선 금광에서 금을 가져가는 것을 묵인하거나 예외로 취급할 수 없다는 논리에서 나온 정책이었다. 그러자 동양합동광업주식회사 사장인 윌리엄 불William L. Bull은 조선총독부 등 일본 당국에 항의하는 한편, 국무상관인 헨리 스팀슨Henry L. Stimson, 주일대사인 그루, 국무성 극동부장인 혼백 등에게 압력을 넣어 사태를 해결하려고 했다. 9월 이후 스팀슨과 혼백은 주미 일본대사관에, 그루는 일본 외무성에 압력을 넣는 한편 그들 모두는 불에게 일본과 직접 교섭하라고 권했다. 이 때문에 불은 일본인 변호사이면서 도쿄변호사회 회장·귀족원의원·IOC 위원을 역임한 기시 세이이치岸淸一를 고용했고, 기시는 일본 당국, 특히 대장성과 외무성을 상대로 교섭을 시도했다.

그러나 조선 금광의 금 수출 재금지조치를 주도한 대장성은 이 문제에 관해서는 기시에게도 강경한 자세를 보였다. 외무성 역시 대장성보다는 유연했지만 미일관계를 고려하여 '이해'를 나타내는 이상의 조치는 취하지 않았다. 그리고 동양합동광업회사의 변호인단에 도쿄제국대학 교수를 역임한 후 일본이 패전한 뒤인 1945년에 헌법 개정작업이 시작되었을 때 「마쓰모토 시안」이라는 초안을 작성한 마쓰모토 조지松本烝治도 가세하여 태세를 정리하는 가운데, 기시는 이 문제를 법정으로 가져가 동양합동광업회사에 유리한 결과를 모색하려 했다. 그러나 결국 동양합동광업회사는 1933년 5월에 대장성이 고정시킨 엔 가격에 따라 운산금광에서 산출된 금을 일본은행에 매각하기로 결정하면서 우선은 일본 당국에 '양보'하는 자세를 보였다. 더욱이 기시가 같은 해 10월에 사망했기 때문에 운산금광의 금 수출 문제는 금 매상 가격을 약간 인상하는 등 대장성의 '배려'가 있었다고는 하지만, 대장성의 현실적 이해와 자신들의 체면 때문에 단호한 자세로 계속 거부하는 방식으로 매듭지어졌다.

그 후 조선총독부는 1934년 8월에 그때까지 면세로 운영되었던 운산금광 외국인 근로자의 소득에 대해 과세할 것이며 그 실행을 위해 장부를 열람·조사하겠다는 방침을 동양합동광업회사에 통고했다. 동양합동광업회사는 이 문제를 해결하기 위하여 본국의 국무성과 주일 미국대사관 그리고 주서울 미국총영사관을 상대로 정치활동을 벌였다. 그러나 이들은 계속되는 대공황과 윌슨의 '신외교'에도 불구하고 파시즘 국가가 된 독일·이탈리아·일본의 대두를 누르지 못하는 것 등에 대한 실망으로 1930년대 중반 미국에서 확대된 '고립주의'의 대두도 있었던 탓에 이 문제를 적극적으로 해결하려는 자세를 별로 보이지 않았다. 운산금광 문제에 대한 일본의 강경한 자세에 직면한 동양합동광업회사는 1935년부터 다음 해에 걸쳐 조선총독부에도 정치활동을 벌였지만, 입씨름만 할 뿐 답보상태가 계속되었다. 그 후 일본 당국은 1937년 1월에 동양합동광업회사가 조선에서 사용하기 위해 무관세로 들여온 미국 차의 사용과 양도를 제한한다는 '괴롭히기' 방침을 전달했다. 동양합동광업회사와 일본 당국은 그 해부터 다음 해인 1938년 전반기까지 이 문제로 절충을 거듭했지만 결국 동양합동광업회사가 양보할 수밖에 없었다.

재소 조선인의 중앙아시아 강제이주

만주사변 발발 이후 일본과 소련의 관계는 서로에 대한 경계심으로 악화되어 있었다. 게다가 1924년 소련에서 레닌이 사망한 이후 레온 트로츠키Leon Trotsky와의 경쟁에서 승리하여 권력을 장악한 이오시프 스탈린Iosif V. Stalin의 의심은 더욱 깊어졌다. 스탈린은 국내에서 '자신이 잠든 사이 목이 베일지도 모른다'는 우려 때문에 수많은 정치가와 군인에게 누명을 씌워 숙청하는 '공포정치'를 펼치면서 자신의 권력을 더욱 강화시켰다. 하지만 그 때문에 일본이나 나치·독일 등 '숙적'에 대한 방위력은 오히려 약화되었다. 점점 의심과 경계심이 커진 스탈린은 소련령 연해주지역에 살고 있던 조선인을 '일본인' 또는 '일본의 스파이'로 생각하게 되었다. 그 결과 '만주국'과의 국경 지역 등에서 군사적으로 대치하고 있던 일본과 내통할 우려가 있다는 이유로, 1935년을 전후한 시기에 연해주지역의 조선인 17만 명 남짓을 '일본과 내통할 우려가 없는' 소련령 중앙아시아 지역으로 강제 이주시켰다. 어쩔 수 없이 강제 이주를 당한 조선인들은 연해주의 생활기반을 빼앗기고 입은 옷만 걸치다시피 한 상태로 현재의 카자흐스탄을 비롯한 당시의 소련령 중앙아시아행 기차를 탔다. 그들에게는 아무런 연고도 생활기반도 없는 중앙아시아에서의 생활을 시작하는 것 외에는 다른 방법이 없었다. 이처럼 중앙아시아 지역으로 강제이주를 당한 조선인들은 생각지도 못한 새로운 땅에서 광대한 황무지를 개간하며 생활기반을 서서히 갖추어 나갔다. 현재는 '고려인(카레이스키)'이라는 이름으로 중앙아시아 여러 나라의 국민 중 한 민족으로 살아가고 있다.

3. 중일전쟁의 개시와 조선 문제

중일전쟁과 조선인 병사

1937년 7월 7일 베이징 외곽의 루거우차오盧溝橋에서 중국군과 일본군이 우발적으로 충돌했고 만주사변 때와는 반대로 현지의 양 국군 사이에는 정전협정이 성립되었다. 그러나 도쿄의 군 중앙과 6월에 막 성립된 고노에 후미마로近衛文麿 내각의 선동으로 루거우차오 사건은 중일전쟁으로 확대되었다. 중일전쟁은 1938년 1월에 고노에 수상이 낸 성명에서 '국민정부는 상대하지 않을 것이며 새로운 중국 정부의 수립을 바란다'라며 국민정부를 교섭상대로도 인정하지 않았기 때문에, 중국은 오히려 저항을 그치지 않았고 중일전쟁은 예상치 못하게 장기전이 되어갔다. 중일전쟁이 확대되고 장기화됨에 따라 일본은 병력을 보충해야 했으므로 1938년 2월 23일에 조선육군특별지원병령을 공포했고 조선인 청년들은 전장으로 끌려가게 되었다. 일본은 조선인 병사들이 집단으로 일본을 향해 총을 겨눌 가능성을 막기 위해 소위 '조선인 부대'와 같은 것은 조직하지 않았으므로, 조선인 병사는 각 부대에 개별적으로 배치되었다. 그리고 1938년부터 1943년까지 조선인 지원자는 총 약 80만 명에 이르렀고 그중 약 17,000명이 입대했다. 그러나 지원병만으로는 충분하지 않았기 때문에 1943년부터는 학도 지원병이 동원되었다. 더욱이 1943년 3월 2일에는 일본 「병역법」이 개정되면서 조선인을 징병할 수 있는 길이 열렸고, 다음 해인 1944년부터 징병이 개시되었다. 그러한 징병에 대한 '대가'로 1945년 4월에는 선거법이 개정되어 조선과 대만 및 사할린에 선거구가 설치되었고, 조선에 있는 조선인에게도 참정권이 부여되었다.

그러나 조선 및 대만의 참정권은 일본에서 보통선거를 실시하면서 철폐된 일정 수준 이상의 직접국세를 납입하는 것이 필요조건이었고, 그 금액 기준도 일본에서 1890년에 치러진 최초의 중의원의원 선거 당시의 납입액이었던 15엔 이상이었다. 이것은 결국 일본의 패전과 조선의 광복으로 실시되지 않은 채 끝났다.

또 이상과 같이 전선에 투입된 조선인은 각지에서 군속軍屬으로 근무했다. 하지만 전후 그들 중에는 전쟁 중 연합국 포로를 학대했다는 등의 이유로 도쿄 국제군사재판조례에서 전쟁범죄 유형 중 B항 '보통의 전쟁범죄' 및 C항 '반인륜 범죄'로 처벌받는 사람들이 등장했다. 'B·C급 전범'으로 구속된 그들 중 홍사익洪思翊 중장, 지원병 2명, 통역 16명, 포로수용소 감시원으로 배치된 129명 등 총 148명이 유죄 판결을 받았다. 결국 홍사익을 비롯한 23명은 사형, 나머지 125명은 유기형에 처해지는 '이중의 비극'이 발생했다.

조선인 노동력 동원

중일전쟁이 확대되고 장기화됨에 따라 노동력 역시 현저하게 부족해졌기 때문에 노동력으로서 조선인의 필요성은 더욱 부각되었다. 일본 국내에서는 이미 1938년에 국가총동원법, 다음 해인 1939년에 국민징용령 등이 공

포되었는데 그 계획에는 조선인도 포함되어 있었다. 그리고 자의이든 타의이든 일본으로 건너간 조선인의 수는 더욱 더 증가하게 되었다. 전황이 중일전쟁에서 태평양전쟁으로 전개되어 가는 가운데 그 수는 더욱 늘어, 재일조선인의 수는 재일본 대한민국 민단의 통계에 의하면 1930년에는 29만 8,091명이었던 것이 1935년에는 배 이상 늘어 62만 5,678명이 되었고, 중일전쟁이 시작된 1937년에는 73만 5,689명, 1938년에는 79만 9,878명, 1939년에는 96만 1,591명으로 놀라운 증가를 보였다. 재일조선인에 대해서는 자발적인 의사로 일본으로 건너가 노동에 종사했기 때문에 강제연행이 아니었다는 주장도 일부에서 제기되고 있다. 최근의 연구에 의하면 일본으로 '밀항'한 조선인은 확실히 있었으며[40] '밀항'으로 일본 당국에 적발된 조선인은 1940년에 5,885명이었고, 일본의 동원 정책에 의한 것이 아닌 조선인의 '연고도항緣故渡航'도 3만 명 이상이었다고 한다. 한편 일본 당국 및 기업은 군에 입대하는 일본인 남성의 수가 늘어남에 따라 탄광이나 공장의 노동력이 감소하는 것을 메꾸기 위해, 지방조직이나 관헌 등을 통해 조선인을 일본으로 데리고 갔다. 그들은 일본 각지는 물론 사할린 등 '외지'에 있는 탄광이나 공장의 노동에 종사했는데, 특히 탄광의 노동조건은 '타코베야タコ部屋*'라는 관사로 상징되듯이 열악한 것이었다. 따라서 조선인 노동자가 타코베야를 '탈주하거나 도망치는' 사례가 끊이지 않아 조선총독부가 조선인 노동자의 탄광행에 난색을 보일 정도였다. '탈주하거나 도망친' 조선인 노동자 대부분은 수색 결과 발각되어 다시 끌려갔고 같은 일이 재발되지 않도록 구타와 감시가 행해졌다. 또 1939년 7월부터 일본에서 실시된

---

* 직역하면 '문어방'이라는 뜻으로, '감옥방'이라고도 하는 이곳은 노임을 착취당하거나 폭력이 들끓던 인부합숙소를 이른다.

국민징용령은 전황이 악화되자 1944년 9월부터 조선에도 실시되었다. 그러나 조선에서는 행정기관이 빈약했기 때문에 법적 절차에 따른 징용실시가 곤란했다는 것, 많은 조선인 노동자가 가게 되었던 탄광은 군수공장 등과 같이 징용에 기반을 둔 장소가 아니었다는 것, 징용으로 동원된 사람들이 남긴 가족을 국가가 돌보아야 할 필요가 있었다는 것 등을 볼 때 조선에서의 징용은 모순을 안고 있었던 것임을 의미했다. 그리고 일본은 2년이라고 했던 당초의 계약기간을 일방적으로 연장했고, 임금의 중단과 미지급, 강제적인 방법에 의한 징용영장의 교부 등이 이루어졌다. 이러한 조선인 노동자의 존재 때문에 탄광에서 일본인 노동자가 억압 당하기도 하는 상황이 전개되었다.

중일전쟁의 발발 및 확대와 장기화, 특히 일본군이 난징南京을 점령함에 따라 중화민국 정부는 본거지를 난징에서 내륙에 위치한 충칭重慶으로 옮겨 임시수도로 삼고 항일전쟁을 계속했다. 그에 따라 중화민국 정부와 행동을 같이 하고 있던 대한민국 임시정부 역시 난징에 두고 있던 그 당시의 본거지를 옮기지 않을 수 없었고, 후난 성의 창사長沙와 쓰촨 성의 치장綦江 등을 거쳐 1940년 9월에 중화민국 정부와 함께 충칭으로 이동했다. 그러한 사정 때문에 대한민국 임시정부는 그동안 계획하고 있던 정부 직속의 군대를 편성할 수 없었다. 그리고 늦어도 1930년대 초부터는 대한민국 임시정부가 주도한 독립운동과 직접적인 연관이 없는 항일 빨치산활동이 이미 만주지역을 중심으로 전개되고 있었다. 전술한 조선공산당도 조선 국내의 단속을 피해 만주로 건너가 그곳에서 항일운동을 전개했다. 다만 코민테른은 1930년대 만주에서 활동하고 있던 조선공산당에게 중국공산당과 합류할 것을 지시했기 때문에 조선공산당은 중국공산당으로 흡수되었다.

그 후 만주사변의 발발과 확대, 만주국의 건국 등으로 일본 세력이 확대되자 중국공산당 빨치산은 항일운동을 전개했고 그 운동에 조선인도 참여했다. 빨치산은 세력을 확대하여 동북인민혁명군이 되었으며 성공하지는 못했지만 한반도로 진공하기도 했다. 그 후 1935년에는 코민테른의 지시에 따라 통일인민전선의 구축을 목표로 하는 가운데, 동북인민혁명군은 비공산주의 항일무장단체와의 연대 및 공동투쟁을 도모하여 1936년에는 동북항일연군으로 재편성되었다. 그 가운데 김일성이 인솔하는 부대도 두각을 나타내게 되었다. 김일성(본명 김성주)은 1912년 4월생으로 이때는 중국공산당에 입당해 있었고, 1937년 6월 4일에는 부대를 이끌고 국경을 넘어 함경남도 보천보普天堡를 습격하여 일본 관헌과 교전을 벌였다. 이로써 김일성의 이름은 널리 알려지게 되었다. 하지만 김일성에 대해서는 이전부터 그 이름이 꽤 알려져 있었고, 당시에 촬영한 사진 등을 볼 때 너무 젊다는 이유 등으로 가짜설과 진짜설이 있다. 단 광복 후 조선민주주의인민공화국의 지도자가 된 김일성이 이 시기에 어떤 형태로든 항일활동을 하고 있었던 것은 틀림없다.

전선의 확대 및 장기화와 '종군위안부'

게다가 중일전쟁이 더욱 장기화되고 전선이 확대되자 일본군이 중국 전선에 주둔하는 것도 장기적인 것이 되어갔다. 일본은 이미 앞에서 언급했듯이, 1918년 8월부터 1922년까지의 시베리아 출병기간 중 최다 7만 명이상의 일본군을 시베리아에 투입했다. 결국 볼셰비키 타도 등 소기의 목적을 달성할 수는 없었는데, 당시 문제가 된 것은 일본군의 러시아 여성 폭행으로 인한 현지의 반감 증대 및 일본군 사이에 만연한 성병으로 인한 전력의 저하였다. 그러므로 일본군은 시베리아 출병 당시에 얻은 이 '교훈'을 기초로 한 대응방침을 세워야만 했다.

일본군은 중국인의 대일증오감이 증대하는 것을 방지하고 성병의 만연으로 인한 전력 저하를 막기 위하여, 일본군이 주둔하고 이동할 때 행동을 같이하면서 성적 상대가 되어 줄 다수의 여성들을 필요로 하게 되었다. 현지 또는 일본에서 남성을 상대하는 것이 생업이었던 여성들이 조달되었지만 그것만으로는 필요한 수를 충족시킬 수 없었다. 따라서 일본의 식민지, 특히 조선의 젊은 여성들로 눈을 돌렸다. 일본은 1925년에 「여성 및 아동의 매매금지에 관한 국제조약」에 조인했지만 그것이 비준된 당시에는 식민지 여성은 예외라고 했고, 강압적인 조치를 취해도 통용된다고 판단한 것 등이 조선인 여성을 조달하는 배경이 되었다. 젊은 조선인 여성을 조달하는 방법으로는 '좋은 일자리가 있다'라는 말로 유인하는 방법, 또는 다짜고짜 강제로 끌고 가는 방법 등이 있었다. 그녀들의 조달을 직접 담당한 사람들은 조선총독부와 일본인 또는 조선인 민간 알선업자였다. 다만 현지에 도착한 후 그녀들의 건강관리를 군이 맡고 있었다는 것만 보아도 '종군위안부'와 군은 관계가 있다고 할 수 있다. 그녀들은 수년 동안 매일 평균 수십 명의 일본군을 상대했고 도망칠 수도 없었다고 한다. 곧이어 1941년에 태평양전쟁이 발발하여 전선이 남방으로 확대됨에 따라 '위안부'에 대한 수요도 높아졌다. 그리고 일본인·현지인·영국인과 네덜란드인 등 식민지 사람 중 일부 여성들도 그와 같은 역할을 하게 되었다. 가장 많은 수를 차지한 것은 조선인 여성들이었지만 공식적인 기록에는 '위안부'의 총 인원이 명확히 밝혀져 있지 않다.[41] 그 후 이 여성들은 각지에서 일본군의 패퇴와 연합군의 진주에 따라 신변확보와 심문이 이루어졌고, 1945년 8월 일본의 패전으로 방치된 채 해방을 맞이했다. 다만 그녀들 대부분은 일의 성격상 현지에 그대로 남거나 일본으로 건너가서 잔류했다. 조선으로 돌아가더라도 고향으로 가지 않고 '과거'를 감추고 살았다.

그 후 1951년부터 1965년까지 일본과 대한민국 사이에는 국교를 회복하기 위한 교섭이 있었다. 그 교섭에서도 위안부에 대해서는 특별히 언급되지 않은 채 1965년 한일기본조약 및 관계 제협정 중 청구권과 경제협력에 관한 협정이 체결되었다. 그 협정에 따라 한일 양측의 상대국에 대한 요구는 상쇄되는 것으로 결정되었고, 일본은 이것을 근거로 현재까지 재한 '종군위안부'의 개인적인 대일청구는 정리가 끝났다는 입장을 취하고 있다. 또한 일본 정부는 유럽 국가들과는 1951년에 체결한 샌프란시스코 강화조약, 동남아시아 각국과는 일본과 해당국가가 맺은 이국간 조약二國間條約, 대만과는 1952년에 체결한 화일평화조약華日平和條約, 중화인민공화국과는 1972년에 체결한 중일공동성명中日共同聲明을 근거로 역시 개인적인 대일청구권은 정리가 끝난 것으로 간주하고 있다. 하지만 아직 수교가 이루어지지 않은 조선민주주의인민공화국과는 당연히 이 문제가 정리되지 않았다. 현재 중단된 조일교섭 및 조선민주주의인민공화국 그 자체의 행방과 더불어 이 문제는 대한민국도 관여하는 방식으로 부상할 가능성을 갖고 있다. 전후 오랫동안 침묵해 온 전 '종군위안부'들은 1991년에 노령에 이른 한 할머니가 최초로 '과거'를 청산하고 죽고 싶다는 생각에서 자신의 이름을 밝힌 이후, 일본 정부에 사죄와 개인보상을 요구하는 사람들이 늘어나고 있다. 또 UN 인권위원회는 1996년 4월에 이 문제는 일본 정부에게 법적 책임, 개인보상, 가해자 처벌의 의무가 있다고 한 쿠마라스와미Coomaraswamy 보고를 '유의留意하다'는 방식으로 채택했지만 일본 정부는 위와 같은 자세를 바꾸지 않고 있다. 다만 일본 정부는 미야자와 키이치宮澤喜一 정권 당시인 1993년 8월에 관방장관이었던 고노 요헤이河野洋平가 낸 '고노 담화'에서 '위안부를 연행함에 있어 본인들의 의사에 반해 이루어진 것, 모집이나 이송·관리 등에 있어서 감언이나 강압 등의 방법으로 그 강제성이 인정된다는 것' 등을 언급했다.[42] 그리고 국내외에서 여론이 고조되자 일본은 대아시아 외교를 겨냥하여 일본 정부가 후원하는 방식으로 '여성을 위한 아시아 평화국민기금(약칭 아시아여성기금)'을 1995년에 민간단체로 조직했다. 이 단체는 일본 수상이 편지와 함께 일시금 200만 엔을 지급하면서 시작되었고, 필리핀이나 대한민국에도 지원금을 받은 사람이 여러 명 나왔다. 결국 동 기금은 모든 보상사업이 종료되었다며 2007년 3월 말에 해산되었다.

그러나 대한민국에서는 그때부터 국가적인 차원의 보상을 요구하는 소리가 커졌다. 더욱이 최근에는 2007년 7월 미국 의회 하원 본회의에서 일본군의 위안부제도를 비난하고 공식적인 사죄와 장래 세대들에게 교육시킬 것 등을 일본 정부에 요구하는 121호 결의가 가결되었다. 또한 주한 일본대사관 앞 도로 반대편에 위안부를 상징하는 소녀상이 2011년 12월에 세워졌다. 2011년 이후 당시 이명박 대통령은 '인도적 입장'에서 이 문제를 해결하라고 일본에게 요구했으며, 미국에서도 2011년 이후 재미 한국인들의 활동으로 위안부를 추도하는 비문이 여러 개 세워졌다. 대한민국 서울에서는 2012년 5월에 위안부에 관한 '전쟁과 여성인권박물관'이 개관되었다. 한편 일본에서는 '종군위안부'의 명칭 및 그 존재 자체를 부정하는 주장도 일부에서 나오고 있으며, 찬반양론의 입장에서 여러 가지로 논의되고 있는 등 이 문제는 시간이 경과할수록 오히려 더 복잡해지고 있다.

광산권익의 매수

또한 황해도에 위치한 영국 소유의 수안遂安금광을 중일전쟁 발발 후인 1937년 8월에 일본광업(현재의 JX일광일석금속JX日鑛日石金屬)이 매수하면서 조선 내에서 외국인 소유의 금광은 운산금광만이 남게 되었다. 1938년이 되자 동양합동광업회사와 주서울 미국총영사관은 운산금광에 대한 조선총독부의 각종 제한조치에 대해 계속 항의했지만 그 기세는 점차 약해졌다.

한편 일본 당국은 운산금광에 대해 전술한 바와 같은 각종 제한조치를 계속 단행했다. 그 이유는 중일전쟁이 예상한 것 이상으로 장기화되었기 때문에 미일관계의 마찰이 고조되고 있었고, 그것 때문에 일본당국은 동양합동광업회사에 계속 압력을 가하여 동 회사로 하여금 운산금광을 매각하도록 유도하고 있었기 때문이었다. 그 후 조선총독부는 동년 12월 동양합동광업회사에 계약 연장을 희망할 경우에는 연장이 필요한 이유와 기한을 신청하라고 통지했다. 왜냐하면 운산금광은 1896년 4월에 당시 조선 정부로부터 특허를 받았는데, 1900년 4월에 대한제국과 미국 사이에 비준된 개정협약에 따라 1939년 3월 26일에 그 기한이 만료되기 때문이었다.

그에 대해 주서울 미국 총영사관은 만기 6일 전인 3월 20일, 동양합동광업회사는 채광의 필요상 만기 다음 날인 3월 27일부터 15년간 동 사의 특허기간을 연장할 수 있다는 조건을 사용하기로 결정했다며 동 사를 대신하여 조선총독부에 통고했다. 조선총독부 측도 만기 전날인 3월 25일에 운산금광에 관한 기한연장 및 취급에 대해 우선 연장해 주는 조치를 취했다. 그러나 조선총독부는 일본광업이 운산금광을 매수하는 방침을 미리 세워두고 있었고, 4월에는 담판을 짓기 위해 예정되었던 동양합동광업회사 사장인 루이스 헨리^Lewis Henry와 조선총독인 미나미 지로^南次郎와의 회담을 취소했다. 그 후 조선총독부와 일본광업은 매수할 경우 인수 금액 등의 조건을 책정하는 등 매수를 '기정사실'로 만들어 갔다. 따라서 운산금광을 둘러싼 상황은 금광 매수의 진행여부가 아니라, 어떤 조건으로 매수를 진행할 것인가에 초점이 맞추어졌다. 그 후 매각과 매수조건에 대한 교섭이 당사자인 동양합동광업회사와 일본광업, 조선총독부와 대장성 사이에 이루어졌다. 그 결과 1939년 7월에 운산금광의 경영·채굴권의 매각과 이전에 관한 계약이 조인되었다. 동년 8월 말에는 일본광업으로 운산금광의 매각과 이전이 실시되었고 매각가격은 8,175만 달러(당시 교환비율로 3,000만 엔)였다. 이로써 일본은 19세기 말에 조선 정부가 여러 열강에게 공여했고, 일본도 조선병합 당시 병합을 순조롭게 진행하기 위하여 일단 열강에게 그 계승을 승인했던 광산권익의 상징인 운산금광의 경영권과 채굴권을 강요나 다름없는 수법까지 써가면서 완전히 회수했다. 그 결과 이 시기 운산금광에 근무하며 거주하고 있던 미국인 중 절반은 곧 조선을 떠나게 되었다. 이상 살펴본 바에 따르면, 운산금광의 매수를 둘러싸고 벌어진 교섭은 조선인의 존재를 완전히 무시한 채 미국과 일본 간에 전개되었다는 사실을 알 수 있다.

일본의 조선통치 종언과 조선의 남북분단

1. 일본의 조선 '황민화정책'과 국제관계

신사참배

1925년 서울에서는 조선신궁이 준공되었다. 그 후 조선총독부는 1면당 1 신사를 조성하기 위한 계획을 추진했고 1935년부터는 조선인도 신사에 참배할 것을 강요했다. 신사참배에 대해서는 천주교와 개신교 측의 감리 교파가 조선총독부의 방침에 따르겠다는 의사를 표명했지만 장로교파 쪽은 계속 거부했다. 이 때문에 조선총독부는 장로교파 교회에 더욱 강한 압력을 가했고, 특히 기독교 포교의 중심지였던 평양에서는 미국인 선교사들을 강온양면으로 억압했다. 조선총독부는 다음 해인 1936년 이후부터 평양 신사참배 반대운동의 거점이었던 숭실 전문학교의 교장 조지 매큔 George S. McCune을 교장 자리에서 파면시키면서 평양 및 서울 등 그 외의 지역에서 일어나고 있던 신사참배 반대운동을 약화시키려고 했다. 더불어 다음 해인 1937년 이후부터는 조선 각지에서 신사참배에 응하지 않는 장로교파 계열 학교에 휴교 및 폐교조치를 내리고 선교사와 교원·신자·학생 등을 대대적으로 검거하기 시작했다. 이 때문에 장로교파 측은 1938년 9월에 몇 개의 학교 경영에서 철수하는 한편 신사참배에 임하겠다는 뜻을 결의하기에 이르렀다. 그래도 끝까지 신사참배에 따르지 않은 선교사와 신도는 투옥되었고 그중 약 50명이 옥사했다. 그 결과 1940년 무렵에는 신도와 선교사 모두 신사참배에 완전히 저항할 수 없는 상황에 놓이게 되었다.

철저한 일본어 교육

또한 조선총독부는 중일전쟁 발발 전인 1937년 3월에 철저하게 일본어를 사용하라는 통첩을 각 관공서에 보냈고, 중일전쟁 후인 1938년 1월에는 일본어 강습소 약 1,000개를 각 도에 설치하여 모든 조선인에게 일본어 습득을 지시했다. 1938년 3월에는 조선교육령을 개정하여 학교 수업에서 조선어를 필수에서 선택으로 바꾸었고, 이어서 동년 4월에는 조선어를 수학 및 실업으로 교체했다. 조선어의 사용은 공공장소에서 사실상 금지되었던 것이다. 그런데도 당국의 조사에 따르면 조선인의 일본어 습득율은 태평양전쟁 개전 후인 1942년에도 약 20% 정도에 지나지 않았다. 그렇다고 하더라도 전후부터 현재에 이르기까지 그 시대를 살았던 한국인과 조선인이 일본어를 유창하게 구사할 수 있는 것은 이처럼 일본어를 '국어'로 강요했던 역사적 배경이 있었기 때문이다. 그 후 태평양전쟁 개전 후인 1942년부터 다음 해에 걸쳐 조선어학회의 회원 33명이 치안유지법 위반 혐의로 투옥되고, 이들 중 2명이 옥사하는 '조선어학회 사건'이 일어났다. 조선어학회는 조선이 일본으로부터 독립한 후인 1949년에 '한글학회'로 바뀌었는데, 이후 이 학회는 한자사용을 배제하자는 '한글전용운동' 및 일본어와 서양어의 사용을 배제하자는 '국어정화운동'에 앞장섰다. 그러한 이유로 대한민국에서는 1970년대 전반까지는 신문·잡지·서적 등에 한자를 섞어 쓰는 일이 많았으나, 그 후 한자는 서서히 자취를 감추어 현재는 거의 한글만이 사용되고 있다. 한편 조선민주주의인민공화국에서는 정부가 수립된 1948년부터 한글만을 사용하여 현재에 이르고 있다. 물론 한자의 원류가 중국이기는 하지만 이처럼 남과 북이 모두 한글 전용화를 실시하게 된 것은 일본어를 강제로 배우게 하고 조선어를 배제시켰던 일본통치기의 정책에 대한 반작용인 것으로 보인다.

창씨개명

일본어 강요와 더불어 조선총독부는 천황가를 '가장家長'으로 하는 가부장제에 조선인을 편입시키기 위하여 1939년 11월 10일에 조선민사령을 개정하여 「조선인의 씨명에 관한 건」을 공포했고, 기원 2600년 (현재 일본의 '건국기념일'로 남아있는) '기원절紀元節'인 1940년 2월 11일부터 시행에 들어갔다. 이 '창씨개명'은 1. 조선은 일본과 달리 남계 혈통·혈연집단이 중심이고 따라서 부부도 성이 다른데 이것을 고쳐 호주를 중심으로 하는 일본식 '이에家'의 관념을 도입하기 위하여 '씨氏'를 창설하고 2. 그때 일본식으로 개명改名하는 것이었다. 이것은 수십 대 전의 선조부터 가계를 기록하는 '족보' 등에서 성姓을 매우 중요하게 생각하는 조선인들에게 심각한 심리적 반감을 갖게 만들었다. 그러나 일본이 직장이나 학교·지역 등에 유형·무형의 압력을 넣은 결과, 1940년 8월 10일로 정해진 기한까지 약 80%의 사람들이 '씨氏'를 정해 제출했다.

그 예로 '친일파'로 전향한 윤치호는 '이토 치코伊東致昊', 이광수는 '가야마 미쓰로香山光郎'라고 하는 일본 이름을 갖게 되었다. 또 1961년에 '5·16 군사쿠데타'로 권력을 장악하여 1963년부터 1979년 10월 26일 측근에게 사살되기까지 대한민국의 대통령이었던 박정희는 '다카키 마사오高木正雄'에 이어 '오카모토 미노루岡本實'라는 이름으로 창씨개명했다. 그리고 1988년부터 1993년까지 대통령이었던 노태우는 '가와모토 다이구河本泰愚', 1993년부터 1998년까지 대통령이었던 김영삼은 '가네무라 고유金村康右', 1998년부터 2003년까지 대통령이었던 김대중은 '도요타 다이쥬豊田大中', 일본 오사카 출생으로 2008년부터 2013년까지 대통령이었던 이명박은 '츠키야마 아키히로月山明博'라는 일본 이름을 1945년까지 사용했다. 현재는 재일 한국인과 조선인 중 연구직이나 의사·변호사·미디어·스포츠 등 '자유업'에 종사하고 있거나, 민족의식에 눈뜬 사람들을 중심으로 본명(한국 이름)을 밝히는 경우가 늘어나고 있다. 하지만 그들 대부분은 여전히 본명이 아닌 일본식 이름을 사용하고 있고, 본명과 일본식 이름을 때에 따라 나누어 사용하고 있다. 일본식 이름의 대부분은 창씨개명기까지 거슬러 올라간다. 창씨개명은 앞에서 설명했듯이 그냥 단순히 조선식 이름을 일본식 이름으로 바꾼 것이 아니라는 것과 한국·조선인, 특히 일본에 거주하고 있는 사람들에게는 현재까지 중대하고 심각한 영향을 미치고 있다는 사실을 알 수 있다.

일본과의 결전

이처럼 조선 국내에서 조선총독부의 황민화정책이 이루어지고 있던 사이, 대한민국 임시정부는 본거지를 충칭으로 옮긴 후 1940년 9월 17일에 계속 늦어지고 있던 산하군대인 광복군 총사령부를 임시정부 청사에서 창설했다. 광복군 총사령관으로는 이청천, 참모장으로는 1948년 대한민국 정부 수립 당시 초대 국무총리 및 초대 국방부장관에 취임했던 이범석이 각각 취임했다. 광복군은 임시정부 소속군대로 출발했고, 발족 당초에는 약

30명에 불과한 소규모였지만 점차 규모를 확대해 나갔으며, 임시정부가 중화민국 국민정부와의 관계를 강화해 가던 중이었으므로 발족할 때부터 국민정부의 산하군대라는 성격도 가지고 있었다. 또한 광복군은 태평양 전쟁 발발 후에는 후술하듯이 미국과의 관계도 심화시켜 나갔다.

한편 김일성은 휘하 부대를 이끌고 만주에서 활동하고 있었는데, 일본은 1940년부터 김일성 소탕작전에 들어갔다. 이 때문에 김일성부대, 나아가 동북항일연군은 괴멸되어 쫓기는 상태가 되었고 김일성은 부하들과 함께 만주에서 소련으로 도망쳤다. 그는 '조선인은 일본 스파이'라고 의심한 소련 당국에 의해 잠시 구속되었지만 곧 석방되었다. 그 후 소련군에 편입되어 대위가 된 김일성은 하바로프스크에서 군사·사회주의 훈련을 받고 '등장할 차례'를 기다리고 있었다.

2. 태평양전쟁의 개전과 조선

태평양전쟁으로 가는 길

1939년 9월 유럽에서 발발한 제2차 세계대전은 다음 해인 1940년 봄부터 나치·독일이 벨기에·네덜란드·룩셈부르크가 포함된 베네룩스 3국과 덴마크, 노르웨이, 나아가 프랑스까지 차례로 항복시키고 영국도 공격하여 유럽을 석권하려는 기세를 보이고 있었다. 그때 일본은 나치·독일과 제휴하여 아시아지역에서 자신들의 권익을 확대하는 길을 선택했고 동년 9월에는 일본·독일·이탈리아와 삼국동맹을 맺었다. 그에 대해 미국이 강하게 반발하면서 미일관계는 악화되었고 미국은 점차 대일경제 제재조치를 취하게 되었다. 한편 일본은 자원의 다수를 미국에 의지하고 있었기 때문에 1941년의 미일교섭을 시작으로 악화된 관계를 조정하려고 협의했지만 근본적인 대립점이 몇 가지 있었기 때문에 잘 성사되지 않았다. 10월에는 고노에 후미마로 전 내각에서 육상을 지냈던 도조 히데키東條英機가 후임 수상이 되었는데, 도조는 육상이었을 때 미국이 요구한 중국에서의 일본군 철병에 대해 '철병하면 만주국도 위험해지고 조선통치도 위험해진다(그러므로 철병할 수 없다)'고 말한 인물이었다.

결국 일본 연합함대는 1941년 12월 8일에 기습적으로 하와이의 진주만을 공격했고, 실제로는 그에 앞서 영국령인 말레이도 같은 방식으로 공격했다. 그리고 일본이 같은 날에 미국·영국·네덜란드에 선전포고를 하는 한편, 미국도 프랭클린 루스벨트Franklin D. Roosevelt(이하 FDR로 표기) 대통령이 미국 동부시간으로 12월 8일 의회연설을 통해 일본과의 전쟁을 요구했다. 의회의 승인을 얻은 FDR은 선전포고 서약서에 서명한 다음 일본에 전쟁을 선포했다. 또 일본과 동맹관계였던 독일과 이탈리아도 12월 11일 미국에 전쟁을 선포했기 때문에, 주요국의 관계는 대미영전 및 대독전에서 우선은 중립조약을 열심히 준수할 수밖에 없었던 소련과 일본의 관계를 예외로 하면 적대관계든 우호관계든 어느 한 쪽에 속하게 되었다.

태평양전쟁의 개전과 조선

중일전생은 1937년 7월에 발발했지만, 중국과 일본은 '교전국'에 대해 상품의 수출입을 금지한다는 미국의 중립법이 발동되는 것을 피하기 위하여 서로에게 전쟁을 선포하지 않았다. 따라서 법적으로는 교전상태가 아니었으나 실질적으로는 전선이 확대되는 상태가 4년 이상 계속되고 있었다. 그런데 미국이 일본에게 전쟁을 선포하자 중국은 더 이상 그 상태를 유지할 필요가 없어졌기 때문에 같은 날인 12월 8일 일본을 상대로 전쟁을 선포했다. 그러자 대한민국 임시정부도 12월 10일에 주석인 김구 및 외무부장 조소앙의 이름으로 「대일선전 성명서」를 발표하여 일본에게 전쟁을 선포했고, 연합국과 함께 참전함으로써 국제적으로 조선의 독립을 보장받으려고 했다. 그러나 「성명서」는 일본 측에 전달되지 않았고 또 연합국, 특히 미국은 전쟁 종결 후 조선 문제 때문에 자신들이 발목을 잡힐 수도 있다며 임시정부의 대일선전 포고를 인정하지 않았다. 따라서 조선은 연합국의 일원이 될 수가 없었다. 그것은 제2차 대전이 종결될 무렵에는 조선 문제를 둘러싼 사태의 추이에서, 또 전후에는 대일강화회의인 샌프란시스코 평화회의에 대한민국의 참가가 인정되지 않는 등 불리한 요인으로 작용했다. 뿐만 아니라 1951년부터 1965년까지 계속된 한일교섭에서도 '교전국'으로서의 지위를 요구한 대한민국의 주장에 대해 일본이 끝까지 인정하려 하지 않는 등 불리하게 작용했던 것이다.

조선에 거주하고 있던 미국인 선교사들은 태평양전쟁이 개전되자 어쩔 수 없이 조선에서 완전히 철수해야 했으므로 그들 중 다수는 미국 통치 하에 있던 필리핀으로 이동했다. 그러나 그들 가운데에는 1942년 일본군의 침공으로 그곳에서도 할 수 없이 퇴거당한 사람들이 있었다. 한편 필리핀 내의 정글 등으로 몸을 숨겨야 했던 사람들도 있었는데, 그런 상황은 1945년 미군이 필리핀에 진공하고 일본군이 싸움에 패해 물러갈 때까지 계속되었다.

또한 전술했듯이 운산금광을 매각한 후 인계 등의 문제로 잔류하고 있던 미국인들도 결국 미일전쟁 때문에 어쩔 수 없이 조선에서 완전히 철수하게 되었고 운산금광은 일본의 수중으로 넘어갔다. 일본광업은 개전 후에도 운산금광의 채굴을 계속했는데, 미국 및 영국 등과의 무역에서 결제 수단이었던 금의 가치가 태평양전쟁의 개전으로 상실되는 등의 이유도 있었기 때문에 운산금광은 1943년 4월에 조업을 중단할 수밖에 없었다. 채굴설비는 병기 등의 생산에 필요한 동이나 철 등을 채굴하는 데 사용되었다. 그 후 1945년 일본의 패전으로 일본인은 1946년 9월 12일까지 북진면北鎭面에서 떠났고, 운산금광은 소련 군정하의 북한 치하로 들어갔다. 운산금광은 1950년에 발발해서 1953년까지 계속된 한국전쟁의 전개, 특히 미군의 북한 공습으로 완전히 조업이 불가능하게 되었다고 한다. 다만 최근에 북한 지하에 풍부하게 매장되어 있는 천연자원이 주목을 받으면서 운산금광도 그중 하나로 재차 주목받고 있다.

광복군은 태평양전쟁 발발 전부터 각지에서 활동하고 있던 여러 항일 군사조직을 흡수하는 일에 착수했다. 1941년 1월에는 무정부주의 계열의 청년들을 중심으로 1939년 11월 충칭에서 조직된 조선청년전지공작대가, 1942년 7월에는 김원봉金元鳳의 주도로 후베이성 한커우漢口에서 1938년 10월에 결성된 조선의용대가, 그 후에는 중국국민당의 지원을 받고 활동하면서 역시 김원봉이 주도한 조선민족혁명당이 대한민국 임시정부에 접근해 왔다. 게다가 중국 국민당도 이들의 합류를 바라고 있었기 때문에 광복군은 조선의용대 가운데 김원봉 계열의 사람들을 각각 편입했다. 이러한 과정을 거쳐 광복군은 300명 남짓이 되었다.

한편 남은 조선의용대 세력은 1941년 최창익崔昌益의 주도로 김두봉金枓奉 등과 함께 당시 중국공산당의 본거지인 산시陝西 성 옌안延安으로 이동하여 스스로 중국공산당 밑으로 들어갔고 이들이 조선의용군이 되었다. 1942년 7월에는 조선독립동맹이 옌안에서 결성되어 김두봉이 위원장으로, 최창익이 부위원장으로 취임했다. 그들은 광복 후 조선민주주의인민공화국에서 '연안파(옌안파)延安派'가 되었다.

3. 태평양전쟁의 전개와 조선을 둘러싼 국제관계

추축국*과 연합국

일본은 태평양전쟁의 첫 번째 전투에서는 우세를 보이며 승리했지만 1942년 6월에 벌어진 미드웨이 해전에서는 크게 패하여 전황이 역전되었다. 유럽전선 역시 소련의 볼가강 서안에 위치한 스탈린그라드(현재 볼고그라드) 공방전에서 독일을 비롯한 추축국 군대가 1943년 2월에 패배함에 따라 연합군 측에 유리하게 전개되었다. 그러한 상황 속에서 미국·영국·중국·소련을 비롯한 연합국United Nations 26개국은 1942년 1월 1일의 '연합국선언'에 따라 일본·독일·이탈리아의 추축국 진영과는 단독강화를 하지 않고 연합국의 모든 전력을 추축국 타도를 위해 충당한다는 것 등에 대해 결의했다. 그리고 1943년 1월 모로코의 카사블랑카에서 FDR과 영국 수상 윈스턴 처칠Winston L. Churchill 사이에 개최된 미영 수뇌회담에서, FDR은 일본과 독일 등 추축국을 무조건 항복으로 몰아가야 한다고 제안했다. 따라서 무조건 항복하는 것 외에는 길이 없어진 추축국은 무조건 항복을 할 경우 현 체제의 붕괴로 이어지는 것을 피하기 위하여 맹렬한 저항을 계속했고, 조선에서의 '황민화정책'도 더욱 강화되었다.

미국은 미일전쟁이 개전되기 전인 1941년 7월에 첩보·특무기관으로 정보조정국Office of the Coordinator of Information: COI을 설립했는데, 미일 개전과 미국의 제2차 세계대전 참전으로 COI는 1942년 6월에 전략정보국Office of Strategic Services: OSS으로 개칭되었다. OSS는 COI 당시 정보조정관이었던 월

---

* Axis Powers. 제2차 세계대전 당시 일본, 독일, 이탈리아가 맺은 삼국동맹을 지지하며 연합국과 대립한 나라들.

리엄 도노반William J. Donovan이 이끌게 되었다. 도노반은 유럽전선과 태평양 전선에서 일본에 관한 첩보활동을 전개하기 위하여, 독일과 일본 등 추축국이 지배하고 있는 지역에서 해당지역 출신의 레지스탕스 조직을 결성하여 추축국의 지배를 전복시키기 위한 공작활동을 전개하려 했다. 그 목적을 위하여 태평양전선에서는 대일계획인 「일본계획」, 대중계획인 「드래곤계획」이 1942년에 수립되었는데, 조선에 대한 계획은 양자에 부속하는 방식으로 입안되었다. 「일본계획」의 요약판에는 '장제스에 따르면 조선에는 간디가 없다'라는 말이 있는데, 그것은 영국으로부터의 독립을 목표로 하고 있던 인도의 지도자 마하트마 간디Mahatma Gandhi와 같은 상징적이고 통일적인 인물이 조선 독립운동에는 없다는 것과, '비폭력·무저항운동'으로 영국에서 독립을 쟁취하려 했던 간디와 달리 조선은 무장활동을 통해 일본으로부터 독립하려 한 것을 시사했다고도 해석된다.

그리고 1942년 3월에는 「심리전공동위원회 조선에서 가능한 활동」이나, 「일본에 대해 조선인을 이용하는 제안」 등의 문서가 6월에 결정된 「일본계획」 최종안과 연동하는 형식으로 만들어졌다. 이러한 문서들을 기초로 대조선계획인 「올리비아 계획Scheme 'Olivia'」이 입안되었는데, 이 「올리비아 계획」은 재충칭 COI 극동특별대표였던 에슨 게일Esson M. Gale(그는 1942년 전반기 대표적인 재조선 장로파교회 선교사 중 한 사람인 캐나다 출신의 제임스 게일James S. Gale의 조카이며 서울에 거주하던 미국인 부모 아래서 태어난 여성을 처로 두었다)이 OSS 특수공작부Special Operations: SO 소속인 프레스톤 굿펠로우M. Preston Goodfellow 대좌와 육군중좌인 모리스 드패스Morris B. DePass와 같이 입안했다고 한다. 구체적으로는 드패스를 중심으로 재중 조선인을 캐나다에 있는 특수공작실행위원회Special Operations Executive: SOE로 보내어 그곳에서 훈련을 받게 할 것, 충칭 근교에 COI 본부를 설치하여 조선·만주·북부중국·양쯔강·대만·후츠인佛印(프랑스령 인도차이나)·태국·필리핀·난인蘭印(네덜란드령 인도네시아)에서 첩보·파괴집단을 지휘할 것, 핵심인물들에게는 캐나다 토론토에 있는 브리티시 스쿨British School에서 전면적인 훈련을 실시하고, 영어를 구사하는 외국인 민간인이 각 지역의 첩보·파괴집단을 인솔할 것 등을 내용으로 하고 있다.

그러나 이 「올리비아 계획」은 장제스의 측근으로서 충칭에서 이미 조선인들을 이끌고 있던 다이리戴笠가 운영하는 군사위원회조사통계국(군통, 일명 '다이리기관戴笠機關')과 충돌했고, 또 일찍이 장제스의 참모장으로 근무했으며 태평양전쟁 후인 1942년부터는 중국·미얀마·인도 지역의 참모총장이었던 미 육군 조셉 스틸웰Joseph W. Stilwell도 반대했기 때문에 당장은 실행에 옮겨지지 않았다. 하지만 「올리비아 계획」 자체는 1944년 7월에 굿펠로우가 도노반에게 보낸 편지에서 조선인의 이용을 언급하고 있는 것으로 볼 때 취소되지 않고 온존하고 있었음을 알 수 있다. 같은 미국 정부 내의 조직인 국무성, 또는 대통령인 FDR이 조선 문제를 경시 내지는 무시한 것에 대하여 OSS는 일본과의 전쟁에 조선인을 이용하려 했던 것이다.

일본은 태평양전쟁에서의 열세를 만회하고자 1943년 5월 31일에 발표한 「대동아정략지도대강」에서 그때까지 자신들이 침공한 지역을 '대동아공영권'에 포함시켜 그 내부에서 수세를 굳힌 다음 전쟁에 더욱 협력하도록 만들기 위하여 버마(현재 미얀마)와 필리핀의 독립을 형식적으로 인정해 주었다. 반면 말라야와 수마트라·자바·보르네오·셀레베스 등은 주요 자원의 공급지였기 때문에 일본령으로 할 것과 대동아회의는 도쿄에서 개최할 것 등을 결정했다. 동년 8월에는 버마가 영국으로부터, 10월에는 필리핀이 미국으로부터 '독립'하면서 대동아회의는 1943년 11월 5일부터 6일에 걸쳐 도쿄에서 개최되었다. 회의에는 의장인 도조 수상 외에 중국 왕자

오밍汪兆銘 정권의 일인자였던 왕자오밍, '만주국' 국무총리인 장징후이張景惠, 필리핀공화국 대통령인 파키아노 라우렐José Paciano Laurel 등이 출석했고 자유 인도의 반정부 수반이었던 찬드라 보스Subhas Chandra Bose가 참고인으로 동석했다.

회의는 6일에 「대동아공동선언」을 채택하여 '대동아'를 영국과 미국의 제국주의에서 해방시킬 것, 그 목적을 위해 '대동아' 각국이 협력할 것 등을 결의했다. 다만 그것을 주도한 일본은 실제로는 동남아시아의 지배지에서 '황민화정책'을 실시하여 군정을 강화해 나갔고, 그에 대한 반발이 서양 제국에 의한 식민지 지배 이상으로 확대되고 있었다. 무엇보다도 조선과 대만에서의 통치를 그만두지 않고 '황민화정책'을 전개하여 더욱더 통치를 강화하려는 모순을 가지고 있었던 것이다.

카이로 회담과 테헤란 회담

제2차 세계대전의 전황 자체는 연합국에게 우세하게 진행되고 있었지만 그때까지 아시아에서 식민지 지배를 해왔다는 '부채'를 안고 있던 연합국 측은, 일본이 전쟁의 도의적인 면에 도전해 온 것에 대해 간과하고 지나갈 수 없었다. 이 때문에 미국의 FDR·영국의 처칠·중국의 장제스는 대동아 회의가 개최되었던 달인 11월 22일 이집트 카이로에서 회담을 가졌다. 이때 영국은 장제스가 참가하는 것에 대해 중국은 실력이 부족하다는 것 등을 이유로 반대했다. 하지만 장제스는 그의 부인인 쑹메이링宋美齡이 미국에서 전개한 로비활동의 영향도 있었고, 또 FDR은 전후 세계질서를 담당할 국가들로 이뤄진 '4명의 경찰관' 체제를 구상하면서 미국·영국·소련과 나란히 아시아의 질서를 담당할 국가로서 중국에 대한 기대가 컸기 때문에, 실력이 부족한 것은 알고 있었지만 장제스의 참가를 강력하게 주장하여 관철시킨 것이었다.

카이로 회담에서는 패전 후 일본을 어떻게 처리할 것인가에 대해 논의가 이루어졌다. 발표예정이었던 선언 문안에는 3개국이 일본의 침략을 제지하기 위해 협력할 것이라고 언급한 후 그 실현을 위해 일본에게 무조건 항복을 요구할 것과, 3개국은 영토를 확장할 의도를 가지지 않는 한편 일본의 영토는 제한한다는 방침 등이 제시되었다. 그리고 11월 27일에 FDR · 처칠 · 장제스가 서명하고 12월 1일에 발표된 카이로 선언서에는 1914년에 제1차 세계대전이 개시된 후 일본이 탈취 · 점령한 태평양의 일체 도서(구 독일령 남양 제도 일부로 적도 이북에 있는 여러 섬들)를 일본으로부터 박탈할 것, 만주와 대만 · 펑후澎湖 제도 등 일본이 중국인으로부터 탈취한 일체의 지역을 중화민국에 돌려줄 것, 일본은 폭력과 탐욕으로 약취한 일체의 지역에서 구축驅逐될 것이라는 내용 등을 담고 있었다.

그리고 카이로 회담 전에 대한민국 임시정부의 요청을 받은 장제스의 주장이 받아들여져서 조선에 대해서도 '3개국은 조선 인민이 노예상태에 있는 것에 유의해서 적당한 시기에 조선을 자유롭고 독립적으로 할 것을 결의한다'라고 언급되었다. 다만 미국에서 일찍이 1938년부터 1940년까지 상무장관을 역임하고, 그 이후에는 FDR의 외교고문을 지낸 해리 홉킨스Harry L. Hopkins가 만든 원안에는 '적당한 시기에 조선을 자유롭고 독립적으로 한다'라는 부분의 '적당한 시기'는 '될 수 있는 한 빠른 시기에at the earliest possible moment'로, '독립적'은 '독립국가independent state'로 기술되어 있었다. 그러나 영국이 그 부분에 대해 이의를 제기하여 전자는 '적당한 시기에in due course'로, 후자는 '독립적indipendent'으로 결정되었고 그 문안이 최종적으로 카이로 선언에 적용되었다.

영국이 이러한 자세를 보인 이유는 영국 자신이 세계 각지에 식민지를

미국이 발행한 우표 '유린당한 국가들' 시리즈 가운데 조선 우표

보유하고 있었고 처칠 자신도 '대영제국의 파산 관리인이 될 생각은 없다' 라고 거듭 말하고 있었기 때문이었다. 즉, 조선 문제에 대한 (영국의 입장에서는 지나친) 언급으로 영국의 식민지체제에 나쁜 영향을 미치는 것을 경계하고 있었다는 뜻이다. 그래도 대동아회의와 선언에 대항하는 목적도 가지고 있던 카이로 회담과 그 선언에서 어쨌든 전후 조선의 해방과 독립이 언급되었다는 것은 국내외의 조선인들에게 큰 희망을 주었다. 반면 카이로 선언에서 조선의 해방과 독립이 즉시가 아닌 '적당한 시기'로 명기되었다는 것은 조선인들에게 불안과 걱정을 안겨주었다. 그리고 결과적으로 보면 전후 한국의 정세에서 이 불안과 걱정은 현실로 나타났다.

이와 관련하여 미국 정부는 제2차 세계대전에서 피침략국의 해방 및 그 것을 위한 미국의 공헌을 강조하기 위하여 1943년 6월부터 12월에 걸쳐 '유린당한 국가들Overrun Countries'이라는 시리즈로 각국 국기를 주제로 한 우표를 발행했다. 그 국가들은 6월에 폴란드를 시작으로 발행 순서는 체코슬로바키아·노르웨이·룩셈부르크·네덜란드·벨기에·폴란드·그리스·유고슬라비아·알바니아·오스트리아·덴마크였고, 대부분 제2차 세계대전 당시 나치·독일을 중심으로 한 유럽 추축국에게 점령당했던 유럽 국가 들이었다. 그러나 그다음 해인 1944년 11월에 제2차 세계대전 시기에 점 령된 나라도 아니고 유럽지역에 있는 나라도 아닌 조선의 우표가, 당시에 는 구 대한제국기의 국기였던 태극기를 소재로 제작·발행되었다. 이러한 사실만 보아도, 또 1935년 이탈리아에 병합된 에티오피아 우표는 발행되 지 않은 것을 보아도 조선의 우표가 발행된 것은 상당히 이례적인 일이었 다. 이처럼 미국 정부가 조선을 '유린당한 국가들'에 포함시켜 우표를 발행 한 이유는, 나치·독일과 함께 격렬한 항전을 계속하고 있던 일본이 유린한 국가로 조선을 다룸으로써, 태평양전쟁 이후 일본이 점령한 곳이 이전에 미 국과 영국이 지배했던 필리핀이나 버마 등이라는 사실을 건드리지 않으면 서 일본이 주장한 '아시아의 해방'이 가지고 있는 모순을 들추어내려 했던 것으로 생각된다. 더구나 이 우표에 곁들여진 태극기 중앙의 태극문양은 대 한제국 시기의 그것과도, 또 현재 대한민국의 태극기와도 미묘하게 다르다. 급히 만들었기 때문인지 정확성이 떨어지는 것이 되었는데, 이것은 나아가 이 시기 조선에 대한 미국의 인식이 그 정도밖에 되지 않았다는 사실도 잘 보여준다.

FDR과 처칠은 카이로 회담 종료 다음 날인 1943년 11월 28일에 이란의 테헤란에서 처음으로 스탈린과 3자 회담을 가졌고 회담은 12월 1일까지 계속되었다. 이 테헤란 회담에서는 유럽정세를 중심으로 논의가 이루어졌 다. 또한 FDR이 스탈린에게 요청하는 형식으로 독일이 항복한 이후 소련 은 일본에 전쟁을 선포한다는 것이 내정된 한편, FDR은 완전히 유명무실 해진 국제연맹 대신 설립하기로 한 국제조직인 UN에 의한 신탁통치 하에 조선을 40년간 두어야 한다는 제안을 했다. 그 제안에 대해 처칠과 스탈린 은 반대하지 않았다. FDR이 그러한 제안을 한 이유는 미국의 필리핀통치로 필리핀은 회복되었고 1931년의 미국과 필리핀의 합의에 따라 15년간 의 회복기(유예기간)를 거쳐 1946년에 독립할 예정이라는 것, 그러한 예에 비추어 조선인은 일본의 통치 하에 30년 이상 있었으므로 통치능력과 경험 이 부족할 것이고 때문에 어느 정도의 훈련기간이 필요하다는 것이 FDR 의 판단이었다. 단 그의 그러한 판단에는 독립을 염원하는 조선인의 생각 에 대한 이해가 부족했고 편견이 있었던 점 또한 부정할 수 없다.

4. 일본의 패전 및 조선통치의 종언과 조선 문제

얄타 회담

태평양전쟁에서 일본의 열세는 1944년에 더욱 심화되었다. 또 유럽전선에 서는 이탈리아가 1943년 9월에 연합국 군대의 공격을 받고 항복했기 때문 에 일본·독일·이탈리아 삼국동맹의 한 축이 붕괴되었다. 연합국은 1944 년 6월 6일, 소련이 요구한 '제2전선'의 구축에 미국과 영국이 따르는 방식 으로 프랑스의 노르망디 상륙작전을 개시하여 성공시켰다. 8월에는 프랑 스 레지스탕스 세력의 협력 아래 미국과 영국이 파리로 진격했고, 8월 25 일에 해방이 이루어져 나치·독일을 비롯한 추축국은 더욱 열세에 빠졌다. 그와 같은 상황에서 1944년이 되자 연합국은 자신들의 승리 및 추축국의 패배를 전제로, 전후 추축국에 점령된 국가와 지역을 중심으로 세계 각국 과 각 지역을 어떻게 처리하는 것이 좋은가에 대해 각국의 실무진들이 여 러 차례 간헐적인 협의를 가졌다. 협의회에서는 전년도 테헤란 회담에서 제시되었던 FDR의 제안도 영향을 끼쳤지만, 조선에 대해서는 일본 통치 하에서 30년 이상 있었던 것을 이유로 들어 우선은 신탁통치를 할 수밖에 없다는 것으로 합의가 이루어졌다. 한편 일본에서는 총력전을 펼치고 있는데도 불구하고 전황의 열세를 막지 못한 것에 대한 불만이 민중들뿐만 아니라 정부 내에서도 고조되었다. 결국 어쩔 수 없이 전황 열세의 책임을 지고 도조 내각은 1944년 7월 22일에 총사퇴했다. 그 후임으로는 태평양 전쟁이 개전된 후인 1942년 5월에 조선총독으로 취임하여 전임총독인 미나미 지로南次郎가 주도했던 '황민화정책'을 더욱 강화한 육군대장 고이소 구니아키小磯國昭가 당일에 바로 취임했다. 고이소의 후임 조선총독으로는 고이소가 수상으로 취임한 날과 동일한 날인 7월 22일에, 일찍이 1939년 8월부터 1940년 1월까지 단기간 수상으로 근무한 경험이 있고 역시 육군대장이었던 아베 노부유키阿部信行가 그때까지 전례가 없던 방식으로 취임했다.

그와 같은 상황에서 조선 내에서 활동하고 있던 여운형은 일본의 패전을 예상·확신했고, 그 후 조선인에 의한 통일정부의 수립을 목표로 1944년 8월 10일 비밀리에 건국동맹을 결성하여 '그때'를 대비했다.

뿐만 아니라 중화민국 국민정부는 1944년 9월 카이로 선언에 서명한 국가 중 하나로 FDR 때문에 '4명의 경찰관' 중 한 명이 되었기에, 전후 조선 문제 처리와 관련하여 충칭에 주재하는 미영 양국 대사와 협의를 가진 결과 「조선 문제 연구요강 초안」을 작성했다. 국민정부는 동년 10월에 이 초안과 관련하여 자국의 입장을 정리하기 위해 군령부·재정부 등에 공문을 발송하여 의견을 수렴하고자 했다. 이때 군령부는 태평양전쟁의 종전과 함께 연합국 측이 한반도에 군대를 파견할 경우 중국군도 같이 군대를 파견할 것, 한강 이남지역은 미영군이, 한강 이북지역은 중국군이 각각 진주할 것, 군대의 수는 중국군이 4, 미영군이 각 1의 비율로 할 것, 새로이 창설하는 한국군은 광복군을 중심으로 할 것, 소련이 대일전에 참전할 경우 중국군을 중심으로 하는 한반도 진공작전이 추진되어야 한다는 것 등의 입장을 분명히 했다.

더욱이 이때 주영대사였던 구웨이쥔顧維鈞은 중국 외교부에 제출한 의견서에서 '일본군이 항복한 후 동맹군이 진공해서 조선인 단체와 지도자들을 중심으로 하는 임시정부를 구성할 경우, 임시정부의 외교·국방·경찰부문에 3년을 기한으로 하는 중국인 고문을 두고 재정과 교통부문에는 미국인 고문, 위생부문에는 소련인 고문을 두는 한편, 외교와 국방은 중국이 주도해야 한다'는 것 등을 주장했다. 이것은 1944년부터 다음 해까지 중국의 현실적인 국력이나 국제적 입장 등을 감안하면 모두 지나친 주장이었다고 할수 있다. 사실 중국은 청일전쟁에서 패전한 후 일본이나 구미열강의 '반식민지화' 상태에 있었으므로 조선 문제에 대해서는 돌아볼 여유가 없었다. 그러나 이 무렵 그러한 상황에서 벗어나고 있던 중국은 조선 문제를 다시 되돌아보고 이전의 조중 종속관계와 같은 상황을 재구축하려 했음을 알 수 있다.

1945년이 되자 유럽의 동부전선은 소련군, 서부전선은 미영군의 맹공격을 받아 독일의 패배는 코앞으로 다가왔다. 태평양전쟁에서도 일본의 열세가 심해지고 있었으므로 전후 상황에 대비하고 또 전후 국제질서를 형성하기 위하여 FDR·처칠·스탈린 등 미·영·소 3국 수뇌들은, 당시에는 소련령이었으나 현재는 우크라이나령인 크림 반도의 얄타에서 2월 4일부터 11일까지 회담을 갖게 되었다. 이 얄타 회담에서는 미·영·소에 이어 프랑스도 가담한 4개국이 패전 후의 독일을 분할점령할 것, 제2차 세계대전 이전 폴란드령 동부의 일부를 소련령으로 하는 한편 독일령 동부의 일부는 폴란드에게 주어 폴란드를 '서쪽으로 이동'시킬 것, 제2차 대전 개전 당시의 폴란드 정권으로서 독일의 침공 및 독일과 소련에 의한 분할점령 때문에 런던으로 망명해 저항을 계속하고 있던 폴란드 런던 정권과, 소련이 독일에게 반격을 가하던 중 루블린Lublin에서 옹립된 폴란드 루블린 임시정권이라는 두 개의 정권 가운데 런던 망명정권은 폴란드로 돌아와 루블린 정권과 합류하여 총선거를 행할 것, 그 외 동유럽 여러 국가들의 처우에 대한 것 등이 결정되었다.

그리고 가미카제제神風 특공대의 자폭공격으로 상징되는 일본의 저항이 정상적인 범위를 넘어섰기 때문에 그에 대한 대응책으로 연합국은 1945년 11월 예정의 가고시마 만 등 미나미규슈南九州 상륙작전인 「올림픽작전Operation Olympic」을, 1946년 3월 예정의 사가미 만相模灣이나 구주쿠리하마九十九里派 상륙작전인 「코로넷작전Operation Coronet」을 수립했다. 그러한 가운데 FDR은 미국병사의 희생을 조금이라도 줄이고 싶은 생각에서 스탈린에게 소련의 대일참전을 강하게 요구했고, 그럴 생각이 있던 스탈린도 대가를 조건으로 그 요구에 응했다. 회담 마지막 날인 11일에 3명의 수뇌가 서명한 얄타 협정에는, 소련은 독일이 항복한 후 2~3개월 이내에 대일 선전포고를 할 것, 그 대가로 러일전쟁 당시 제정러시아가 일본에게 인도한 남사할린을 소련에 반환하고 쿠릴 열도도 소련에게 인도할 것, 뤼순항의 조차권과 만철滿鐵의 경영권은 장제스의 동의를 조건으로 소련에게 인도할 것 등이 결정되었다. 조선에 관해서는 얄타 협정과 관련하여 2월 8일 오전에 FDR이 처칠을 빼고 한 스탈린과의 비밀회담에서 20~30년 동안 미·소·중 3개국에 의한 신탁통치를 조선에서 실시할 것을 제안했다. 그에 대해 스탈린은 신탁통치 자체는 찬성하는 한편 그 기간은 짧으면 짧을수록 좋다는 것과 영국을 포함시키지 않으면 처칠이 크게 화를 낼 것이기 때문에 영국도 포함시키는 것이 좋겠다고 회답했다.

이로써 연합국 측은 유럽과 아시아에서의 전후처리에 대한 주요정책을 결정했지만 그 후 실제로는 상황의 추이에 따르는 부분이 많았다. 즉, 얄타 회담 및 협정으로 이루어진 결정은 모두 잠정적인 것이었고, 특히 조선에 관한 건은 일본이 어떻게 패전하느냐에 따라 좌우되는 부분이 컸기 때문에 그런 의미에서 유동적이었다.

유럽전선의 종결

연합국의 대일방침, 특히 소련이 대일참전을 결정한 상황 속에서 일본은 조선을 포함한 아시아대륙 방면에서 어떠한 대응을 하고 있었을까? 일본은 얄타 회담이 개최되기 직전인 1945년 1월 22일에 제17방면군을 창설하여 한반도의 방위를 담당하게 했고, 따라서 얄타 회담이 한창이던 2월 6일에 조선군은 폐지되었다. 그리하여 제17방면군 사령관, 참모장 및 참모부장이 그때까지 조선군관구 사령관, 참모장 및 참모부장을 겸임했다. 그리고 1941년 7월 7일 조선군 사령관에 취임한 이래 계속 그 자리에 있던 이타가키 세이시로板垣征四郎가 1945년 2월 1일 겸임 형태로 제17방면군 사령관에 취임했고, 4월 7일에 싱가폴 방위를 담당하는 제7방면군 사령관으로 전출되었으므로 후임으로는 고즈키 요시오上月良夫 중장이 취임했다.

이상과 같은 여러 조치는 일본에게 불리하게 전개되고 있던 국제정세 및 소련과 만주 국경에 주둔하고 있던 소련군의 동향을 의식한 대응이었던 것이 분명했다. 그런데 1945년에 이르러 전황이 점점 불리하게 전개되자 일본 본국은 그때까지 소일중립조약을 상호 준수하고 있던 소련을 통해 화평공작和平工作을 전개하고자 했다. 그러나 소련은 전술한 바와 같이 태평양전쟁의 전황을 유리하게 이끌고 있던 미국으로부터 쿠릴 열도를 비롯한 '대가'를 조건부로 대일참전을 부탁받았고 그에 응하는 태도를 보이고 있었다. 또한 유럽전선에서 미·영·소 대 나치·독일 '대동맹'이 서로 대응하고 있었던 점을 냉정하게 생각해 보면, 일본이 전술한 테헤란 회담이나 얄타 회담에서 결정된 미소 간의 합의에 대해 잘 알지 못했다고 하더라도 애초에 소련을 통한 화평공작이라는 일본의 계획이 성공할 가능성은 없었다. 그럼에도 불구하고 소련을 통한 화평공작을 계속 시도했기 때문에 일본의 항복은 지연되었고, 이것은 조선 문제에도 중대한 영향을 초래하게 되었다.

한편 OSS는 전술한 「올리비아 계획」을 계승하는 형태로 1945년에 들어와 조선인을 대일작전에 활용하기 위한 구체적인 계획을 세웠는데, 그것은 3개의 계획으로 이루어졌다. 첫 번째는 「냅코계획NAPKO Project」으로 미국본토 및 하와이에 거주하고 있는 조선인과 위스콘신 주 맥코이 수용소Camp McCoy에 수용되어 있던 조선인 포로 중에서 인원을 선발하여, 그들을 한반도 및 일본에 투입시켜 게릴라 활동 및 정부를 수립하기 위한 계획이었다. 두 번째는 「독수리작전The Eagle Project」으로 중국에 있던 조선인, 특히 광복군을 활용하기 위한 계획이었다. 세 번째는 「북중국첩보계획North China Intelligence Project」으로 중국 옌안지역에 있던 조선인 공산주의자들을 이용하여 만주와 한반도·일본 등의 지역에 대한 첩보활동을 추진하기 위한 계획이었다.

그중에서 광복군과 관련이 있던 「독수리작전」은 1945년 2월 OSS의 비밀정보부Secret Intelligence Branch가 계획했고, 도노반과 중국 주둔 미군 총사령부의 승인을 거쳐 3월에 수립되었다. 광복군 측도 OSS와의 제휴를 바라고 있었으므로 OSS와 광복군은 3월 15일 군사합동작전에 관한 6개항의 원칙에 합의했다. 다음 날에는 충칭에 있던 김구와 이청천이 합의에 승인함으로써 OSS와 광복군 간의 군사합작이 실현되는 방향으로 나아갔다. 합의에 따라 OSS는 산시陝西 성의 시안西安에서 광복군 제2지대를, 안후이 성의 푸양阜陽에서 제3지대를 각각 훈련시켰다. 제2지대는 제1기생과 제2기생으로 나누어 5월 21일부터 제1기생에 대한 훈련을 실시했다. 첩보과목 등의 학과목을 끝낸 후에는 야전훈련을 실시했고, 사격·폭파·도강 등을 가르쳤다. 훈련은 8월 4일에 종료되었는데 최후까지 남은 사람은 38명이었다. 이어서 제2기생 18명에 대한 OSS의 훈련은 8월 14일부터 실시될 예정이었으나, 일본이 항복했다는 보도가 전해지면서 실시되지 못했다. 한편 제3지대에 대한 훈련은 우여곡절을 겪은 후 5월 상순, 혹은 7월 초부터 실시되었는데 역시 일본의 항복으로 도중에 중지되었다. 그래도 OSS와 광복군은 계획된 「국내연진군편성표國內挺進軍編成表」에 따라 국내진공작전도 계획하고 있었다. 「국내연진군편성표」에 의하면 '조선 8도' 중 한반도 북서부의 평안도·황해도·경기도를 제1지구, 남서부의 충청도·전라도를 제2지구, 동부의 함경도·강원도·경상도를 제3지구로 나누어 한반도의 모든 방면으로 진입할 예정이었다.

「냅코계획」 역시 OSS가 미국 본토에서 잠수함 및 낙하산을 이용하여 전술한 재미조선인 및 조선인 포로 중에서 선발한 공작원을 한반도에 침투시킨 후 정보수집이나 거점의 확보, 사보타지 활동 등을 전개하려는 것이었다. 미국에서는 이승만도 그 계획에 관여했으며, 공작원이 된 조선청년들에 대한 훈련은 서해안의 샌프란시스코 근교에서 이루어졌다. 그리고 한반도에 침투만 하면 되는 시기에 역시 일본의 항복보도가 전해지면서 「냅코계획」도 실시되지 못한 채 끝나고 말았다.

전황이 일본과 독일의 패배가 확실해지는 상황으로 전개되던 중인 1945년 4월 12일 FDR이 급사했다. 후임 대통령으로는 역사상 최초로 4번째 임기를 맞은 FDR 정권의 부대통령이 된지 얼마 안된 해리 트루먼Harry S. Truman이 취임했다. 트루먼은 FDR 생전에 외교정책 등에 대해 FDR로부터 전달받은 것이 아무것도 없었다. 또한 트루먼은 원래 내정지향성이 강한 반면 외교에 대해서는 자신이 없었으므로, 국무성을 놔두고 자신이 직접 나서기를 즐겼던 FDR과 달리 외교문제를 국무성, 특히 이 시기에 국무성을 실질적으로 이끌고 있던 국무차관인 그루에게 일임했다. 그리고 얄타 회담 당시 루블린 정권과 런던 정권의 합류에 합의했던 폴란드 문제가 양 정권의 합류 후, 루블린 정권이 주요한 포스트를 차지하여 런던 정권을 쫓 아낸 뒤 사실상의 우위를 점하는 전개를 보이고 있었고, FDR 생전부터 마 찰을 일으키고 있던 미소관계 때문에 트루먼은 국무성, 즉 그루에게 끌려 가게 되었다. 이어서 유럽전선은 엘베강에서 미소 양군의 회합, 소련군의 베를린침공과 베링공방전의 전개, 4월 30일에 히틀러의 자살 등으로 이어 졌다. 히틀러 사후 정권을 위임받은 칼 되니츠$^{Karl\ Dönitz}$는 먼저 5월 7일 서 부전선에서, 그리고 다음 날인 5월 8일에는 동부전선에서 항복하여 독일 의 항복, 나치 정권의 소멸, 그로 인한 미·영·불·소 4개국에 의한 독일 분 할점령이 이루어졌다.

유럽전선이 종결되자 FDR 정권 당시 그가 요청하는 형식으로 결정된 소련의 대일참전은 일본이 유일한 적국으로 남게 되면서 더 이상 FDR 정 권 때처럼 미국에게 반드시 필요하지 않게 되었다. 오히려 역으로 전후에 소련이 일본에 대해 발언권을 갖지 못하도록 하기 위해서는 피하는 것이 바람직해졌다. 그리고 반공반소의 입장에서 소련에게는 강한 입장을 취하 는 한편 일본에게는 FDR 정권 때처럼 무조건 항복을 요구하는 등의 강경 한 자세를 버리고, 오히려 전후 반공반소 정책의 전개에 일본을 이용하기 위하여 일본을 존속시키는 방법을 트루먼에게 권한 사람이 그루였다. 또 한 FDR의 전임 대통령이었던 허버트 후버$^{Herbert\ Hoover}$도 같은 생각이었다. 후버는 민주당 출신인 트루먼과 달리 공화당 출신이었지만 사망한 FDR에 게 감정이 좋지 않았다는 공통점 때문에 트루먼과 친해졌고, 트루먼도 대 통령 재임 시 '지도자'로 존경했던 인물이었다.

후버는 5월에 반공반소 정책과 일본을 존속시키는 정책을 권하는 편지를 트루먼과 스팀슨에게 보냈다. 스팀슨은 일찍이 후버 정권에서 국무장관을 역임했고, 1940년부터는 초당파로서 육군 장관에 재임 중이었다. 편지 내용 중에는 일본을 존속시키는 것이 바람직하다는 것과, 그 전제조건 중의 하나로 패전 후에도 일본이 조선 및 대만을 계속 영유하게 할 것을 들고 있었다. 카이로 선언 등에서 미국은 이미 조선의 독립을 약속했고, 그리고 무엇보다도 조선인의 독립의지가 강했던 것 등을 생각하면 후버의 생각이 현실로 이루어지는 것은 극히 희박했다. 그런데도 패전 후 일본의 조선영유 지속안이 나왔다는 것은, 조선보다도 일본을 우선시하는 미국의 전통적인 자세가 일본의 패전이 눈앞에 닥쳤던 이 시기에도 계속 살아있었다는 것을 여실히 보여준다.

독일의 항복을 받은 소련군은 유럽전선에서 소련과 만주 국경을 향해 이동했고, 그 사실을 현지의 관동군도 알고 있었다. 또 소련 정부와 계속 접촉하고 있던 주소련대사 사토 나오타케佐藤尚武는 그보다 앞선 시기인 1945년 4월 5일에 소련 외상인 몰로토프V. M. Molotov와 회견을 가졌다. 이때 사토는 소련에게 1946년 4월이면 5년 만기에 접어드는 소일중립조약의 갱신을 요청했다. 그에 대해 몰로토프는 조약이 체결된 1941년과 1945년과는 국제상황이 달라졌고, 일본은 소련군이 적대시하는 나치·독일과 연합한 한편 소련이 '대동맹'을 맺은 미국·영국과 적대관계가 되었으므로 소일중립조약을 갱신할 수 있는 기반을 이미 잃었다고 지적했다. 따라서 조약 규정에 따라 조약 만기 1년 전에 갱신없이 폐기한다는 것을 통고하는 취지의 회답을 몰로토프로부터 받았다. 그러자 사토는 조약상 만기일인 1946년 4월 25일까지는 조약이 유효하다는 사실을 지적했고 몰로토프도 그것만은 거부할 수 없었다. 결과적으로 사토는 조약파기는 중지시켰지만 갱신에는 실패했던 것이다.

단 소일중립조약이 그 시점에서 파기되었다면 일본은 성공할 가능성이 없는 소련을 통한 화평공작을 단념했을 가능성이 높다. 독일이 항복하기 전의 일이기도 했고 소련의 대일참전이 바로 이루어질 일은 없다고 예상 되었지만, 실제보다도 빨리 이루어질 가능성은 있었던 것이다. 따라서 일 본의 항복도 빨리 다가올 가능성이 높았고, 이후의 한반도 상황도 실제와 는 다르게 전개될 가능성이 컸을 것으로 생각된다. 결국 사토는 이때 이후 부터 소련을 통한 화평공작에 회의를 느끼게 되었고 그 일을 일본 정부에 도 여러 번 보고했다. 한편 일본 정부는 그 후에도 계속해서 소련을 통한 화평공작을 시도하여 귀중한 시간과 인명·자원 등을 계속 낭비했다.

연합국 측은 추축국 가운데 최후의 국가가 된 일본을 항복으로 몰아가 는 것을 목표로 했다. 한편 일본에서는 1945년 4월 전황 악화에 대한 책임 을 지는 형태로 고이소 구니아키 내각이 총사퇴했고, 해군 출신의 중신이 었던 스즈키 간타로鈴木貫太郎가 후임으로 취임했다. 스즈키에게 부과된 것 은 국체의 수호, 즉 천황제天皇制의 유지를 전제로 하면서 어떤 방식으로 일 본에게 유리하게 항복하느냐 하는 것이었다. 미군이 상륙을 개시함에 따 라 3월 말에 시작된 오키나와전투는 일본 군민, 특히 다수의 민간인이 목 숨을 잃는 처참한 상황으로 전개되었다. 일본군의 조직적인 저항은 6월 23 일에 끝났고 오키나와는 미군정 하에 들어갔다. 나아가 일본 본토에 대한 미군의 총공격이 예상되었지만 일본 정부는 이 시점에도 여전히 소련군을 통한 화평공작에 계속해서 기대를 걸고 있었다.

원폭투하와 소련의 참전

연합국 측은 제2차 세계대전의 전후처리 및 일본을 어떻게 항복으로 몰아 갈 것인가를 논의하기 위하여 1945년 7월 17일부터 베를린 근교의 포츠담에서 회의를 개최했다. 트루먼과 처칠[43] 그리고 스탈린을 중심으로 한 미·영·소 3국의 수뇌는 항복·분할점령된 독일에 관한 여러 문제와 현안에 대해 논의하여 합의에 이르렀다. 일본에 대해서는 트루먼, 클레멘트 애틀리Clement Attlee, 장제스 등 미·영·중 3국 수뇌가 서명한 포츠담 선언이 7월 26일에 발표되었다. 다만 포츠담 회담에 참가하고 있던 스탈린은 그 시점에는 소일중립조약을 폐기하지 않은 상태였기 때문에 서명하지 않았고, 처칠은 사임한 직후 바로 귀국해 버린 가운데 후임인 애틀리는 아직 오지 않았으며, 게다가 장제스는 회담장에 대체로 나오지 않았다. 이 때문에 선언 문안을 무선으로 알려 수락을 받은 트루먼이 애틀리와 장제스의 것을 합쳐서 서명했다. 이것으로도 분명히 알 수 있듯이 포츠담 선언은 트루먼 즉, 미국의 주도 하에 이루어졌던 것이다.

포츠담 선언에는 일본국 군대에게 무조건 항복을 요구할 것, 항복 후 일본점령, 일본에서 군국주의 세력의 제거, 전쟁범죄자의 처벌, 민주주의적 경향의 부활을 강화, 평화적 경향의 정부 수립과 그것을 확인한 후 점령을 종료한다는 내용 등이 포함되어 있었다. 그와 함께 카이로 선언 각 조항의 이행 및 일본국의 주권을 혼슈本州·홋카이도北海島·규슈九州·시고쿠四国와 연합국이 결정한 여러 작은 섬으로 한정한다는 내용도 들어있었다. 조선에 대해서는 직접 언급하지 않았지만 조선을 일본에서 분리하여 해방시킨다는 것은 재확인되었다.

그러나 회담에 앞서 포츠담으로 향하는 미국대표단에게 맡겨진 선언문의 초안에는 그루와 스팀슨이 주장했던 천황제를 남겨둔다는 조항이 있었다. 하지만 그 조항은 천황에게 책임을 물어야 한다는 요구가 연합국 내부에서만이 아니라 미국에서도 강하게 일어났기 때문에 국무장관 제임스 번즈James F. Byrnes에 의해 삭제되었다. 그 때문에 선언문을 건네받은 일본 정부 내에서는 선언문에 천황제 유지에 관한 언급이 들어있지 않은 것에 대해 부정적인 의견이 강했다. 따라서 고노에 후미마로를 모스크바에 특사로 파견하여 소련을 통한 화평공작을 진행한다는 계획과 함께 선언을 수락하지 않는 방향으로 기울어졌다.

스즈키는 7월 28일에 선언을 수락하지 않고 '묵살할 뿐'이라는 표현을 기자회견에서 언급했고, 연합국 측에게 그러한 '묵살'은 '무시' 내지는 '거부'로 받아들여졌다. 그로 인하여 미국은 7월 16일 원자폭탄을 개발한 맨해튼 프로젝트가 성공하여 막대한 개발비용이 헛된 것이 아니었다는 것을 보여주기 위해서라도, 또 관계가 악화되고 있던 소련에게 원폭의 위력을 보여주기 위해서라도, 그리고 소련이 대일전에 참전하기 전에 일본을 항복으로 내몰아 전후 소련의 대일발언권을 줄이기 위해서라도 원폭을 사용해야 한다고 결정했다.

결국 미국은 1945년 8월 6일 먼저 히로시마에 원폭을 투하했다. 히로시마 시내는 곧 맹렬한 불길에 휩싸였고 십수만 명에 이르는 사망자가 발생했다. 강제연행 등으로 히로시마에 있던 약 5만 명의 조선인 중 2만 명 이상이 이때 희생되었다.[44] 이 '신형폭탄'의 투하로 일본 정부는 동요하면서도 더욱 전쟁을 계속하겠다는 방침을 고수하려 했다. 바로 그때 주소련대사인 사토 나오타케는 독일이 소련에게 항복한 지 꼭 3개월 후인 8월 8일 몰로토프에게 소환되었고, 사토는 화평공작을 위해 특사를 파견하겠다는 소련방문 제안에 대한 답을 듣기 위해 소환에 응했다. 그러나 사토가 받은 것은 예상은 했으나 두려워하던 것이 현실로 된 소련의 대일 선전포고서였다. 스탈린은 포츠담 회담 당시 원폭이 완성되었음을 트루먼으로부터 통고받았지만 이미 미국 내에 있던 스파이로부터 원폭이 개발되었음을 사전에 보고받아 알고 있었다. 게다가 스탈린은 트루먼에게는 아무렇지 않은 듯 회답했지만 자국의 관계자와 과학자들에게 원폭 개발을 서두르라고 지시했다. 아울러 미국의 대일 원폭투하는 전술한 바와 같이 소련을 견제하기 위한 목적도 갖고 있었기 때문에 당초의 예정보다 서둘러 시행되었던 것이다. 이것은 원폭의 투하와 소련의 대일참전이 조선의 미래와 밀접한 관계를 갖고 있었음을 여실히 보여준다. 소련의 대일참전에 따라 소련군은 다음 날인 8월 9일에 만주·남사할린·쿠릴 열도 등 당시의 일본령 내지 일본의 영향 하에 있던 지역에 전면적인 공격을 가했다. 특히 만주의 관동군은 이미 세력이 꽤 약화되어 있었으므로 소련군은 파죽지세로 석권할 태세를 보이고 있었다. 그리고 소련군은 조선에도 공격을 가하여 7월부터 함흥에 집결해 있던 일본군 제34군과는 눈에 띄는 교전이 없었지만, 보다 북동쪽에 위치한 웅기와 나남에는 8월 12일부터 13일에 걸쳐, 북동쪽에 위치한 청진에는 13일에 해로를 통해 공격을 가해왔다. 일본은 있는 힘을 다해 싸웠지만 전력에 차이가 있었으므로 전황은 소련군에게 유리했고, 소련군은 한반도 북쪽에서 남쪽으로 진격했다. 소련의 대일참전은 그 직전까지 소련을 통한 화평공작이 성공할 것이라 굳게 믿고 있던 일본 당국에게 커다란 충격을 주었다. 미국은 히로시마에 원폭을 투하한 뒤 연이은 투하가 없으면 일본의 전의를 꺾을 수 없다는 판단 하에 소련의 대일참전과 동시에 8월 9일 두 번째 원폭을 투하했다. 고쿠라小倉(현재 기타규슈北九州지역의 일부)가 당초의 예정지였으나 기후가 좋지 않았으므로 두 번째 후보지였던 나가사키에 대신 투하했다. 히로시마 정도는 아니었지만 나가사키 역시 많은 사상자를 냈고 나가사키에 있던 약 2만 명의 조선인 중 약 1만 명이 이때 희생되었다.

일본의 조선통치기에 히로시마로 건너가 살다가 피폭을 당한 사람들 중에는 경상남도 합천출신이 많았다. 그 후 그들 대부분은 고향으로 돌아왔지만 그들을 포함한 재한 피폭자에 대해 일본 정부는 일본인 피폭자와 동일한 지원을 해주지 않았다. 그래도 1996년에 전체 재한 피폭자의 4분의 1이 살고 있는 합천에 일본 정부는 '인도적 지원'으로 모은 기금으로 합천 원폭 피해자 복지회관을 건설했고 피폭자들 대부분이 그곳에 입소해 있다.

'38도선'의 탄생

이와 같이 두 번에 걸친 원폭투하와 소련의 대일참전으로 이제 일본의 항복은 시간문제였다. 그러나 소련은 한반도 북부지역으로 진격하여 한반도 전체를 점령할 수 있었던 상황이었던 반면, 한반도에서 제일 가까운 미군은 아직 오키나와에 있었고 한반도에 미군을 파견하기까지는 상당한 시간이 필요한 상황이었다. 그래서 미국은 소련이 단독으로 한반도를 점령하는 사태를 막고 미군도 한반도 점령에 관여하기 위하여, 8월 10일에서 11일에 걸쳐 국무·육군·해군을 포함한 3성 합동조사위원회^{SWNCC}를 개최하여 미소 양국의 한반도 분할점령안을 소련군에 제시하기로 결정했다. 동 위원회는 구체적인 분할점령 방법이나 분할선에 대해서는 그 자리에 있던 두 명의 육군대위, 즉 1966년부터 69년에 걸쳐 주한 유엔군사령관을 지내는 찰스 본스틸Charles H. Bonesteel과, 1961년부터 69년까지 존 F 케네디John F. Kennedy 정권과 린든 B 존슨Lyndon B. Johnson 정권에서 국무장관을 지내는 딘 러스크Dean Rusk에게 대안을 마련하라고 지시했다.

지시를 받은 두 사람은 미국이 최대한의 북쪽지역까지 일본의 항복을 받아내는 한편, 한반도에서 멀리 떨어진 오키나와에 있던 미군의 위치를 감안하되 서울은 미국이 점령하고 싶다는 조건을 충족시키는 선에서 잡지 『내셔널 지오그래픽』에 실린 한반도 지도를 보며 38도선을 분할선으로 결정했다. 덧붙이자면 러스크는 몇 년 후 회상하기를, 당시 두 사람은 앞에서 언급한 49년 전인 1896년에 맺은 야마가타–로바노프 협정에서 38도선을 따라 러시아와 일본 사이에 '용병지역의 확정'이 이루어진 사실을 몰랐고, 만일 그때 그것을 알았더라면 다른 선을 골랐을 것이라고 했다.

그렇게 미국은 38도선을 분할선으로 이북지역은 소련이, 이남지역은 미국이 해당지역의 일본군에게 항복을 받아 무장 해제시킨다는 명목으로 할 것을 소련에게 제안하기로 결정했다. 8월 13일 연합국 군최고사령관에 취임한 더글라스 맥아더^{Douglas MacArthur}는 다음 날인 8월 14일에 이와 같은 38도선 한반도 분할안을 소련 측에 제안했다. 그에 대해 소련은 8월 16일에 미국의 제안을 받아들인다는 뜻을 보내왔다. 그 당시 한반도에서 미국보다 유리한 상황에 있던 소련군이 미국의 제안을 받아들인 이유는, 제안을 받아들이는 대신 소련이 일본의 분할점령에 관여하겠다는 것을 미국에게 납득시키기 위해서였다. 그리고 전술한 1903년의 러일교섭 때와 마찬가지로 적대적 국가가 한반도 전체를 장악하는 것은 인정하지 않는 한편, 자신들이 한반도 전체를 장악하는 것도 과잉개입으로 생각하여 원하지 않았던 것이라고 생각된다.

실제로 스탈린은 8월 16일 트루먼에게 보낸 비밀전보에서 쿠릴 열도를 소련 점령 하에 두는 것에 더하여, 홋카이도 중서부에 위치한 루모이^{留萌}와 동남부에 위치한 구시로^{釧路} 간 라인의 이북에 있는 홋카이도 북동지역을 소련 점령 하에 둘 것을 요구했다. 그러나 트루먼은 8월 18일에 이미 소련군이 점령한 쿠릴 열도에 대해서는 받아들인 반면, 홋카이도 동북지역에 관해서는 '일본 본토의 점령은 미국 한 국가만이 행한다'는 것을 이유로 거부하는 회답을 보냈다. 그럼에도 불구하고 스탈린은 미국이 제안한 38도선 한반도 분할안을 거부하지 않았다. 그리하여 유럽의 패전국인 독일과 달리 동아시아의 패전국이 된 일본은 분할통치를 피할 수 있었던 반면, 36

년 동안 일본의 통치하에 있었던 조선은 분할통치가 결정되었던 것이다.

다만 그 한편에서 스탈린이 38도선 한반도 분할안을 받아들인 8월 16일에 미국통합참모본부Joint Chiefs of Staff는 미국이 일본을 단독으로 점령하는 것은 부담이 크다는 것과, 전후 연합국 간의 협조관계 등을 고려하여 영·중·소 3국에게도 일본 및 '일본영토'였던 한반도의 점령을 분담시키려 했다. 통합참모본부의 일본과 한반도 점령계획은 다음과 같이 3단계로 계획되어 있었다.

제1단계: 처음 3개월은 미국이 일본을 단독으로 점령하는 한편, 조선은 미소 양국이 잠정적으로 분할점령한다.

제2단계: 제1단계에 이어 미·영·중·소 4개국은 9개월 동안 일본과 조선을 분할점령한다. 그중 일본에 대해서는 홋카이도 및 도호쿠東北 지방은 소련이, 간토 (관동)關東·주부中部지방(미에三重 현 포함, 후쿠이福井 현 제외)은 미국이, 도쿄는 미·영·중·소 4개국이 공동으로, 긴키近畿 지방 및 후쿠이 현은 미·중 2개국이 공동으로, 시고쿠지방은 중국이, 주고쿠와 규슈 지방(오키나와를 포함)은 영국이 각각 점령한다. 한편 조선에 대해서는 함경도·강원도는 소련이, 평안도·황해도는 중국이, 전라도 및 제주도는 영국이, 경기도·충청도·경상도는 미국이, 서울은 미소 양국이 공동으로 각각 점령한다.

제3단계: 점령 개시부터 제1단계와 제2단계를 거친 1년 후 점령군 대부분은 일본과 조선에서 철수하는 한편, 조선에는 4개국 공동관리 위원회를 설치해 신탁통치를 거친 후 완전히 독립시킨다.

이 계획은 결국 통합참모본부 내에 보류되어 미국 정부 전체로 퍼지지는 않았다. 특히 제2단계 이후는 결국 실행되지 않았다. 그러나 일본과 조선을 하나로 보고 점령하려 했다는 것, 이 계획만이 아니라 일본도 분할점령될 가능성이 적지 않게 있었다는 것, 그럼에도 불구하고 미소관계의 악화와 상호불신이라는, 일본이나 조선 스스로는 어찌할 수 없었던 요인에 따라 일본의 분할통치는 취소된 반면 조선의 분할통치는 확정되는 매우 대조적인 결과를 초래하게 된 것이다.

포츠담 선언의 수락

두 번에 걸친 원폭투하와 소련의 대일참전으로 일본이 전쟁을 계속하는 것은 현실적으로 불가능하게 되었다. 때문에 일본은 1945년 8월 10일 '국체의 수호'를 조건으로 포츠담 선언을 수락하겠다는 뜻을 중립국인 스위스와 스웨덴을 통해 연합국 측에 전달했다. 이에 대해 연합국 측은 8월 11일에 '항복 이후 천황 및 일본 정부의 국가통치 권한은 연합국 군최고사령관에게 종속된다(영어원문은 'subject to'로, 일본 외무성은 '제한 하에 둔다'라고 번역했다)라고 회답했다. 일본 정부는 회답을 받은 후 '국체의 수호'가 이것으로 유지되었다고 하는 도고 시게노리東鄕茂德 외상이나 요나이 미쓰마사米內光政 해상 등과, 그것으로는 부족하다고 하는 아나미 고레치카阿南惟幾 육상 등과의 사이에 격론이 오갔지만 결론이 나지 않았다. 결국은 8월 14일에 천황도 참석한 어전회의에서 천황이 '결정'을 내려 수락하는 것으로 결정되었고, 연합국 측에도 그 뜻을 전달했다. 그리고 다음 날인 8월 15일에는 천황이 포츠담 선언을 수락한다는 것을 국민에게 알리는 '천황의 항복방송*'이 라디오를 통해 흘러나왔다. '내지' 일본에서는 이 방송을 듣고 패전의 충격과 공습 등을 받지 않고 지내게 됐다는 안도감이 뒤섞여 망연자실한 사람들이 많았다. 반면 '외지' 조선에서는 36년간 일본의 통치가 결국 끝났고 독립할 수 있다는 환희와 기대감에서 많은 사람들이 일장기에 색을 덧

---

* 원문은 천황의 목소리(天皇の肉聲)를 뜻하는 '옥음(玉音)방송'으로 표기했다.

칠해 만든, 일본 통치기에는 갖고 다닐 수 없었던 태극기를 손에 들고 거리로 나와 환호성을 지르며 무리를 이루어 걸어가는 광경을 도처에서 볼 수 있었다.[45]

그리고 조선인들은 전술한 서울 남산에 있던 조선신궁을 비롯하여 조선 각지에 세워져 있던 신궁과 신사를 차례로 파괴했다. 하지만 일본이 조선 통치기에 건설한 건축물들은 광복 후에도 그대로 남았고, 그중에는 현재까지 남아서 사용되고 있는 것도 결코 적지 않다. 한편 현존하고 있는 신궁과 신사는 대한민국과 조선민주주의인민공화국 전체에서 전라남도 고흥군 소록도에 있으며, 1935년에 건립되어 2004년에 등록 문화재 제71호로 지정된 '구 소록도갱생원 신사' 하나뿐이다. 이것은 일본이 조선 통치기에 시행한 여러 정책 중에서 일본의 국가 신토神道를 조선인에게 정신적으로 고취시키는 상징이었던 신궁과 신사라는 존재, 그리고 그 흡수를 강요한 신사참배라는 행위가 조선인들에게는 다른 그 무엇보다 받아들이기 어려웠던 것임을 여실히 보여주고 있다. 파괴된 조선신궁 유적지에는 그 후 남산공원이 조성되었고 그 곳에는 현재 서울시내 전역에서 그 꼭대기를 한눈에 볼 수 있는 남산 서울타워와 안중근 의사 기념관, 김구 동상 등이 세워져 있다.

한편 여러 증언에 의하면 조선총독부 관료들은 8월 15일 '천황의 항복방송' 이후 총독부 청사 각 계단 창문으로 중요 서류를 내던진 후 중앙 뜰에서 기름을 뿌려 소각했다고 한다. 당일 시원하게 트인 푸른 하늘 아래 무수한 재가 가랑눈처럼 날리고 검은 연기가 솟아올랐는데 이는 십수 일간 계속되었다고 한다. 그리하여 대량의 조선총독부 문서가 소각되었고[46] 그중에는 예를 들면 '종군위안부'에 관한 것도 포함되어 있었을 것으로 추정된다. 소각되지 않고 남은 조선총독부 문서는 현재 대한민국 행정자치부 국가기록원[47] 대전 본원에 주로 보존되어 있고 열람도 가능하다.

조선건국준비위원회의 발족

이러한 상황 전개에 앞서 조선총독부 제2인자인 정무총감 엔도 류사쿠遠藤 柳作는 8월 15일에 소련이 조선으로 진군하여 조선 전체를 점령할 것이라고 전망했다. 그는 패전과 소련점령이 전망되는 혼란 속에서 조선인 지도자 중 온건파로 알려진 여운형과 접촉했다. 엔도는 여운형에게 치안유지 및 재한 일본인의 안전과 재산의 보호 등을 위하여 협력을 요청했다. 이에 여운형은 1. 정치범 및 경제범을 즉시 석방할 것, 2. 8월부터 3개월 간의 식량을 확보해 줄 것, 3. 조선인들의 치안유지 및 건국운동을 위한 정치활동에 대해 간섭하지 말 것, 4. 학생과 청년들을 훈련하는 것에 대해 간섭하지 말 것, 5. 노동자·농민의 조직화와 동원에 대해 간섭하지 말 것 등의 5개 조항을 제시했다. 엔도가 그 조건을 받아들였으므로 조선의 행정권은 사실상 일단 조선총독부에서 여운형에게로 넘겨졌다. 여운형은 이날 행정권을 넘겨받음으로써 자신이 44년에 조직한 건국동맹을 모체로 한 조선건국준비위원회(이하 건준)를 발족시켰고, 좌우 정치세력의 결집을 위해 우파의 지도적 인물이었던 송진우에게 합류를 요청했지만 송진우는 이를 거부했다.

한편 국외에 있던 조선인 독립운동가 가운데 1940년 이래 대한민국 임시정부의 주석직을 맡고 있던 김구는, 전술한 바와 같이 광복군이 미국 OSS(현재 미합중국의 중앙정보국인 CIA의 전신)의 특수훈련을 받은 후 미 잠수함 및 비행기를 타고 본국으로 진공하기 직전에 일본의 항복소식을 접했다. 그는 광복군의 진공으로 일본의 패전에 공헌하지 못한 점이 너무나도 개탄스럽다는 것, 이것은 전후 조선의 발언력 저하로 이어질 수 있다는 것 등의 감상을 기록으로 남겼다. 김구는 단순히 일본의 항복과 조선의 해방을 기뻐하지 않고 전후 조선의 미래를 걱정하고 있었던 것이다. 그리고 그후 조선을 둘러싼 상황은 김구가 걱정한 대로 전개되어 나갔다.

건준을 설치하고 행정권을 위임받은 후인 8월 16일에, 엔도와 여운형 사이의 약속대로 약 16,000명의 정치범이 석방되었다. 한편 조선총독부는 전술한 바와 같이 소련군의 서울진공과 점령을 두려워하고 있었는데, 미국 본토에서 미소 양국에 의한 한반도 분할점령 방침과 서울이 미군 점령 하에 들어가는 것으로 결정된 사실을 모르고 있었기 때문이었다. 그래서 일본은 미군에 의한 점령이 오히려 바람직하다고 생각하여 8월 31일 오키나와에 있던 미 제24군과 처음으로 무선연락을 취했다. 그 이후 조선총독부는 영어에 능통한 조선총독부 관료와 오다 야스마小田安馬가 중심이 되어 조선의 상황을 작성·기록한 영문보고서를 간헐적으로 여러 차례 오키나와에 있는 미군에게 보냈다. 그 내용은 조선인을 중상 비방하는 것으로서, 조선인은 미군 상륙 후 어떠한 조치도 방해할 것이 틀림없는 무법한 폭도라는 인상을 주는 것이었다. 그 보고를 받은 오키나와의 미군 즉, 이미 맥아더의 지시로 북위 38도선 이남의 미 점령사령관으로 내정되어 있던 존 하지John R. Hodge 중장은 9월 4일 부하인 미 제24군 장교들에게 조선은 미국의 적국이라는 것, 따라서 항복에 따른 규약과 조건을 조선에 적용하라는 것 등의 지시를 내렸다. 그리고 찰스 해리스Charles Harris 준장 외 31명의 선발대가 9월 6일 서울에 도착한 후 조선총독부 측에서 마중 나온 관료와 함께 차로 이동했는데 그때 동승한 관리가 바로 오다였다. 오다는 그 후에도 미군을 위해 여러 가지 편의를 제공했다. 해리스 등의 선발대와 절충한 일본은 미국이 요구하는 여러 시설을 서울 중심부에서 제공할 준비가 되어 있으며, 행정에 필요한 관계서류는 모두 정리되어 있고 다음 날 아침 그것들을 건네주겠다고 전했다. 교섭이 별 무리 없이 진행되었기 때문에 그 후 일본군과 조선총독부는 선발대를 환영하는 연회로 대체하는 한편, 선발대와 접촉하려는 조선인들은 모두 쫓겨났다. 그래서인지 해리스 등 선발대 간부는 다음 날인 9월 7일에 엔도를 방문하여 미국은 조선총독부의 조직과 인원을 그대로 존속시킬 생각이 있다고 전했다. 그에 대해 엔도는 아베 노부유키나 자신의 역할은 어떻게 되는가에 대해 질문했는데, 해리스는 완전한 재량권을 줄 것이며 미군사령관은 지휘와 감독역할을 할 뿐이라고 대답했다. 그 대답을 들은 엔도는 해리스의 발언을 문서로 만들자고 요청했지만 해리스는 역시 그 요구에는 응하지 않았다. 해리스가 엔도에게 말한 것은 그 후 실현되지 않았지만, 미국은 정책을 전개할 때 항상 조선(한국)에 비해 일본을 중시하는 한편 조선(한국)은 그만큼 경시하는 태도를 취했음을 여기에서도 확인할 수 있다.

맥아더는 일본과의 항복문서 조인을 위해 8월 30일에 필리핀을 출발하여 가나가와神奈川 현의 아쓰기厚木 해군비행장에 도착했다. 3일 후인 9월 2일 도쿄만에 정박해 있던 미 전함 미주리호의 선상에 오른 맥아더는 연합국 대표들을 상대로 한 항복문서에 조인하기 위해 승선한 일본 전권대신 시게미쓰 마모루重光葵(일본 정부 대표) 및 우메즈 요시지로梅津美治郎 (일본군 대본영대표) 2명을 만났고, 연합국 군최고사령관으로서 항복문서를 받아들인다는 것을 연합국 대표들과 함께 서명했다. 그리고 맥아더는 같은 날 북위 38선을 경계로 미군은 이남지역, 소련군은 이북지역에 있는 일본군을 각각 무장 해제시키기 위해 조선을 분할점령한다는 정책을 발표했다. 이어서 미 극동군사령부는 9월 7일 북위 38도선 이남의 남한지역에서 미군이 군정을 실시한다는 포고를 발포했는데 이 포고를 「맥아더포고 제1호」라고 한다.

맥아더포고 이후 하지가 인솔하는 미 제24군은 9월 8일 인천에 도착했다. 그들은 조선인들이 자신들을 '해방군'으로 대환영하는 가운데, 전술했듯이 오다를 비롯한 조선총독부 측의 사전작용과 입김이 있었기 때문에 '적지로 들어간다'라는 점령군의 자세를 드러내어 대조적인 구도를 보였다. 하지 등은 다음 날인 9월 9일에 서울로 들어와 항복문서의 서명에 착수했다. 이 항복문서는 전술했듯이 9월 2일에 조인된 일본의 항복문서에 기초하여 천황은 내외의 일본군에게 전투의 정지, 무기의 방기, 연합국에 무조건 항복 등을 지시할 것과, 일본과 북위 38도선 이남의 조선 및 필리핀에 있는 일본군은 미군에 항복할 것, 제24군 사령관 하지를 북위 38도선 이남의 조선에서 일본군의 항복을 받아들이는 미군사령관에 임명한다는 것 등을 포함한 후 북위 38도선 이남에 있는 일본군은 미군에게 항복한다는 내용이었다. 일본 측에서는 조선총독부의 아베 노부유키와 고즈키 요시오, 그리고 일본이 해군의 요충지라 불렀던 진해 경비부사령장관으로 4월 20일에 취임한 해군중장 야마구치 기사부로山口儀三郎 3명이, 미국 측에서는 하지 및 미 해군제독인 토마스 킨케이드Thomas C. Kinkaid 2명이 항복문서에 서명했다. 이로써 조선총독부 청사 앞에서 휘날리고 있던 일장기가 내려지고 대신에 미국 성조기가 게양되었다.

'조선인민공화국'과 대한민국 임시정부

여기서 문제가 된 것은 북위 38도선 이남의 조선에서 미군이 군정을 실시한다는 것과 전술한 바와 같이 조선의 행정권이 이미 조선인 측에 위임된 것과의 관계였다. 전술한 '건준'은 여운형을 중심으로 9월 6일에 전국 인민대표자대회를 서울에서 열었고 여운형과 온건좌파였던 허헌, 국내에 머물고 있던 공산주의자 박헌영의 주도로 같은 날 '조선인민공화국'의 수립이 선포되었다. 조선인민공화국은 2일 후인 9월 8일에 각료의 명단을 발표했는데 국가주석은 이승만, 부주석은 여운형, 국무총리는 허헌, 내무부장은 김구, 외교부장은 조만식이었다. 더욱이 55명이 선출된 인민위원 중에는 김일성도 포함되어 있는 등 당시 조선의 재내외인사와 좌우인사를 총망라하는 진용이었다(이승만과 김구·김규식·김일성 등 국외에서 해방을 맞이한 인사들의 허락은 받지 않았다). 조선인민공화국은 정치적·경제적으로 완전한 자주적 독립국가를 세울 것, 일본 제국주의와 봉건 잔존세력을 일소하여 전민족의 정치적·경제적·사회적 기본 요구를 실현할 수 있는 진정한 민주주의에 충실할 것, 노동자·농민 기타 대중생활의 급진적인 향상을 기할 것, 세계 여러 민주주의 국가의 일원으로서 상호 제휴하여 세계평화의 확보를 기할 것 등 4가지 정치 강령과, 일본이나 그 협력자들이 소유한 토지를 몰수하여 농민들에게 무상으로 분배할 것과 기업의 몰수 및 국유화라는 시정방침을 발표했다.

이와 같은 조선인민공화국의 정치강령 및 시정방침은 여운형·허헌·박헌영 3명 가운데 특히 박헌영의 주도 하에 나온 것으로 좌파색이 강했다. 그러한 이유 때문에 우파들은 반발했고, 7일에는 대한민국 임시정부가 조선의 정체를 대표하는 유일한 것이라며 조선인민공화국을 비난했다. 미군 측 역시 조선인민공화국의 존재를 자신들의 정치적 주도권에 대한 도전으로 받아들여 9월 8일에 재조선 미 육군사령부군정청(미 군정청, 영어로는 The United States Army Military Government in Korea' 약칭 USAMGIK)을 발족시켰고, 11일에는 아치볼드 아놀드Archibald V. Arnold 소장이 초대 군정장관으로 취임했다. 9월 9일에는 '미 군정청이 북위 38도선 이남의 조선에서 유일한 정체이다'라는 포고를 발포하여 조선인민공화국은 비합법적인 것이 되었다. 또 미 군정청은 같은 날 조선총독부가 건준에게 넘겨준 행정권의 이양을 취소하고, 조선의 실정을 잘 알고 있다고 판단한 조선총독부에 당장의 행정권 행사를 다시 인정해 주었다. 뿐만 아니라 아베를 비롯한 조선총독부의 일본인 관료를 유임한다고 발표했다.

그러나 조선이 일본으로부터 해방된 후에도 일본인이 지배적인 입장에서 조선에 계속 머무는 것에 대하여 조선민중의 노여움은 대단히 컸다. 미군정청은 결국 조선총독부 관료의 유임조치를 취소할 수밖에 없었고, 아베를 비롯한 일본인 관료들은 조선을 떠나 일본으로의 귀국길에 올랐다.

이상과 같이 남한에 대한 미국 측의 일련의 조치는 일본에 대한 조치와는 너무나도 대조적인 것이었다. 그 이유는 하지를 비롯하여 남한에 부임한 미국인들이 현지에 대한 지식도 관심도 없는 상태에서 부임했기 때문이었다. 그것은 이후 대한민국의 정치적·경제적·사회적 혼란으로 그대로 이어졌다.

그러한 가운데 여운형은 구 건국동맹 세력을 중심으로 새로운 정당을 만들기 위한 활동을 계속했다. 또한 미 군정청은 대한민국 임시정부의 정당성을 인정하지 않았으므로, 11월 3일에 김구를 비롯한 임정요인 중 제1진이 중국 충칭에서 조선으로 귀국했지만 개인자격으로 들어왔고 2진도 마찬가지였다. 광복군 역시 같은 시기에 어쩔 수 없이 개인자격으로 귀국해야만 했다. 그러는 사이 미국에서 활동하고 있던 이승만 역시 10월 16일에 개인자격으로 미국에서 귀국했다. 하지만 그는 앞에서 언급한 OSS의 「올리비아 계획」에 관여했던 굿펠로우 대령과 함께 미군기를 타고 귀국했다. 여운형은 이승만과 대한민국 임시정부 요인들과 협력해서 조선인민공화국이나 건준을 다시 세우려고 했지만 이승만은 미군정과 협력하는 방향으로 나아갔고, '반공통일'의 입장에서 조선인민공화국을 비난했다. 대한민국 임시정부의 요인들 역시 임시정부만이 정통성 있는 정치정체라고 주

일본의 식민 지배가 끝났다 해도 조선은 완벽하게 독립한 게 아니었다. 1947년 서울운동장에서 열린 광복절 기념식장에 참석한 요인들. 왼쪽 앞줄부터 이승만, 김구, 당시 이북 주둔 소련군정청 총사령관 테렌티 스티코프 중장, 독립운동가 안재홍(1947. 8. 15.).

장하며 조선인민공화국에 합류하려 하지 않았다.

미 군정청은 다른 어떤 인물보다도 자신들의 정책을 잘 받아들일 것이라고 생각되는 인물로 이승만을 지목했다. 미 군정청과 미국 정부의 후원까지 받은 이승만은 이후 미소관계의 악화와 1947년부터 시작된 동서냉전의 전개로 남한에서 정국을 주도했고, 결국 1948년 8월에 대한민국의 초대 대통령으로 취임하게 되었다.

한편 소련은 자신들이 점령하게 된 38선 이북지역에서 일본군을 무장해제시켰는데, 그들 역시 그곳에서 자신들의 뜻을 받아들일 수 있는 조선인 지도자를 필요로 했다. 지목된 사람은 소련군 대위로, 바로 소련이 '키우다시피 한' 김일성이었다. 김일성은 1945년 9월 19일 블라디보스토크에서 출항하는 소련군함을 타고 원산에 상륙했다. 그는 10월 14일 평양에서 개최된 '소련해방군환영 평양시민대회'에 소련장교들과 함께 모습을 드러내고 연설을 했다. 그를 처음 본 평양시민들 중에는 자신들 앞에 모습을 드러낸 '김일성'이 너무 젊었기 때문에 가짜라고 생각하는 사람들도 적지 않았다. 그런데도 소련군이 김일성을 옹립했기 때문에, 김일성은 그 후 박헌영과 조만식보다 정치적으로 우위에 서게 되었다. 박헌영은 해방 전에는 남한에서 활약했고, 일본이 항복한 후에는 '남조선노동당(남로당)'을 결성한 사회주의자였다. 조만식은 해방 전에는 평양에서 활동했고, 일본이 항복한 후에는 평안도 인민정치위원회 위원장으로서 건국운동을 시작하여, 1945년 11월에는 이북 5도행정국위원회 위원장(참고로 부위원장은 김일성)이 된 사회주의적 민족주의자였다.

또한 중화민국 국민정부는 전술한 바와 같이 1944년에 한반도에 대한 전후구상을 세워 놓고 있었지만, 38도선을 경계로 미소 양국에 의한 한반도 분할점령이 이루어졌기 때문에 중국의 전후구상은 실현되지 않았다. 그럼에도 중국은 1945년 12월에 「조선 문제의 대책」이라는 보고서를 통하여 조선인 가운데 친중 인물을 조선체제 내에 심어놓고, 우수한 청년들을 중국으로 유학시켜 조선의 간부로 육성시키는 등 한반도에 영향력을 확대하기 위한 정책을 중지하려 하지 않았다. 물론 이 정책은 중국에서 이미 시작되고 있던 국공내전 때문에 실현되지 않았지만 한반도에 대한 중국의 '집착'을 잘 보여준다.

재일 한국·조선인의 그 후

이러한 상황 속에서 한반도에 거주하고 있던 일본인 약 70만 명과 소련의 진공으로 어이없이 붕괴된 '만주국'에 거주하고 있던 일본인 중 다수는 토

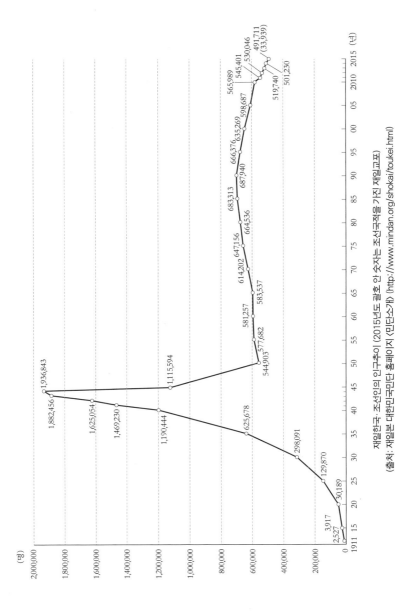

재일한국·조선인의 인구추이(2015년도 괄호 안 숫자는 조선국적을 가진 재일교포)
(출처: 재일본 대한민국민단 홈페이지 〈민단소개〉 (http://www.mindan.org/shokai/toukei.html)

지와 가옥 등 가지고 갈 수 없는 부동산 등을 포기하면서 사람에 따라서는 38도선을 간신히 넘은 뒤 한반도를 남하했고, 소지금품의 제한을 받으면서도 부산 등에서 배를 타고 일본으로 귀국했다. 한편 약 200만 명까지 증가되었던 일본 거주 조선인 가운데 다수는 조국이 해방되었다는 환희 속에서 귀국길에 올랐다.[48] 하지만 남북이 분단되는 상황이 전개되고 그들 대다수의 출신지였던 남한의 정치적·경제적·사회적 혼란 때문에 일본으로 다시 돌아오는 조선인이 적지 않았으므로, 일본에 남아 있던 사람들을 포함해서 그 수는 약 60만 명에 달했다. 그 후 그들은 재일 한국·조선인이 되었다.

재일 조선인들은 해방 전 스스로의 의사와는 상관없이 '대일본제국 신민'이었다. 그러나 패전 이후 일본에서는 1945년 12월에 개정된 선거법으로 일본인은 20세 이상의 남녀에게 투표권이 부여된 한편, 일본에 있는 조선인과 대만인은 일본 호적이 없다는 이유로 그들의 의사는 묻지도 않은 채 일방적으로 참정권을 정지시켰다. 더욱이 동서냉전이 시작되고 '민주화'에서 '부흥'으로 미 점령군의 일본점령 방침이 전환되었다는 등의 이유 때문에 신헌법인 일본국 헌법이 1947년 5월 3일부터 시행되었는데 그 바로 전날, 즉 구헌법인 대일본제국 헌법이 효력을 갖는 마지막 날인 5월 2일에 「외국인등록령」이 국회의 승인을 필요로 하지 않는 최후의 칙령 207호로 공포·시행되었다. 그에 따라 일본에 있는 조선인과 대만인은 역시 그들의 의사와 상관없이 일방적으로 '외국인'이 되었고, 외국인등록 및 '외국인등록 증명서'의 휴대와 제시가 의무화되었다. 이것은 1952년의 외국인등록법으로 이어졌는데, 그 법에서는 지문날인이 새로이 의무화되었다. 이 지문날인은 범죄자를 연상시키는 측면도 있었기 때문에 재일 한국·조선인을 비롯한 재일 외국인들의 커다란 반대운동을 불러 일으켰다. 그 결과 지문날인은 1992년의 외국인등록법 개정으로 '영주자' 및 '특별 영주자'에 한해서 폐지되었고, 그에 대신하여 '서명' 및 '가족사항'이 신설되어 현재에 이르고 있다. 이상의 내용으로 보아도, 또 역사적 경위로 보아도 향후 일본사회에서 일본인과 재일 한국·조선인은 함께 살아가야 되는 사람들이라고 생각된다.

나가며

이상으로 19세기 중반부터 1945년까지 일본과 한반도의 관계사를 국제정
치사적 관점에서 살펴보았다. 그 내용은 이하의 여러 가지 문제로 정리할
수 있다.

에도시기에서 메이지시기까지의 조선과 일본

먼저 에도시대에는 조선이 통신사를 파견하여 일본 측에 유교를 비롯한
여러 가지 문물을 전달해 주었다. 또 당시에는 동아시아 국제 시스템인 대
륙-반도-섬나라라는 서열이 있었기 때문에 조선은 한 단계 우위에서 일
본과의 관계를 맺고 있었다. 그러나 조선은 대외적으로는 쇄국, 대내적으
로는 봉건제도의 강화 및 그에 따른 경제·사회 등 여러 면에서의 정체로
인하여 서서히 국력이 쇠약해졌다. 그것은 청도 마찬가지였다. 한편 17세
기에 조선과 같이 쇄국을 시작한 일본은 현실주의적인 입장으로 정책을
전환하여 개국·도막·메이지 유신·'부국강병'에 이르는 근대화의 길을 걸

기 시작했다. 일본은 구미와 맺은 불평등조약의 개정을 요구하기 시작했지만, 유리한 조항을 손에서 놓고 싶지 않았던 구미는 일본의 요구에 응하려 하지 않았다. 이에 일본은 균형을 유지하기 위해 어딘가에서 '억압의 위양'을 실행하여 균형을 유지할 대상을 찾았다. 또한 일본은 메이지 유신 정부가 발족된 이후 도쿠가와 막부시대에는 확실하지 않았던 국경선을 획정하고, 이원외교를 하고 있던 국가 또는 지역과의 외교관계를 일원화하고자 했다. 그 결과 북방의 홋카이도·쿠릴·가라후토에 대해서는 러시아와의 교섭으로 합의에 이르는 한편, 남방의 류큐 왕국에 대해서는 강력한 방법으로 청을 밀어낸 다음 일본령으로 편입시켰다.

일본의 입장에서 '억압의 위양' 및 외교의 일원화라는 두 가지 정책을 모두 적용할 대상이 되었던 나라는 조선이 유일했다. 일본으로서는 도쿠가와 막부시대에 조선보다도 한 단계 밑에 있던 자신들의 지위를 역전시키고, 그것을 실현함으로써 자신들의 입장을 구미와 비슷하게 만들고자 했다. 그 목적을 위해 일본은 1876년 조일수호조규를 체결했다. 그것 때문에 조선을 조공국으로 생각하고 있던 청과의 마찰이 확대되었다. 일본은 일단 청의 힘 앞에 어쩔 수 없이 조선에서 후퇴했지만, 결국은 청일전쟁에서 승리하여 조선에서 청의 종주권을 부정하고 일본의 우위를 확립했다. 일본 근대사에서 첫 번째 대외전쟁인 청일전쟁에서 승리한 일본은 청과 맺은 강화조약에서 많은 이권을 획득하여 천황제를 중심으로 한 일본의 민족주의를 고양시켰다. 하지만 그것은 조선을 억압하는 형태로 나타났고, 매우 능동적이고 외향적이며 공격적인 것이었다.

그러나 이와 같은 일본의 급격한 세력 확대에 대응하여 만들어진 것이 러·프·독의 삼국간섭이었고, 그에 직면한 일본은 할 수 없이 후퇴할 수밖에 없었다. 조선(한국) 내에서도 친러파와 연합하여 세력을 부식·확대하려는 러시아의 힘 앞에 일본은 어쩔 수 없이 후퇴했고, 이때부터 일본에서는 반러 형태의 민족주의가 고양되었다. 거기에는 만주 문제도 포함되어 있었지만, 20세기가 되자 만주를 러시아에 양보해서라도 한국은 어떻게든 반드시 확보해야 한다는 '만한교한론滿韓交換論'에 따라 러시아와의 합의를 위해 러일교섭에 임한 것으로도 알 수 있듯이, 만주 문제와는 비교할 수 없을 정도로 조선(한국) 문제에 관해 특히 민족주의가 현저하게 고양되었다. 결국 러일교섭은 실패했고 러일전쟁이 발발했다. 일본은 러일전쟁 당시 국외중립을 선언한 한국의 요청을 무시하고 한국으로 진공하여 군사적으로 한국을 제압했다. 그러한 상태에서 일본은 한일의정서와 제1차·제2차 한일협약을 맺어 한국을 일본의 보호국으로 만들었다. 한국의 보호국화는 영국과 미국을 비롯한 열강의 승인과 묵인을 받았으므로 국제적으로도 별 문제없이 이루어질 수 있었다. 그리고 일본은 통감으로 취임한 이토 히로부미의 주도하에 '통감정치'를 시행했다. 이토는 일본이 한국을 병합하지 않고도 한국을 '개혁'하여 일본의 '위협'에 또다시 저항하지 못하게 하는 것을 목표로 했고, 이토 개인적으로는 한국을 위한 것이기도 했다. 그러나 친일파를 제외한 한국인의 입장에서 본다면 일본의 통감정치는 억압과 다름이 없었고, 이토의 존재도 '보다 나은' 제국주의자에 지나지 않았다. 한국인들이 일으킨 의병전쟁이나 애국계몽운동을 일본이 수단과 방법을 가리지 않고 억압하려 한 것으로도 그 사실은 분명했으며, 한국인들은 반발하거나 '통감정치'에 비협력적인 자세로 임했다. 그 때문에 이토는 일본이 한국을 병합하는 것에 찬성하는 방향으로 나아갔고 통감 자리에서도 물러났다. 이토를 물러나게 한 일본의 강경파는 이토가 안중근에게 암살된 것을 빌미로 분위기를 몰아 한국병합을 단행했고, 그것은 일본의 민족주의를 크게 충족시켰다. 일본의 한국병합은 고대 또는 그 이전부터 여러 가지 형태로 관계를 맺어 온 이웃 국가인 조선에서 싹트기 시작한 민족주의를 짓밟는 것이었고, 그 후 화근을 남기게 되었다. 이러한 과정을 거쳐 일본의 조선통치가 시작되었는데, 그것에 불만을 품은 조선인이 많다는 것을 내심 알고 있던 일본은 무력을 앞세워 조선을 통치할 수밖에 없었기 때문에 '무단통치'로 조선인을 억압하는 방식을 취했다. 그러나 얼핏 보기에 순조로워 보였던 '무단통치'는 실제로는 조선인들의 불만을 증대시켰고, 그 불만은 1919년에 3·1독립운동이라는 형태로 한꺼번에 분출되었다. 조선민족주의의 분출이기도 했던 3·1독립운동 앞에서는 당시 '5대국'의 한 국가로 대접받고 있던 일본도 기세가 꺾이지 않을 수 없었다. 무력을 앞세운 통치는 역시 국제관계에서는 불가능하다는 것을 일본은 깨닫지 않을 수 없었고, 또 조선을 통치하는 방식을 '무단통치'에서 '문화정치'로 바꿀 수밖에 없었다.

일본의 조선통치와 그 구조

문화정치기는 일본의 관점에서 볼 때, 국제관계사적으로는 대영미 협조외교와 중국에 대한 내정불간섭 등을 중심으로 하는 '시데하라 기주로幣原喜重郎 외상 외교'가 행해진 시기였고, 국내정치적으로는 소위 '다이쇼 데모크라시'* 시기였다. 조선에 대해서는 '일시동인'에 기초하여 조선(인)을 일본(인)으로 만드는 동화정책을 시행했고, 3·1독립운동에 관여한 조선인들을 대상으로 회유정책도 실시하여 조선통치의 '안정화'를 도모했다. 또한 관동대지진의 발생으로 조선인을 살해하는 사건도 일어났는데, 그 사건은 시작과 종결 그리고 그 성격 등을 둘러싸고 아직도 명확한 정의가 없어 여

---

* 다이쇼 천황 시절 러일전쟁 이후 민본주의를 기반으로 각 방면에서 일어났던 민주주의적 개혁.

러 가지로 해석되고 있는 다이쇼 데모크라시 시기에 일어났다. 다이쇼 데모크라시에 대한 정의 중 하나인 '안으로는 입헌주의, 밖으로는 제국주의'라는 것을 가장 상징적으로 보여주는 것이 바로 이 시기 조선 문제에 대한 일본의 대응이었고, 일본의 조선통치가 내재적으로 내포하고 있던 문제점이었다.

다이쇼 데모크라시 시기 일본 국내에서는 1920년부터의 전후공포, 1923년의 지진공황, 1927년의 금융공황, 그리고 1929년의 세계대공황으로 이어진 경제적 혼란이 발생했다. 그리고 그에 따른 사회적 불안과 '헌정의 상도常道'에 의한 입헌민정당과 입헌정우회 사이의 '진흙탕 싸움' 때문에 정치적 경색 및 우경화가 이루어졌다. 대외적으로는 북벌에 의한 중국의 통일 및 민족주의의 고양에 따른 항일기운의 고조와, 런던해군군축조약에 따른 '통수권간섭' 문제의 부상으로 야기된 일본 국내의 반발 등에 부딪쳐 다이쇼 데모크라시는 종언을 맞이했다. 일본은 이러한 국내외의 위기를 극복하기 위하여 관동군을 중심으로 만주사변을 일으켰고, '만주국'을 건설하여 사실상 만주를 지배했다. 또 '경제군사화經濟軍事化'*로 당시의 주요국 가운데 가장 빨리 경제공황에서 벗어났다. 하지만 한편으로 '가진 것이 없는 나라'임을 자각한 일본은 만주를 시작으로 중국 본토를 침략하기 위한 기회를 엿보고 있었다. 그리고 그 전제가 된 것이 만주와 육지로 이어져 있는 조선을 일본에게 더욱 유리하게끔 통치하는 것이었다. 그와 같은 상황이었기 때문에 적어도 일본의 주관적 관점에서는 조선에서 더 이상 '문화정치'를 계속할 '여유'가 없어졌던 것이다. 그러므로 일본은 조선을 중국대륙으로 진출하기 위한 '교두보'로서 '대륙병참기지'로 만들기 위해 '내선일체

---

* militarization of economy. 독점자본주의 경제의 팽창을 위한 군비강화체제.

'內鮮一體'를 도모했다. 내선일체는 문화정치기에 내세웠던 일시동인과 마찬가지로 말로는 일본(인)과 조선(인)을 대등한 존재로 간주하여 양자를 구별하지 않고 취급하기 위하여 일체화를 도모하는 것이었다. 하지만 실제로는 조선(인)이라면 당연히 갖고 있는 일본(인)과 다른 점을 무시하는 한편, 양자가 함께 나아가는 일체화를 도모한 것이 아니라, 조선(인)이 일방적으로 일본(인)에게 맞추는 방식의 일체화를 도모했다. 즉 '조선(인)의 일본(인)화'를 도모한 정책으로 일본에게 일방적으로 유리한 것이었다. 그 연장선상에서 '황민화정책'이 실시되었는데, 그중에서도 '신사참배'나 '창씨개명', 조선어 교육의 금지 등은 '내선일체'가 실제로 내포하고 있던 그와 같은 일방성을 여실히 보여주는 것과 다름이 없었다.

또한 일본의 조선통치가 조선에 각종 물리적·제도적 기반시설을 제공했고 그것이 '광복' 후, 특히 1960년대 이후 대한민국의 경제발전으로 이어졌다는 소위 '식민지근대화론'에 입각한 해석도 제기되고 있다. 그러나 당시 일본이 자신들을 위해 조선을 이용할 목적으로 기반시설을 설립했다는 사실과 더욱이 조선으로 하여금 일본의 '하청' 역할을 담당하게 해 자립할 수 없게 만든 것 등을 생각한다면, 그러한 기반시설의 결과로서 '광복' 후 남북한에 남아 있는 부분이 있었다 하더라도 '식민지근대화론'을 주장하는 것은 상당히 무리라고 생각된다.

일본 패전 후 조선 분할점령과 통치

1930년대 이후 일본은 중일전쟁을 거쳐 아시아 태평양전쟁에 돌입했다. 초반의 전황은 일본이 우세했지만 결국 곧 열세에 처하게 되었고 일본의 패전은 필연적인 것이 되었다. 그러자 연합국, 특히 미국은 패전 후 일본을 어떻게 처리할 것인가를 고민했고 그중에는 앞에서도 언급했듯이 일본을 분할점령한다는 방안도 있었지만 결국은 실행되지 않았다.

덧붙여 설명하자면 유럽의 패전국이었던 독일은 패전 후 미·영·프·소 4개국 군대에 의해 분할점령과 통치를 받았고, 1949년 미·영·프의 점령지역에서는 서독(독일연방공화국), 소련 점령지역에서는 동독(독일민주공화국)이 수립되어 그 분단 상황이 1990년까지 이어졌다. 그러나 동아시아의 직접적 패전국이었던 일본은 패전 후 미소관계의 불협화음 때문에 독일처럼 분할점령과 통치가 아니라, 사실상 미국이 단독으로 점령하게 되었다. 뿐만 아니라 미·영·중·소 4개국에 의한 분할점령안도 결국은 실현되지 않아 일본은 분단을 면하게 되었다. 한편 일본 통치 하에 36년 동안 있었고 직접적 패전국도 아니었던 조선은, 일본 패전 후 일본의 분할을 면하게 한 바로 그 미소관계의 불협화음 때문에 미소 양군에 의한 분할점령과 통치하에 들어갔다. 그리고 1948년에 미군 점령지역에서는 대한민국이, 소련 점령지역에서는 조선민주주의인민공화국이라는 분당정부가 수립되었다. 1950년에는 양자 사이에 한국전쟁이 발발하여 서로에게 심각한 인적·물적 피해를 입혔고 분단이 고착화되어 현재에 이르고 있는 상황이다. 필자를 포함한 일본인의 입장에서 일본이 같은 패전국이었던 독일처럼 분단되지 않은 것은 행운이라고 할 수 있겠지만, 한편으로 일본이 통치한 조선이 분할점령 또는 통치를 받고 그로 인한 분단 상황이 현재까지 해소되지 않고 있는 것은 정상적인 생각을 가진 일본인에게도 개운치 않은 뒷맛을 남긴다.

과연 일본의 분단회피가 조선의 분단으로 이어진 것인가? 조선은 분단을 피한 일본의 '대체물'로 분단된 것인가? 또는 일본의 분단여하와 상관없이 조선의 분단은 피할 수 없는 것이었는가? 당시의 국제정치에서 조선이 분단을 피할 수 있는 가능성은 있었는가? 등을 당시의 관련 사료에 기초하여 이제 한번 신중히 재검토할 필요가 있다고 생각한다. 다만 어느 쪽이든 결과적으로 조선을 통치한 일본은 분단을 피한 반면, 일본의 통치를 받은 조선은 어쩔 수 없이 분단되었다는 역사적 사실과 그 영향이 현재에도 계속되고 있다는 것은 명백하다. 특히 조선의 분단은 남한 및 정부 수립 후 대한민국의 정치적 혼란, 그리고 1950년부터 3년에 걸친 한국전쟁으로 한반도 전역에 파괴를 불러왔고, 분단이 고착화되어 그 후 남북한 사이의 날카로운 대립을 초래했다. 한편 일본에서는 한국전쟁 당시의 '조선특수'로 인한 경제적 부흥과 그것을 토대로 한 보수정권의 장기집권이라는 지나치게 대조적인 상황이 전개되었다. 그리고 한반도의 남과 북, 국내와 국외에 있는 한국인과 조선인 대부분은 일본의 통치에서 '광복'을 맞이한 이후 그러한 일련의 일들이 이어졌기 때문에, 지금도 일본에 대해선 받아들이기 어렵고 불편한 감정을 품고 있는 것은 자연스러운 일이라는 것을 특히 일본인들은 명심해야 할 것이다.

미국의 조선(한국)정책(19세기~1945년)

다음으로는 현재 한반도 정세에 가장 많은 영향을 미치고 있는 미국의 19세기부터 1945년까지의 대한정책에 대한 것이다. 18세기 영국에서 독립한 미국은 건국 초부터 국가적으로도 개인적으로도 '자조自助'를 통한 발전을 존중하는 나라였다. 그리고 전술한 바와 같이 미국은 유럽제국과는 다른 방식으로 동아시아에 접근을 시도했다. 영국은 1840년에 시작한 아편전쟁에서 무력을 사용하여 청을 패전으로 몰아넣었고 그 결과 청을 개국시켰다. 그에 비하여 1850년대 미 페리함대에 의한 일본의 개항은 무력을 갖춘 함대를 파견하고 무력시위를 하긴 했지만, 일본의 현실적인 대응으로 무력행사 없이 개국을 성공시켰다. 한편 미국에게 조선은 중국과 일본 사이에 있는 동아시아의 작은 나라에 지나지 않았다는 것, 그럼에도 불구하고 청일전쟁과 러일전쟁을 보면 동아시아에서 분쟁의 씨앗이었고 '곤란한 존재'였다는 것, 경제적인 이해관계 측면에서도 극히 한정적인 존재에 지나지 않았다는 것, 조선·한국에서 자신들이 가지고 있던 이권 등은 당연히 계속 보유하려고 했지만 그것 때문에 적극적으로 개입할 정도로 조선·한국은 중요한 존재가 아니었다는 것, 그 이권만 확보되면 조선·한국은 동아시아의 '귀찮은 존재'였으므로 데닛이 말했듯이 '음모의 바다에 떠다니며 항해를 방해하기 때문에 항구로 끌고 가 묶어놓지 않으면 안되는' 존재로 비춰졌다. 또한 미국이 조선·한국을 '끌고 가서 묶어놓는다'라고 했을 때 그 '항구' 역할을 해 줄 것으로 기대한 나라는 바로 일본이었고, 그 구상이 정점에 이르렀던 때가 러일전쟁 시기였다.

당시의 대통령이었던 TR과 그다음 대통령이었던 태프트, 그리고 언론인이었던 케넌 등은 미국이 조선·한국 문제와 같은 귀찮은 일에 말려들지 않기 위해서라도, 또 조선·한국 문제로 동아시아의 평화가 깨지고 그 영향으로 미국의 권익 등이 침범당하지 않기 위해서라도, 더욱이 최악의 상태에 빠진 것으로 보이는 조선·한국 또는 조선인·한국인을 그러한 상황에서 끌어내기 위해서라도, 조선·한국을 일본에 맡기는 것 외에는 방법이 없으며 그것은 미국에게도 이익이라고 점차 생각하게 되었다. 따라서 러일전쟁 시기에 정점에 이르렀던 조선의 기대, 즉 조미조약의 '거중조정조항'에 기초한 미국의 원조에 대한 바람은 이처럼 미국의 의도에 반하는 것이었으므로 논외의 대상이었고 오히려 무시되어 버렸다. 이것은 소위 '적극적인 불개입'이라고 할 수 있는 것이었다.

러일전쟁 중 일본과 제2차 영일동맹을 맺은 영국도 일본의 조선 지배를 승인했고, 일찍이 삼국간섭으로 일본을 억압했던 러시아·프랑스·독일도 조선 문제에 대해서는 일본에게 이의를 제기할 상황이 아니었다. 그러므로 일본은 영국과 미국의 승인 및 영국·프랑스·독일의 묵인을 배경으로 한국의 보호국화, 나아가 병합까지도 밀고 나갈 수 있었던 것이다. 그러나 러일전쟁 이후 미일관계는 한국과 인접한 만주 문제를 비롯해 몇 가지 문제로 마찰이 증대되었다. 따라서 일본은 미국의 태도에 대해 의심하게 되었고 강력한 수단을 취하여 한국병합을 서둘렀다. 그에 대해 미국은 일본이 한국에서 미국의 이권을 침해하지 않는다는 것을 전제로 일본의 한국병합을 묵인했다. 이로써 일본은 영국과 미국을 비롯한 구미열강의 '후원'으로 조선통치를 시작했지만, 미일관계는 더욱 마찰을 빚게 되었다. 특히 이상주의적 색채가 강했던 윌슨 정권이 발족한 후에는 그러한 경향이 더욱 강화되었다. 일본은 무력으로 '105인 사건'을 조작했고 '무단통치'의 실시로 조선 통치는 언뜻 안정되어 있는 것처럼 보였다. 또 조선인은 저항할 수 없다고 보고 있었기 때문에 1919년에 일어난 3·1 독립운동은 일본에게 바로 '청천벽력'과도 같았다. 그러나 일본은 스스로를 반성하지 않고 그 원인을 '미국요인'에서 찾았다.

그에 대해 미국은 일본의 조선통치 자체에 이의를 제기하지 않았고 재조 미국인에게 정치문제에 개입하지 말 것을 지시하고 있었다. 그랬는데도 3·1운동이 일어난 것은 일본의 조선통치에 문제가 있기 때문인데, 그럼에도 불구하고 미국에게 '죄를 떠넘기려' 한다며 반발했다. 미국의 반발은 일본이 3·1운동을 무자비하게 진압하여 유혈사태로 이어지자 더욱 더 고조되었다. 다만 그것은 어디까지나 미국 특유의 인도주의에서 나온 것으로 조선이나 조선인에 대한 평가자체가 변한 것은 아니었다. 그러므로 미국은 3·1운동 시기에 활발해진 조선 독립운동을 지지하거나 일본의 조선통치 자체에 이의를 제기하지는 않았다. 그리고 조선 문제로 미일관계를 악화시킬 생각이 없었던 일본은 미국의 의향을 눈치채고 조선통치의 방법을 '무단통치'에서 '문화정치'로 바꾸었기 때문에 미국도 그것으로 만족할 수밖에 없었다. 또한 '문화정치' 시기에는 미일관계도 상대적으로 안정되었기 때문에 미국도 조선 문제로 일본과의 관계를 껄끄럽게 만들 생각이 없었던 것이다.

'38도선'이 결정된 경위

그러나 1931년에 발발한 만주사변으로 일본은 만주에서 지배적 입장을 확립하게 되었고, 워싱턴 및 런던 해군군축협정이 파기되어 '태평양 무조약 시대'로 들어간 것 등을 이유로 미일관계는 더욱 마찰을 빚게 되었다. 그런데도 일본은 파시즘제국인 독일 및 이탈리아와의 제휴를 강화했기 때문에 예전처럼 미국에 대해 외교적으로 '배려'할 필요를 느끼지 않게 되었다. 일본은 조선 문제에 있어서도 그와 같은 '배려'를 하지 않게 되었는데, 그것은 앞에서 언급한 운산금광 문제와 재조 미국인 선교사 문제 등에서 잘 나타났다. 그에 대해 미국은 조선 문제에 한정적인 이해관계만 가지고 있었기 때문에 일본의 강경한 조치에 대해 대항하는 방식으로까지는 나아가지 않았다. 그러므로 미일관계는 미국이 기본적으로 '밀려버린' 상태가 되었고, 일본은 미국의 이권을 회수하거나 미국인 선교사들에게 신사참배 등을 강요하는 방식으로 나아갔다. 이러한 미일관계의 파탄은 1941년 태평양전쟁의 전개로 연결되었는데, 조선인 독립운동가들은 미국이 일본을 이기고 조선이 독립하는 것에 기대를 갖게 되었다.

미국 측, 특히 국무성과 대통령인 FDR은 조선 및 조선인을 일본으로부터 해방시키는 것을 일본의 군국주의를 박멸하는 차원에서 바랐고, 카이로 선언에 '조선의 해방'이라는 문구를 넣는 것에 찬성했다. 하지만 일본에서 해방된 조선인이 조선이라는 국가를 독자적으로 유지해 나갈 능력이 있느냐에 대해서는 회의적이고 또 부정적인 견해를 갖고 있었다. 그것은 예전처럼 '독립불능'·'후진後進' 등이라는 조선(인)과 한국(인)에 대한 미국의 기본적인 인식, 다시 말해서 편견이 전혀 변화하지 않았음을 보여준다. 미국은 일본에서 분리된 뒤의 조선을 자국이 전면적으로 인수하는 것은 조선에서의 이해관계에서 볼 때 '과잉개입over commitment'으로 좋은 방법이 아니며, 그렇다고 조선인이 독립해서 살아나간다는 것도 도저히 상상할 수 없었다. 또한 조선이 해방 후 예전처럼 동아시아에서 '분규의 씨앗'이 되지 않도록 해야 한다는 판단 등에서 미국은 국제연맹을 대신하여 설립 예정이었던 새로운 국제조직 즉, UN을 중심으로 주요국이 조선을 신탁통치하는 것이 최선이라는 생각을 굳히게 되었다.

그러한 가운데 1945년이 되자 나치·독일 및 일본의 패전이 분명해졌다. 미국은 FDR이 대통령으로 재임하고 있던 중에 소련과 협조했고, 그것을 전제로 소련의 대일참전 요청 등을 얄타 회담 때 제시했다. 그 일환으로 미국은 미소 양국, 또는 중국도 포함한 3개국이 조선을 장기간 신탁통치할 것을 스탈린에게 요청했다. 그러나 얄타 회담에서 약속한 동구, 특히 폴란드에 대한 합의가 소련 때문에 깨지고 있는 것이 FDR의 눈에도 보였고 그런데도 소련과의 협조를 깨지 않았던 FDR이 사망하자 후임 대통령으로 트루먼이 취임했다. 외교에 자신이 없던 트루먼은 후버와 그루를 비롯한 '반소용일反蘇容日' 인물들의 조언을 받아들여 소련을 대했으므로 미소관계는 마찰이 증대되었다. 미국은 원폭실험에도 성공했기 때문에 FDR 정권 당시 소련에 요청했던 대일참전을 전후 소련의 세력 확대를 우려해 회피하고 싶어졌고, 일본을 조기에 항복시키기는 것을 바라게 되었다. 그러나 일본은 이 단계에서도 '국체수호'를 이유로 항복을 거부했고, 자신들에게 항복을 요구한 포츠담 선언을 '묵살'해 버렸다. 이 때문에 소련을 견제하고 자국민에게 원폭개발의 정당성을 설명하기 위해 미국은 히로시마 및 나가사키에 두 발의 원폭을 투하했다. 미국의 원폭투하는 원래 그럴 생각이었던 소련의 대일참전을 분명히 촉진시켰고 소련의 대일참전과 소련군의 진격은 쿠릴 열도·남사할린·만주뿐만 아니라 조선에까지 영향을 미쳤다.

유럽전선 및 아시아·태평양전선에서 독일과 일본을 패전시킨 미소 양국은 조선에서는 서로 다른 상황에 놓이게 되었다. 소련은 조선으로 진격을 계속했던 반면, 미국은 조선으로 진격할 준비가 되어있지 않았기 때문에 소련의 진격을 무력으로 저지하는 것은 불가능한 상황이었다. 미국은 소련이 조선 전체를 점령하는 것은 막고 싶었지만 그렇다고 미국이 조선 전체를 인수할 의사는 없었을뿐더러, 준비도 되어있지 않은 '애매한' 상황이었다. 그러한 상황에서 미국은 일본이 포츠담 선언을 수락하는 것은 시간문제라는 이유로 급히 북위 38도선을 획정하고 미소 양국에 의한 조선 분할점령이라는 '금지된 방법' 즉, 써서는 안 되는 방법을 고안하여 소련에게 제안했다. 소련이 그 제안을 받아들이면서 조선의 분단은 결정되었고 그것은 1950년부터 1953년까지 계속된 한국전쟁으로 고착화되어 현재에 이르고 있다. 미국의 제안을 받아들인 소련과 36년간에 걸쳐 조선을 계속 통치한 일본 그리고 이미 분열양상을 보이고 있던 조선민족 자신도 분단에 관련이 있다고 할 수 있다. 하지만 1945년의 시점에서 보았을 때 대체로 미국의 제안이 없었더라면, 적어도 미국 이외의 국가나 세력이 주도하여서 조선을 분단하는 일은 없었을 것이다. 그러므로 조선 분단의 일차적 책임은 미국에게 있다고 해도 무리가 없을 것이다. 또 '일본〉한국·조선'이라는 19세기 이래 미국의 태도는 미국의 현실적 이해관계 등의 측면에서 보았을 때 어쩔 수 없는 일이었다고 할 수도 있지만, 그 정책에서 나온 한국·조선에 대한 미국의 '적극적 불개입', 또는 '소극적 개입'은 한국·조선의 운명에 큰 마이너스로 작용한 것도 부정할 수 없다.

러시아·소련의 조선(한국)정책

한편 19세기 이래의 한반도 정세, 나아가 동아시아 정세의 변동에 관여해 온 러시아·소련의 조선(한국)정책을 살펴보자. 러시아·소련은 그 영토가 유럽에서 동아시아까지 유라시아 대륙에 걸쳐 있고, 동아시아에서도 중국과 길게 국경선을 접하고 있다. 조선(한국)과도 짧은 거리이긴 하지만 최동남부(조선에서 보면 최북동부)와 국경을 접하고 있었기 때문에 소련의 대조선정책은 동아시아 전체, 더욱이 유럽과 관련하여 전개되는 경향이 있었다. 예를 들면 청일전쟁 후 삼국간섭으로 일본이 어쩔 수 없이 후퇴했을 때 조선에서 세력을 확대한 것과, 제2차 세계대전 당시 독일과의 전쟁에서 승리한 후 군대를 유럽전선에서 동아시아로 이동시켜 대일선전을 실행했을 때 만주뿐만 아니라 조선으로 진공한 일이 그러하다. 다만 러시아·소련의 입장에서 조선·한국은 멀리 떨어져 있는 나라이고 더구나 중국과 일본, 특히 적대관계인 경우가 많았던 일본과 연관시켜 보는 경우가 많았다. 즉, 소련에게 조선은 동아시아에서 1차적인 이해관계를 가진 나라는 아니었던 것이다. 그러한 이유 때문에 러시아·소련은 1890년대 후반의 아관파천 이후와 1945년 소련의 대일진공, 그리고 조선으로의 진공 등, 조선·한국 문제에서 자신들에게 유리한 상황이었고 독점적인 지위를 확립할 수 있다고 생각되는 경우에도 그렇게 하지 않았다. 그것은 주변국의 이해관계가 복잡하게 얽힌 탓이었는데, 예를 들면 폴란드처럼 자신들에게 사활이 걸린 이해관계가 없는 조선·한국에 과잉 개입하는 것은 러시아·소련으로서는 피하고 싶다는 사정이 있었던 것이다. 다만 1903년 러일교섭 당시에는 한국을 세력권에 넣으려고 한 일본에게 북위 39도선 이북 지역을 중립화하자고 회답한 한편, 1945년 8월에 소련의 대일선전과 진공으로 미국이 북위 38도선에서 미소 양국에 의한 한반도 분할점령을 제안하자 주저하지 않고 받아들이기도 했다. 러시아·소련으로서는 현재적 내지는 잠재적인 적대국이 한반도 전체에서 독점적인 지위를 확립하는 것은 그 후 동아시아의 세력균형 측면에서 막고 싶은 생각이 있었던 것으로 추측된다. 이상으로 볼 때 조선·한국에 대한 러시아·소련의 정책은 가깝지도 멀지도 않은 "일정한 관계를 유지하는" 것이었다고 표현할 수 있는데, 그것은 대일·대미정책 등과 관련하여 조선·한국의 행방을 적지 않게 좌우하는 것으로 이어졌다.

중국의 조선(한국)정책

당시뿐만 아니라 현재에도 한반도 정세에 적지 않은 영향을 미치고 있는 이웃국가는 바로 중국이다. 중국은 오랫동안 종주국으로서 조공국인 조선에 대해 절대적이라고 할 수 있는 영향력을 미쳐 왔다. 다만 중국은 조선과의 사이에 책봉체제가 유지되는 한 조선의 내정에는 일일이 간섭하지 않는다는 자세를 가지고 있었다. 그런데 19세기에 들어와 중국은 국력이 저하되어 서양열강에 의한 개국 및 불리한 불평등조약의 체결을 어쩔 수 없이 강요당했다. 더욱이 일본이 메이지 유신 이후 대만이나 류큐, 게다가 조선에까지 영향력을 확대하려고 하자 중국은 자국을 중심으로 하는 '동아시아 국제질서'의 유지와 부흥을 목표로 삼았다. 특히 중국은 일본의 영향력 확대가 조선으로 초점이 맞춰짐에 따라 그것을 저지하고 조선에서 중국의 영향력을 확보하는데 주력했다. 1882년에 일어난 임오군란과 2년 후에 일어난 갑신정변에서 조선을 무대로 중국과 일본은 충돌했고, 그 대결에서 승리한 중국은 조선에서 우월한 입장을 확보하게 되었다. 중국을 중심으로 하는 동아시아 국제질서가 붕괴되어 가는 와중에도 중국은 종래의 조중 종속관계 유지를 가장 중요하게 생각했다. 그러는 사이에 중국은 자국을 근대화시키기 위한 양무운동을 1860년대 이래 계속했지만, 일본의 메이지 유신과 달리 근대화라는 측면에서는 성공하지 못했고 조선을 근대화시키는 행위도 물론 하지 않았다.

그러던 중 중국은 임오군란 및 갑신정변에 대한 '복수'와 조선에서의 열세를 만회하기 위하여 만단의 준비를 갖춘 일본의 선제공격으로 개전된 청일전쟁에서 완패하여, 대만 등의 영토를 일본에 할양하고 거액의 배상금을 지불했다. 뿐만 아니라 '끔찍이 아끼는' 조선에 대한 종주권도 어쩔 수 없이 내놓게 되었다. 중국은 청일전쟁에서 패전한 후 구미열강과 일본에 의해 분할상태 및 반식민지 상태에 놓이게 되었다. 양무운동이 실패한 후인 1898년에는 무술정변과 쑨원 등의 국권회복을 위한 움직임이 있었지만 모두 성공하지 못했고, 조선(한국)과 마찬가지로 동아시아 국제정치에서 '객체'의 지위로까지 추락해 버렸다.

중국은 그 이후 자신들의 입장과 상황이 더 악화되는 것을 막기 위해 온 힘을 기울였다. 하지만 러일전쟁기에 일본은 한국에서 세력을 부식·확대했고 그 후 한국의 보호국화 및 병합, 일본의 한국병합 후 조선통치의 시작이라는 사태전개에 직면한 중국은, 앞에서 서술한 1909년의 간도협약을 일본과 체결한 것을 제외하면 그런 것들에 대해 이의를 제기할 수 있는 상황이 아니었다.

그러한 가운데 일본의 진로가 조선을 '교두보로 삼는' 형태로 만주에 이어 중국 본토를 노리게 되자, 중국은 한국·조선의 상황을 다음의 자신들의 상황으로 동일시하여 한국·조선에 대해 어느 정도의 동정심을 나타내게 되었다. 게다가 중국은 일본을 단독으로 누를 수 없었으므로 '원군'이 필요했고, 일본을 내부적으로 교란시키기 위하여 조선인 독립운동가들과 점차 보조를 맞추기 시작했다. 즉 3·1운동 당시 김규식의 파리행에 중국 측이 편의를 제공해 준 것을 시작으로, 1920년대에는 대한민국 임시정부와 중국 남방정부가 일본을 겨냥하여 협력관계를 구축해 나갔다. 그 협력관계는 중국 남방정부의 지도자가 쑨원에서 장제스로 바뀐 후에도 계속되어 대한민국 임시정부의 청년들에게 군사훈련을 실시하거나 대한민국 임시정부의 활동자금을 조달해 주기도 했다.

조중관계의 강화는 1930년대에도 계속되었다. 1937년에 일어난 중일전쟁에서 일본이 중화민국의 수도였던 난징을 함락시키자 중화민국은 항일전을 계속할 수 있도록 내륙에 위치한 충칭으로 수도를 옮겼다. 그 영향으로 대한민국 임시정부도 충칭으로 근거지를 옮겼는데, 이것이 바로 당시의 한·중관계를 상징하고 있다. 대한민국 임시정부에 대한 중국의 원조, 그리고 대한민국 임시정부와 중국과의 협력관계는 1941년 12월에 태평양전쟁이 개전된 후에도 계속되었다. 예를 들면 중국은 카이로 회담 당시 조선 문제를 거론하여, 회담 후 카이로 선언에서 조선의 해방을 포함시키자고 주장하기도 했다.

그러나 한편으로 중국은 미국의 참전으로 일본과의 전쟁이 점차 자신들에게 유리하게 전개되어 일본의 패전이 현실로 되어가는 가운데, 아시아·태평양전선이 미국 주도로 움직이고 있는 '현실'에 직면하게 되었다. 미국이 대한민국 임시정부의 승인을 보류할 것을 요구했을 때 중국은 미국의 후원으로 세계에서 '4명의 경찰관' 중 한 나라로 대우받고 있었기 때문에 그 요구를 받아들일 수밖에 없었고, 조선 문제로 미국과의 관계를 손상시킬 생각이 없었다. 뿐만 아니라 중국은 전술한 바와 같이 1945년에 이르러 일본의 패색이 짙어지고 따라서 일본의 통치로부터 해방되는 것이 기정사실화 된 조선으로 진공하여 점령한다는 계획을 세우고 있었다. 한편으로는 '대국'으로 대접받고 있던 미국이 계획한 전후 조선의 분할점령에도 참여할 예정이었다. 중국이 그와 같은 계획을 세우고 있었다는 것은 그것이 실제로 실현되지는 않았다고 하나 조선에 대해 우월한 입장을 확보·유지하려는, 즉 과거의 전통적인 관계를 부활시키려 했던 것임을 알 수 있다.

조선의 움직임과 그 배경

마지막으로 국경을 접하고 있던 중국과 러시아(소련), 더불어 구미열강과 일본의 움직임에 직면한 조선(한국)의 대응에 대해 살펴보자. 조선은 14세기 말 조선왕조가 성립된 이래 유교를 국교로 삼았다. 본래 유교는 중국에서 건너온 것으로 '관존민비'·'남존여비'·'조상숭배'·'장유유서' 등을 중시했다. 그 유교는 사상적으로 본가인 광대한 중국보다도 좁디좁은 조선에서 더욱더 심화되고 확대되었다. 비록 국내 상품경제의 확대 등으로 동요를 보이고는 있었지만, 조선왕조의 그러한 체제는 조선을 둘러싼 국제환경에 의해 유지되고 있었다. 즉 조선의 '종주국'이었지만 조선이 복종만 하면 그 내정에는 일일이 간섭하지 않는 중국이 그 힘을 유지하고, 조중관계가 제3국의 개입을 허용하지 않을 정도로 강고하며, 또 일본이 동아시아 국제질서인 '대륙-반도-섬나라'라는 서열을 뒤집는 것과 같은 움직임을 취하지 않고, 구미제국이 동아시아에 손을 뻗치지 않는 것 등이었다. 그러나 중국의 힘은 저하되었고 아편전쟁에서 패배함에 따라 구미에 의한 개항 및 불리한 내용의 불평등조약 체결을 어쩔 수 없이 강요당했다. 또한 일본에서는 도쿠가와 막부시대에 싹이 트고 있었지만 아직 잠재되어 있던, 즉 동아시아의 서열을 붕괴하고 일본이 정점에 서려고 하는 사상이나 행동이 막부 말부터 도막과 메이지 유신이라는 흐름 속에서 한꺼번에 현재화되었다. 이러한 중국과 일본의 변화에 따라 조선왕조는 국제정치적으로 흔들리게 되었다. 그에 대한 조선의 대응은 구미에 개국을 강요당하면서도 동아시아, 특히 조선에 대한 종주권을 계속 유지하려던 중국에게 의존하는 것과 쇄국을 고집하는 것이었다.

중국과 일본에 이어 조선에도 접근해 온 구미제국에게 1860년대의 조선은 일본과 중국에 비해 그 중요성이 적었다. 이 때문에 구미열강의 준비도 부족했고 또 조선과 충돌하여 후퇴하는 일도 있었으므로 조선은 쇄국을 계속 유지할 수 있었다. 그러나 메이지 신정부는 1868년에 왕정복고가 이루어진 사실을 조선에 통고하는 '서계'를 통해 도쿠가와 막부시대의 한일관계를 역전시키려 했다. 더욱이 1871년에는 대등한 조약인 청일수호조규를 청과 체결하여 조중관계에 쐐기를 박았다. 구미, 특히 조선의 개항에 유럽제국보다 적극적이었던 미국은 직접 손을 쓰지 않고 페리의 『일본원정기』를 건네며 일본으로 하여금 조선을 개항시키려 했다. 미국과 같은 '원군'도 있었고 일본도 강경한 방법을 취했기 때문에 조선은 일본의 개항 요구에 저항할 수 없었다. 그 결과 1876년 2월에 조일수호조규가 체결되었고 조선은 자신들에게 불리한 불평등조약을 체결하게 되었다.

조선에서는 일본과 수교하기 전에 이미 서양 혹은 일본을 모방한 근대화를 이룸으로써 독립을 유지하려는 움직임이 있었고, 그에 반해 끝까지 서양식 또는 일본식 근대화 없이 독립을 유지하려는 움직임도 있었다. 1870년대에서 1880년대 초까지 명성황후 세력은 전자의 입장이었고 대원군 세력은 후자의 입장을 각각 취하고 있었다. 그러나 1882년의 임오군란과 2년 후 갑신정변이 발발했을 때 청에게 구조된 모양새가 된 명성황후 세력은 후자의 입장을, 대원군 세력은 일본에게 옹립되었기 때문에 필연적으로 전자의 입장을 취하게 되었다. 더욱이 조선은 구미제국과 맺은 최초의 수교인 1882년 미국과의 수교를 시작으로 다음 해부터 유럽 주요 국가들과도 차례로 수교를 맺었다. 구미의 '힘의 외교' 여파가 조선에도 어쩔 수 없이 미치게 되었던 것이다.

이상과 같은 상황에서 조선 정계는 위기를 극복하기 위하여 협력하는 방법보다는 대립을 심화시키고, 중국과 일본을 끌어들이는 방법을 취했기 때문에 위기는 더욱 고조되는 상황으로 나아갔다. 그에 대해 민중들은 다가오는 위기에 대처하기 위하여 1894년에는 농민전쟁과 의병투쟁에 참가하거나 가세하는 방식으로 저항하려 했다. 그러나 그들의 저항은 일본군과 친일정부에 의해 진압되었다. 그 후 조선 정부는 일본을 누른 러시아에 의존하게 되면서 친러파가 우위를 차지하게 되었다. 또한 중국에서 자립했음을 내외에 보여주기 위하여 국호를 '대한제국'으로 바꾸고, 대한제국 국제를 발포하는 등 근대적인 모습도 보였다. 한편 대외관계에서 보다 강한 자주성과 국내정치의 자유화를 추구한 독립협회의 활동을 자신들의 기득권을 침해한다는 이유로 억눌러 버리고 결국에는 해산으로 내몰았다.

조선독립운동과 민족주의

그리고 한국 정부는 러일 간의 대립이 격화되자 중립화를 모색하기 시작했고, 한국 문제에 대해 일본이 강경한 자세를 취하자 러일전쟁이 발발할 경우 국외중립을 러일 양국에 요청하는 것 외에는 달리 대응할 방법이 없었다. 하지만 러일전쟁이 시작되자 일본은 전술한 한국의 국외중립 요청을 무시하고 일본군을 침공시켜 서울을 중심으로 한국을 점거해 나갔다. 일본은 무력을 배경으로 한일의정서와 제1차 한일협약을 체결하여 일본의 지배를 기정사실로 굳혀갔고, 한국은 독립을 유지하기 위해 할 수 있는 일이 없는 상황에 빠져버리고 말았다. 고종 등 한국 정부 관리들이 러일전쟁 중에 했던 일은 현실적인 상황에서 보았을 때 이루어질 가능성이 거의 없었던 것으로 (조미조약의 '거중조정조항'에 있는) 미국에 원조를 요청하는 것뿐이었다. 하지만 한국은 자신들의 운명보다도 일본과의 관계를 우선한 미국의 '배신'으로 러일전쟁에서 승세에 오른 일본의 압력에 저항하지 못했고, 결국은 제2차 한일협약을 체결하여 어쩔 수 없이 일본의 보호국이 되었다.

일본이 한국을 보호국으로 만든 이후 한국 정부는 일본에게 협력한 친일파가 주도권을 잡게 되었다. 보호국화에 저항한 고종은 헤이그 밀사 사건이 발각되어 통감인 이토에게 심한 문책을 당했고, 그것을 빌미로 고종을 황제의 자리에서 퇴위로 몰아넣은 친일파들은 더욱 우위를 차지하게 되었다. 그에 대해 정부 밖에서는 애국계몽운동 및 의병투쟁 등의 국권회복운동이 전개되어 독립의 유지, 보호국화 반대, 일본의 병합을 저지하는 방향으로 나아갔다. 국권회복운동은 일본과 친일내각에 의해 모두 실패했지만 애국계몽운동 쪽은 개혁, 의병투쟁 쪽은 저항의 뜻을 각각 보여 주었다. 바로 여기에서 한국(조선) 민족주의의 일단이 나타나는데, 한국의 민족주의는 일본의 민족주의가 전술한 바와 같이 능동적·외향적 그리고 공격적이었던 것과는 정반대로 일본의 압력에 대해 수동적·내향적·방어적인 특징을 가지고 있었다.

그리하여 일본은 억지와도 같은 강압적인 수법으로 한국을 병합하여 일본 내지의 한 지역인 '조선'으로 만드는 한편, '한일병합'에 협력한 구 한국 정부의 관료들에게는 작위를 수여하여 그들을 격려했다. 조선인 전체에서 나타난 항일이라는 형태의 민족주의는 강력한 '무단통치'가 전개되었을 때에는 잠시 사라진 것처럼 보였지만, 실제로는 수면 밑에 가라앉아 있었을 뿐이고 무언가를 계기로 다시 나타나는 것이었다. 그리고 전술한 바와 같은 국제적인 움직임을 계기로 조선 밖에서 독립을 호소하는 운동이 일어나 그것이 조선에도 파급되었고, 또 조선 내에서는 그와 같은 움직임을 받아들일 수 있도록 종교가들이 독립을 선언하기 위해 준비하고 있었다. 서울 파고다공원에서 독립선언서가 낭독되었을 때 민중들이 모여들었고, 낭독이 끝난 후 민중들은 독립을 호소하는 행진을 시작했다. 서울에서의 그와 같은 움직임은 곧 조선 전체로 확대되어 3·1운동으로 전개되었다.

이 3·1운동이야말로 전술한 것과 같은 성격을 지닌 조선민족주의를 일시에 분출시켰다. 3·1운동은 목표로 했던 조선의 독립을 쟁취하지는 못했지만 조선의 민족주의라는 것이 어떠한 것인가를 일본에게 충분히 보여주었다는 점에서는 성공했고, 일본으로 하여금 조선의 통치를 '무단통치'에서 '문화정치'로 바꾸지 않을 수 없는 상황으로 몰아넣었다.

한편 일부 예외는 있었지만 구 정치지도자 대부분은 일본에 저항하는 것은 무의미하다며 민족주의를 완전히 포기한 윤치호가 상징하듯이, 이 시기에는 이미 이상과 같은 조선민족주의를 표출하는 데에는 부정적이었고 또 그 정도까지는 아니라 하더라도 적극적이지 않았다. 또한 세계 각지에서 독립운동을 전개했던 이 시기 조선인 운동가들의 경우 역시 각각 해당 지역에서 독립운동을 전개했기 때문에 통일된 조직으로 모든 지역의 독립운동을 총괄하는 것은 대체로 어려웠다. 그와 같은 곤란을 극복하기 위하여 만들어진 것이 대한민국 임시정부였다. 그러나 임시정부도 각각의 근거지를 갖고 있던 운동가들이 '통합해서 만든 정부'였으므로 소위 '위로부터의 지시'를 강요할 수 없었고, 설령 그와 같은 지시가 있다 하더라도 그대로 따르는 운동가들은 결코 많지 않았다. 즉 조선 독립운동은 하나의 커다란 조직을 중심으로 전개되었다기 보다는 미국에서는 이승만이나 서재필, 중국에서는 김구나 김규식, 러시아령에서는 이동휘 등, 조선 본토에서는 여운형이나 안창호라는 식으로 각각의 지역에서 작은 중심을 가진 사람들이 자신들의 주도권 아래 독립운동을 전개하는 경우가 많았다. 물론 여운형이나 안창호·김규식처럼 다른 독립운동가들과 연합을 모색하려는 자세를 보인 사람들도 있었다. 한편으로, 특히 이승만은 다른 독립운동가와 연합하여 독립운동 전체를 강화하는 것보다 자신이 독립운동의 주도권을 쥐는 것에 일차적인 가치를 두고 있었다. 그러한 이유 때문에 다른 독립운동가들 사이에서 이승만에 대한 반감과 혐오감이 강했고, 그 결과 1919년에 독단적으로 '위임통치청원'을 윌슨에게, 그리고 파리강화회의에서 했던 것을 이유로 1925년에 그는 대한민국 임시정부 대통령직에서 탄핵당했다. 이후 이승만은 미국에서 자신을 전면에 내세운 후 미국 정부와 의회 유력자들에게 조선의 독립지지를 위한 로비에 주력하는 등의 활동을 1945년까지 계속해 나갔다. 그 일이 미국 정부가 그를 지지하는 것으로 바로 이어지지는 않았지만 '광복' 후 북위 38도선 이남의 남한지역에서 미국이 다른 독립운동가가 아닌 그를 선택하고, 이승만이 정치적으로 부상하는 것으로 이어졌다고 보인다. 이승만에 대해 대한민국에서는 1948년부터 한국전쟁을 거친 후 대한민국의 기반을 굳힌 '건국대통령'으로 평가되고 있는 한편, 조선 독립운동 전체와 '광복' 후 남한 정국에서 이승만의 존재는 '검은 그림자'가 되었다라는 측면도 부정할 수 없다.

독립운동의 분열과 한반도의 미래

그 후 1939년에 제2차 세계대전이 유럽에서 발발했고 다음 해인 1940년에 나치·독일이 유럽을 점령하려는 기세를 보이자, 일본은 같은 해 독일·일본·이탈리아와 삼국동맹을 맺고 동맹관계에 들어가는 등 국제정세는 더욱 긴박해졌다. 그 영향으로 조선은 중일전쟁의 장기화와 북부프랑스령 인도차이나로 진주하려는 일본의 전시체제에 더욱 끌려 들어가게 되었다. 그러한 가운데 조선인들 중에는 일본의 통치를 이미 변경 불가능한 것으로 판단하여 '친일파'로 전향하고 일본에 협력하는 사람들이 더욱 늘어났다. 그 일로 '광복' 후 추궁당하고 규탄받은 것 때문에 병이 악화되어 1945년 12월에 급사한 윤치호가 상징하듯이, 그들은 결국 일본에게 이용되어 조선사회와 여론을 분열시킨 정도의 존재에 불과했다. 친일파와 친일파의 행위는 비난받아 마땅하지만 한편으로는 역시 전술한 '105인 사건' 당시의 윤치호가 잘 보여주듯이, 그들 대부분은 일본의 협박이나 고문 등의 압력을 받았으므로 그 점도 지나쳐서는 안 될 것이다. 그와 같은 부류의 사람들로는 일본 국내의 (주로 사회주의에서 국가주의로) '전향자轉向者'와 중국의 '한간漢奸' 등이 있다. 규모와 이민족에 대한 양면성, 더욱이 패전 후 일본 사회에서의 영향력과 비교해 볼 때 조선의 친일파는 그런 종류의 사람들 중에서도 눈에 띄는 존재였다고 해도 무리는 없을 것이다. 그러한 친일파의 청산은 해방 이후 남북한에서 모두 시행되었는데, 대한민국에서는 대통령에 취임한 이승만이 반공을 우선했기 때문에 그들 대부분은 '과거'를 추궁당하는 일 없이 요직에 등용되었다.

일본은 결국 1941년에 태평양전쟁에 돌입했는데 그 후 조선은 일본의 수탈대상 즉, 카이로 선언에서 한국의 상황에 대해 언급한 것처럼 '노예상태'라고도 할 수 있는 상황으로 내몰렸다. 하지만 조선은 식량 배급제도가 막히고 공습을 받아 파괴상태로 내몰린 일본과는 달리, 공습 자체도 별로 없었고 식량사정도 일본만큼 악화되지는 않았다. '노예상태'라는 것은 물리적인 측면보다는 '내선일체'나 '황민화정책'으로 조선인으로서의 민족성 상실과 말살로 이어지고 있었다는 정신적인 측면 쪽이 강했다.

일본의 패전이 확실한 쪽으로 전황이 진행되자 조선은 언제, 어떠한 방식으로 일본에서 해방되느냐가 초점이 되었다. 전술한 바와 같이 조선 국내만이 아니라 중국·소련·미국 등 세계 각지의 독립운동가들은 각각 개인적으로 독립운동을 전개하고 있었고, 그들 사이에 횡적 연대는 기본적으로 없었다. 그와 같은 상황에서 '광복'은 그들의 예상보다 일찍 왔고, 더욱이 미국과 소련에 의한 한반도 분할점령은 그들이 예상하지 못한 가운데 이루어졌다. 그래서 여운형처럼 '조선인민공화국'을 수립해서 당시의 좌우 독립운동가를 망라하려는 움직임도 있었지만, 많은 독립운동가들은 각자의 목적을 가지고 움직였다. 그러한 이유 때문에 '광복' 및 분할점령이라는 '외압'에 대하여, 더욱이 미래를 결정짓는 중요한 시기에 그들은 통일된 행동을 취하지 않고 오히려 분열된 방향으로 나아갔다. 그것이 이후 남한의 정치적 혼란, 남북한에 두 개의 정부 성립과 수립, 한국전쟁의 발발과 남북을 불문한 철저한 파괴, 분단의 고착화라는 상황이 현재까지 이르게 된 근원이었다는 것을 기억해야 할 것이다. 다만 이것도 틀림없이 '외압', 특히 조선독립을 저지하려고 계속해서 압력을 넣고 있던 일본 때문에 조선의 독립운동이 통일된 활동을 할 수 없었다는 것, 그 정도로 조선 통치기(대한민국에서는 일제강점기라고 하는)에 일본의 힘과 존재감이 거대했다는 것, 그래도 조선은 '일본화'되지 않고 독자성을 계속 유지해 왔고 현재도 계속 유지해 가고 있다는 것도 잊어서는 안 될 것이다.

　한반도는 소위 '지정학'상, 또 역사적 경위에서 볼 때 주변의 여러 국가나 이해 관계국으로부터의 영향에서 자유로울 수 없었다. 그리고 그것은 현재 한반도를 둘러싸고 있는 상황을 보아도 동일하다. 마지막으로 남한과 북한 사람들은 그와 같은 국제관계의 영향을 고려하여 민족의 염원인 통일로 나아가기를 기원한다. 그리고 주변 제국과 이해관계국 특히, 일본은 그와 같은 움직임에 적어도 역풍은 보내지 않기를 염원하면서 펜을 놓고 싶다.

옮긴이 후기

이 책은 나가타 아키후미長田彰文의 『세계사 속 근대한일관계世界史の中の近代韓日
關係』(慶應義塾大學出版部, 2013)를 번역한 것이다.

저자는 일찍이 한국과 한반도를 둘러싼 국제정치사에 관심을 갖고 오랫
동안 많은 연구를 해 왔으며 그 결과물인 두 권의 저서가 이미 한국에서
번역 출간된 바 있다. 『미국, 한국을 버리다(원제: 시어도어 루스벨트와 한국—
한국보호국화와 미국)』(역자 이남규, 기파랑, 2007)와 『일본의 조선통치와 국제관
계—조선 독립운동과 미국 1910~1922』(역자 박환무, 일조각, 2008)가 그것이
다. 이 두 저서는 모두 특정시기 미국의 대한정책이 일본의 한국보호국화
정책과 식민정책에 어떤 영향을 끼쳤는지에 초점을 맞춘 한미일관계사라
고 할 수 있다.

저자의 세 번째 단독 저서인 본서는 19세기 중반부터 1945년까지의 한
일관계사를 국제정치사적인 관점에서 서술한 개설서이다. 기존의 한일관
계사 개설서들이 주로 고대부터 근대에 이르기까지의 오랜 역사를 한국
과 일본의 관계를 중심으로 서술해 왔다면, 본서는 개항부터 광복에 이르
기까지의 100년도 채 되지 않는 짧은 기간 동안의 한일관계를 국제정치사
적 관점에서 자세히 들여다보고 있는 것이 특징이다. 이를 위해 저자는 시
종일관 '근대 한일관계를 중심으로 강대국들은 어떻게 움직였는가?' '19세
기 이래 강대국들이 짜놓은 역학관계 속에서 한국과 일본은 어떤 관계를

맺고 있었는가?' 라는 질문의 끈을 놓지 않고 서술을 이어가고 있다. 사실 19세기 이후의 동아시아 역사는 제국주의 시대라는 특성상 미국을 비롯한 강대국들과의 관계 속에서 전개되어 나갔기 때문에 그 속에서 한일관계를 바라보아야 한다는 저자의 주장은 객관성을 담보할 수 있다는 측면에서 매우 설득력이 있다. 왜냐하면 근대 한일관계사는 한국과 일본이 각각 식민지 피지배자와 지배자의 관계에 있었던 만큼 양자 모두 객관적인 입장에서 이 시기의 역사를 서술하는 것은 매우 어려운 일이기 때문이다.

이러한 관점에서 저자는 한국과 일본에 대한 강대국들의 정책과 동향을 면밀히 분석하여 일본에 의한 조선의 개항, 한국보호국화와 병합, 식민지 지배의 책임은 일차적으로 일본에게 있지만, 자국의 이익과 안위를 위해 그것을 용인해 준 미국, 중국, 러시아 등 강대국에게도 일정 정도의 책임이 있다고 주장하고 있다. 그중에서도 특히 1882년 조미수호통상조약을 맺은 이래 현재에 이르기까지 한국에 가장 많은 영향을 끼치고 있는 미국이 언제나 일본과의 관계를 한국과의 관계보다 중시했다는 점, 일본과 관계가 좋을 때나 좋지 않을 때에나 일본의 한국통치는 반대하지 않았다 점, 태평양전쟁이 끝나는 순간 38선을 획정하여 분단에 이르는 원인을 제공했다는 점 등을 강조하고 있다.

이와 같은 저자의 논지는 19세기 말 20세기 초와 마찬가지로 아직도 강대국에 둘러싸여 영향을 주고받고 있는 한반도의 국제환경을 생각해 볼 때 21세기 대한민국이 국제정치사에서 어떠한 선택과 집중을 해야 할 것인지에 대해 시사해 주는 바가 크다. 특히 1882년 조미조약 이후 고종이 미국에 걸었던 부질없는 기대와 바람이 현재 한미동맹으로 동맹국 관계에 있는 미국에 대한 우리의 태도와 닮아 있는 것은 아닌지 신중하게 검토해 보아야 할 것이다. 아울러 본서는 역사문제로 날선 대립을 이어가고 있는 한국과 일본의 독자들에게 세계사 속에서의 한일관계를 자리매김하고 서로에 대한 이해를 증진시킬 수 있는 계기를 마련해 줄 수 있으리라 생각한다.

역자는 수원대학교 박환 선생님의 소개로 1995년에 본서의 저자인 나가타 아키후미 선생님을 처음 만났다. 그 후 연락이 잘 되지 않았던(전적으로 역자의 실수로) 짧은 기간을 제외하면 매년 봄, 가을 두 차례 자료 조사차 한국을 방문하시는 나가타 선생님을 만나왔으니 20년 넘게 지속적으로 만남을 이어 온 셈이다. 역자가 본 나가타 선생님은 더할 나위 없이 성실한 연구자인 동시에, 같은 길을 걷는 연구자라면 누구에게나 선뜻 자료를 제공해 주시고 자신의 시간을 쪼개어 도움을 주시는 분이다. 역자 역시 여러 차례 선생님으로부터 도움을 받았는데, 특히 박사학위 논문을 쓰기 위해 자료조사차 일본에 갔을 때 베풀어주신 헌신적인 도움은 오랫동안 잊지 못할 것이다. 이 자리를 빌려 감사를 표하고 싶다.

저자인 나가타 선생님은 2013년 9월 한국에 오셨을 때 일본에서 막 출간된 본서를 처음 가져오셨다. 이후 한국에서 번역 출간할 계획이라는 말씀을 들었을 때만 해도 역자가 번역을 하게 되리라고는 생각지도 못했다. 한일관계 개설서라는 점에서 역자는 우선 자격 미달이었고 이전의 번역작업으로 번역의 어려움을 누구보다 잘 알고 있었기 때문이었다. 그러나 저자와의 오랜 친분과 연구 내용을 조금 안다는 이유로 덜컥 번역을 맡게 되었다. 일조각과의 오랜 인연도 이유 중 하나였다.

분량이 적어 빨리 끝날 것 같았던 번역은 2016년을 얼마 남겨 놓지 않은 시점에서야 겨우 마무리되었다. 이렇게 시간이 많이 걸린 이유는 한일관계사에 대한 역자의 짧은 지식이 가장 큰 이유였다. 저자도 지적했듯이 본서가 다루고 있는 시기는 오랜 역사를 가지고 있는 한일관계사 중 극히 일부에 지나지 않는다. 그러나 바로 그러한 이유 때문에 근대 한일 양국의 역사에 대한 것은 물론 미국을 비롯한 강대국들의 움직임에 대한 깊은 이해가 필요했는데 역자는 그 모든 면에서 부족했다. 이 때문에 간결하고 압축적으로 쓰인 문장의 행간을 이해하고, 사실 하나하나를 확인하기 위해 관련 서적과 논문을 읽는 데 많은 시간이 소요되었다.

다행스러운 점은 저자가 정기적으로 한국을 방문했기 때문에 매번 직접 만나 그 서술의도를 확인하고 또 잘못된 부분은 수정할 수 있었다는 점이다. 또한 저자는 본 저서가 한국 독자들의 입장에서 잘 읽힐 수 있도록 원문을 수정하거나 설명을 더하는 것에 대해서도 흔쾌히 역자에게 모든 것을 일임해 주었다. 덕분에 역자는 편집자와의 상의를 통해 자유롭게 번역문을 수정할 수 있었다. 일부 원문과 번역본의 내용이 조금 다른 이유는 바로 그것 때문이다. 하지만 번역으로 인한 오류가 있다면 그것은 전적으로 역자의 잘못임을 분명히 해둔다. 번역을 시작할 때만 해도 원문을 뛰어넘어 누구나 쉽게 읽을 수 있는 개설서를 만들고자 했지만 역자의 자질부족에다 시간에 쫓겨 점차 쉬운 글보다는 정확한 해석에 중점을 두게 되었다. 하지만 그조차도 지금의 시점에서 되돌아보니 너무나 부족했다는 것을 시인하지 않을 수 없다.

마지막으로 오랜 작업을 재촉하지 않고 기다려 주신 일조각 김시연 사장님께 깊이 감사드린다. 사장님의 신뢰와 지지가 있었기에 또 한 번의 번역에 착수할 수 있었고 마무리할 수 있었다. 매번 순수한 열정으로 참신한 아이디어를 제공해 준 한정은 씨에게도 감사를 표한다. 한정은 씨 덕분에 인명과 지명을 원음으로 읽는 번거로운 작업에서 자유로울 수 있었고 문장을 매끄럽게 다듬는 데에도 많은 도움을 받았다. 아울러 여러 차례에 걸쳐 원고를 수정하는 바람에 교정과 편집에 많은 시간과 수고를 할애하게 한 점에 대해서는 미안한 마음을 전한다.

2017년 3월
김혜정

미주

제1장

1_ 그리고 그중에는 예를 들면 태평양전쟁 개전과 종전에 모두 외상을 지낸 도고 시게노리(1882~1950)의 선조도 있는데, 그들은 가고시마 시 서쪽에 위치한 나에시로가와^{苗代川}(현재의 가고시마 현 히오키 군 히가시이치키 쵸 미야마^{日置郡東市來町 美山})에 정착해서 사쓰마 소에 종사했다.

2_ 왜관은 원래 부산 북쪽에 위치한 동래에 있었으나 1678년에 부산 중심과 가까운 초량으로 이전했다.

3_ 명은 1636년 중국 동북부에서 일어난 만주족 왕조인 청에게 멸망했고, 청은 1644년부터 중국을 지배했다. 청은 그 전신인 후금시대부터 명을 섬기고 있던 조선을 복종시키기 위해 1627년에 처음으로 침략해 왔다. 이것이 '정묘호란'으로 당시에는 '형제지국'이 되어 화해했다. 그러나 1632년에 중국 동북부 전역을 지배하게 된 후금은 1636년에 국호를 청으로 고치고 조선에 '군신지의'로 대신할 것을 요구했다. 조선이 그것을 거부하자 같은 해에 다시 침공하여 '병자호란'을 일으켰고, 조선은 힘을 다해 싸웠지만 다음 해인 1637년에 강화하여 명과의 관계를 완전히 단절하고 청에게 복종했다.

4_ 류큐는 종래부터 중국에 조공을 해 왔는데 1609년에 사쓰마의 침공을 받은 이후 주고쿠^{中國}에도 조공을 하게 되어 이후 '청일양속(淸日兩屬)'이라는 상황을 맞이했다.

5_ 新井白石 「朝鮮国信書之式の事」・「朝鮮聘使後議」・「国書復號紀事」, 『新井白石全集』第四(吉川半七發行/非賣品, 1906年); 国書刊行會 編 『新井白石全集』第四卷(国書刊行會, 1977年)을 참조.

6_ 북한에서는 1994년 7월에 사망한 김일성의 증조부인 김응우金膺禹가 이 사건에서

미국을 물리친 핵심인물이었다고 주장하고 있다.

7_ 당시 프랑스는 강화도에 있던 역대 국왕들의 문서를 보관한 규장각 부속도서관인 외규장각에서 『조선왕조의궤朝鮮王朝儀軌』 등의 도서를 가져가 프랑스 국립도서관에 소장해 왔다. 그 반환을 둘러싸고 대한민국과 프랑스 정부가 교섭한 결과 도서는 프랑스가 '대여'해 주는 형식으로 2011년 145년 만에 대한민국에 순차적으로 반환되었다.

8_ 현재 일본은 소위 '북방영토 문제'에서 이때의 합의에 따라 이 4개의 섬은 '일본 고유의 영토'라고 주장하고 있다.

9_ 역자 주. 조일수호조규의 부록인 조일무역규칙으로 일본과 무관세조약을 맺은 조선 정부는 조약 체결 후에야 다른 나라의 관세 실태와 관세자주권에 대해 알게 되었다. 조선 정부는 관세자주권을 회복하고 재정을 확보하기 위해 조선인에게 내국통과세를 부과하는 정책을 실시했다. 이를 위해 부산 두모진에 해관을 설치하고 1878년 9월부터 부산을 거치는 수입상품에 대해 15~20%의 관세를 징수했다. 그러나 수입상품의 다수가 일본상품이었으므로 일본의 항의와 군함을 앞세운 시위로 인해 그 해 12월에 수세를 정지했다.

제2장

10_ 평안도와 함경도는 러시아령, 경상도·전라도·충청도 등 남부의 3개 도는 일본령, 그 사이에 있는 경기도·강원도·황해도 등 중부의 3개 도는 한국 고유의 령으로 하는 3분할을 주장했다.

11_ 이때 손탁은 고종에게 처음으로 커피를 소개했는데 이것이 커피가 조선에 퍼지는 계기가 되었다.

12_ 손탁은 후술하는 바와 같이 일본이 한국을 보호국화하여 병합을 도모하고 있던 1909년에 손탁호텔을 매각해 버리고 다음 해인 1910년에 한국을 떠났다. 호텔은 1917년에 이화학당(현재의 이화여자대학교)에 매각되어 기숙사로 사용되었고, 1922년에는 이화학당의 Frey Hall로 다시 세워졌다. 이 건물은 한국이 광복된 이후인 1975년 5월에 발생한 화재로 소실되어 터만 남아 있었는데, 그 자리에 이화 100주년 기념관이 2004년에 준공되어 현재에 이르고 있다.

13_ 니시시로 기미타카西四汁公羮(小倉祐三郎)가 당시의 전문과 전해들은 것을 토대로 1930년에 작성했다는 私家版『韓末外交秘話』(海野福壽 編·解說『外交史料 韓国併合』上, 不二出版, 2003년에 수록)에 의하면, 이토가 "우물쭈물 말하면 죽여버리라는 말 가운데 한규설이 연달아 나왔기 때문에 살해된 것으로 생각되었다"라는 기술이 있다. 한편 그 자리에 있던 하야시는 한규설이 격분한 나머지 스스로 자리를 차고 일어나 고종의 어좌 쪽으로 나간 것, 그러나 한규설은 흥분한 나머지 엄순비의 방으로 들어가 버렸고, 잘못 들어간 것을 알고 급히 나왔지만 회의실 앞으로 돌아와 졸도해 버렸다는 것, 그래서 "물이라도 머리에 부어 차갑게 하면 좋다"라고 지시한 것 등에 대해 회고하고 있다. 林權助,『わが七十年を語る』, 第一書房, 1935年을 참조.

14_ 이 서명으로 이 5명은 현재 대한민국과 조선민주주의인민공화국 양쪽에서 '을사오적乙巳五賊'으로 불리고 있다.

15_ 실제로 조인된 날짜와 시간은 11월 18일 미명(未明: 날이 채 밝지 않아 어두운 때)때였다.

16_ 그는 제2차 세계대전 이후 냉전이 전개되자 '봉쇄정책' 등 미국의 냉전전략을 세운 조지 케넌George Frost Kennan의 백부이다.

17_ 또 그 일환으로서 외국, 특히 일본에서 한국이 빌린 차금인 국채(그 일부는 한국 내 일본인을 위한 거주지를 조성하기 위해 사용되었다)를 한국인 스스로 돈을 모아 반환함으로써 원금을 줄이고 나아가 외국, 특히 일본의 영향력을 조금이라도 줄여서 한국의 독립과 독자성을 그만큼 회복하려는 목적을 가진 '국채보상운동'도 전개되었다.

18_ 최익현은 일본군에게 체포되어 쓰시마로 호송·감금되었다. 이후 강행한 단식으로 12월 감옥에서 사망했다.

19_ 이준은 할복자살했다는 주장도 있지만 병사설이 더 유력하다.

20_ 전술한 대한자강회는 이때의 반대로 강제해산 당했다고 한다.

21_ 처음에는 '조선척식주식회사朝鮮拓殖株式會社'라고 할 예정이었으나 너무 노골적이라는 이유로 제외되었다.

22_ 을미사변은 이토가 수상으로 재임하고 있는 중에 일어났고 또 이 일의 주모자였

던 미우라 고로를 그가 주조공사로 임명했다는 책임은 면할 수 없지만, 명성황후 살해를 이토가 미우라에게 지시했다는 것을 보여주는 문서는 현재 확인되지 않는다.

23_ 이 일은 1866년 당시 이토의 행적을 볼 때 사실이 아니라고 추측된다.

24_ 중국에서는 일본이 한국을 병합한 것을 '망국亡国'으로 인식했고, 자국의 운명과 연관지어 받아들이는 경향을 입헌파인 량치차오梁啓超 등에게서 볼 수 있다. 량치차오는 변법자강운동을 전개했다. 한편 혁명파는 우치다 료헤이가 조직한 흑룡회를 매개로 일진회와 원칙 없이 타협한 일본의 한국병합은 문제시하지 않는 경향을 보였다.

25_ 한국을 병합한 '공적'으로 가쓰라 다로는 조슈 번 선배인 이노우에 가오루를 제치고 야마가타와 암살된 이토와 함께 나란히 공작으로 승진했고 고무라도 후작으로 승진했다.

제4장

26_ 덧붙여서 말하면 아베는 1940년 수상에서 물러난 후 조선총독으로 취임했다. 또 우가키는 1937년 천황으로부터 수상에 취임하여 내각을 조직하라는 명을 받았지만 군부의 반발로 육상도 되지 못했고 수상에도 오르지 못했다.

27_ 헌병정치의 '책임자'가 된 사람은 조선주차 헌병대사령관인 아카시 모토지로였다.

28_ 이것 때문에 '데라우치 암살미수 사건' 또는 '조선음모 사건(영어로는 Korean Conspiracy Case라고 한다)'은 '105인 사건'이라고도 불리고 있다.

29_ 그 후 윤치호는 상황을 바꾸기 어렵다고 생각하여 일본에 저항하지 말 것을 주변에 호소했고 뒤에는 '친일파'가 되었다.

30_ 3국 가운데 이탈리아는 바로 참전하지 않고 1915년 전후 획득물에 대해 약속을 받은 뒤 삼국협상 측으로 되돌아가 독일과 함께 오스트리아=헝가리에 전쟁을 선포했다.

31_ 하지만 전날인 3월 2일은 일요일이었기 때문에 기독교 측은 안식일이라며 반대했다.

32_ 이로써 1920년 3월, 현재도 대한민국에서 발행되고 있는 『조선일보』가 창간되었고 그다음 달에는 역시 동일한 방식으로 『동아일보』가 창간되었다.

33_ 단 일본에서도 가타야마 센片山潛과 도쿠다 규이치德田球一 등 16명이 참가했기 때문에 사전에 극동노동자대회로 명칭이 변경되었다.

34_ 쇼리키 마쓰타로는 1923년 12월 말 당시 황태자였던 히로히토 쇼와昭和 천황을 저격한 도라노몬虎ノ門 사건 발생에 대한 책임을 지고 1924년에 경시청에서 징계 면관된 이후 동년에 『요미우리讀賣 신문』의 사주가 되었다. 1934년에는 프로야구 구단으로 현재 요미우리 자이언츠의 전신인 대일본 도쿄야구 구락부의 창설에도 관여하여 '일본 프로야구의 아버지'로 불린다. 전후에는 공직추방과 그 해제를 거쳐 1956년 원자력위원회 초대위원장, 초대 과학기술청 장관도 역임했고 원자력발전소의 건설에도 깊이 관여했다.

35_ 森五六述·山本四郎 編「關東大震災の思い出」, 日本歷史學會 編『日本歷史』第 256号, 吉川弘文館, 1969년; 松尾尊兌,「關東大震災下の朝鮮人虐殺事件」(上), 『思想』471号, 岩波書店, 1963년을 참조.

36_ 대한민국 임시정부 측이 파악한 숫자로는 6,600여 명, 조선인에게 동정적인 자세를 보였던 정치학자인 요시노 사쿠조吉野作造가 파악한 숫자로는 약 2,700명, 흑룡회의 조사에서는 722명, 일본 정부 사법성 조사에서는 231명의 조선인이 살해되었다고 한다. 朴殷植 著·姜德相 譯注,『朝鮮獨立運動の血史』2, 平凡社東洋文庫, 1972年; 姜德相,『關東大震災』, 中央公論社, 1975年; 琴秉洞 編·解說, 『關東大震災 朝鮮人虐殺問題關聯史料Ⅱ 朝鮮人虐殺關聯官廳史料』, 綠蔭書房, 1991年을 참조.

37_ 그러한 이유 때문에 중국은 처음에 예정했던 대지진에 대한 대일 원조를 중지한 후 대일 비난으로 돌아섰고, 중국인이 입은 피해를 조사하기 위해 일본에 조사단을 파견했다.

제5장

38_ 이것은 현재 대한민국에서 발행되고 있는 신문인 『중앙일보』와는 다른 신문이다.

39_ 일본 정부는 결국 도쿄 올림픽 개최를 반납했고 1939년에는 제2차 세계대전도 발발했기 때문에 1940년에는 올림픽 자체가 중지되었다.

40_ 대일본제국의 '신민'이 된 조선인이 일본으로 도항한 것은 본래 밀항이 아니었다.

41_ 위안부의 정확한 총 인원수를 나타내는 자료는 보이지 않는다. 吉見義明,『從軍慰安婦』, 岩波書店, 1995年에서는 약 45,000명에서 20만 명으로, 秦郁彦,『慰安婦と

戦場の性』, 新潮社, 1999年에서는 약 2만 명으로 그 수를 추산하고 있다. 아시아여성기금 사이트도 참조할 것(http://www.awf.or.jp/).

42_ 한편 일본 정부는 군과 조선총독부 등의 일본 당국이 위안부를 강제 연행했다는 내용의 문서는 확인되지 않았다고 한다.

43_ 처칠은 포츠담 회담 도중 본국에서 치러진 총선거에서 패배하여 수상직을 사임한 뒤 귀국했고, 새로이 수상에 오른 애틀리가 그 자리를 대신했다.

44_ 희생된 한국·조선인을 위로하는 '조선인원폭희생자위령비'는 1970년 4월 재일대한민국 거류민단 히로시마 현 본부에 의해 세워졌는데, 당시에는 평화공원 안에 설치하는 것이 허락되지 않았기 때문에 공원 밖에 세워졌다. 그러나 이것에 대해 '차별'이라는 비판이 고조되어 위령비는 그 후 1999년 7월에 공원 안으로 이전 설치되었다.

45_ 8월 15일은 현재 대한민국에서는 '광복절', 조선민주주의인민공화국에서는 '조국해방기념일'이라는 국경일로 지정되어 있다.

46_ 일본은 '내지' 및 조선 이외의 '외지'에도 동일한 조치를 취했다.

47_ 국가기록원은 1969년에 설립된 총무처 정부기록 보존소가 2004년에 개칭된 것이다.

48_ 그러한 가운데 예를 들면, 1945년 8월 22일 일본 해군 수송함 우키시마마루浮島丸가 아오모리 현 오미나토大湊에서 부산으로 향하던 도중 24일, 교토 마이쓰루舞鶴항에서 미군이 설치한 기뢰에 접촉했다는 이유로 침몰했고, 승선해 있던 조선인 3,725명 중 524명 및 일본 해군 255명 중 25명이 사망했다고 하는 '우키시마마루 사건'이 일어났다. 다만 사고 원인에 대해서는 고의적인 폭발설이 있으며 조선인 승선자 수에 대해서는 약 7,000명이라고 하는 설, 조선인 사망자 수에 대해서는 약 5,000명이라고 하는 설도 있다.

도판출전 일람

제1장

- 명성황후(左) – 고종(中) – 대원군(右)

  「朝鮮國貴顯肖像」, 岡村政子(1858-1936), 55cm×40.4cm, 板權所有明治27年9月10日印刷 同年
  同月10日發行, 信陽堂, 1894年

  제공: 송광호(강원도민일보 특파원)

- 조슈 3존

  「Portrait of Yamagata Aritomo (山縣有朋, 1838-1922)」(左), 「Portrait of Inoue Kaoru(井上馨,
  1836 – 1915)」(中), 「Portrait of Ito Hirobumi (伊藤博文, 1841-1909)」(右)

  제공: 위키미디어 공용(https://commons.wikimedia.org/wiki/Main_Page)

  원 출처는 『근세명사사진 기1近世名士写真其1』, 近世名士写真頒布會, 昭9至10(1934-1935).

제2장

- 「러시아의 꼭두각시 조선」

  『중앙신문』, 1903.2.11.

  제공: 『일본, 만화로 제국을 그리다: 조선병탄과 시선의 정치』(한상일 · 한정선, 일조각, 2006)

제3장

- 이토 히로부미 1,000엔권(左)

  제공: 일본 위키피디아(https://ja.wikipedia.org/wiki/)(1963.11.1. 첫 발행)

  안중근 200원 우표(右)

  제공: 한국우표포털 서비스(http://stamp.epost.go.kr/)(1982.10.8. 발행)

제4장

- 파고다공원 내 3·1운동 장면을 담은 부조물

  제공: 저자 촬영

- 대한민국 임시정부 파리위원부 청사 터의 간판

  제공: 저자 촬영

제5장

- 손기정 선수의 베를린 올림픽 마라톤 우승 보도기사

  『동아일보』, 1936.8.25.

  제공: 연합뉴스 이종백

제6장

- '유린당한 국가들' 시리즈 가운데 조선 우표

  제공: 저자 촬영

- 1947년 광복절 행사

  고려대학교 박물관 소장, 2005.9.28.

  제공: 연합뉴스 김태식

- 재일한국·조선인의 인구추이

  제공: 재일본 대한민국민단 〈민단소개〉(http://www.mindan.org/shokai/toukei.html)

표지

「時局圖」, 謝纘泰(1872-1938), 『補仁文社社刊』, 1898.

주요참고·인용문헌

서적, 논문 순. 일본어문헌, 한글문헌, 영어문헌 순.

일본어문헌은 저자명으로 50음순, 한글문헌은 저자명으로 가나다순, 영어문헌은 저자명으로 ABC순.

〈본서 전반에 관한 참고문헌〉

姜在彦,『〔增補新訂〕朝鮮近代史』, 平凡社, 1998年

姜德相,『朝鮮獨立運動の群像―啓蒙運動から三·一運動へ』, 青木書店, 1984年

金熙一 著, 在日本朝鮮人科學者協会歷史部会飜譯委員会 譯,『アメリカ朝鮮侵略史』, 雄山閣出版, 1972年

木村幹,『朝鮮/韓国ナショナリズムと「小国」意識―朝貢国から国民国家へ』, ミネルヴァ書房, 2000年

琴秉洞,『日本人の朝鮮觀―その光と影』, 明石書店, 2006年

国分典子,『近代東アジア世界と憲法思想』, 慶應義塾大學出版会, 2012年

高崎宗司,『「妄言」の原形―日本人の朝鮮觀 增補三版』, 木犀社, 2002年

趙景達,『近代朝鮮と日本』, 岩波書店, 2012年

朝鮮史研究会 編,『朝鮮史研究入門』, 名古屋大學学出版会, 2011年

林建彦·阿部洋 編,『ニッポン·コリア讀本』, 教育開發研究所, 1991年

山邊健太郎,『日韓倂合小史』, 岩波書店, 1966年

山邊健太郎,『日本統治下の朝鮮』, 岩波書店 1971年

和田春樹,『これだけは知っておきたい 日本と朝鮮の100年史』, 平凡社, 2010年

구대열,『한국국제관계사연구 1―일제시기 한반도의 국제관계』, 역사비평사, 1996년

Kim Seung-young, *American Diplomacy and Strategy toward Korea and Northeast Asia, 1882–1950 and after: Perception of polarity and US commitment to a periphery*, Palgrave Macmillan, New York, 2009.

〈각 장에 관한 참고문헌〉

들어가며

岡本隆司,『世界のなかの日淸韓關係史—交隣と屬国, 自主と獨立』, 講談社, 2008年

梶村秀樹,『朝鮮史—その發展』, 講談社, 1977年

武田幸男 編,『朝鮮史』, 山川出版社, 2000年

제1장

李元植,『朝鮮通信使の研究』, 思文閣出版, 1997年

岡本隆司,『屬国と自主のあいだ—近代淸韓關係と東アジアの命運』, 名古屋大学出版会, 2004年

奧平武彦,『朝鮮開国交涉始末』, 刀江書院, 1969年

姜錫範,『征韓論政變—明治六年の權力鬪爭』, サイマル出版会, 1990年

姜德相 編著,『カラ—版 錦繪の中の朝鮮と中国—幕末·明治の日本人のまなざし』, 岩波書店, 2007年

北島万次,『豊臣秀吉の朝鮮侵略』, 吉川弘文館, 1995年

金鳳珍,『東アジア「開明」知識人の思惟空間—鄭觀應·福澤諭吉·俞吉濬の比較研究』, 九州大学出版会, 2004年

木村幹,『高宗·閔妃—然らば致し方なし』, ミネルヴァ書房, 2007年

琴秉洞,『金玉均と日本—その滯日の記錄 增補新版』, 綠蔭書房, 2001年

高橋秀直,『日淸戰爭への道』, 東京創元社, 1995年

田代和生,『近世日朝通交貿易史の研究』, 創文社, 1981年

田保橋潔,『近代日鮮關係の研究』, 朝鮮總督府中樞院, 1940年

趙景達,『異端の民衆反亂—東学と甲午農民戰爭』, 岩波書店, 1998年

中村均,『韓国巨文島にっぽん村—海に浮かぶ共生の風景』, 中央公論社, 1994年

旗田巍,『日本人の朝鮮觀』, 勁草書房, 1969年

原田環,『朝鮮の開国と近代化』, 溪水社, 1997年

平山洋,『福澤諭吉の眞実』, 文藝春秋, 2004年

平山洋,『アジア獨立論者 福澤諭吉—脱亞論·朝鮮滅亡論·尊王論をめぐって』, ミネルヴァ書房, 2012年

毛利敏彦,『明治六年政變』, 中央公論社, 1979年

森山茂德,『日韓併合』, 吉川弘文館, 1992年

安川壽之輔,『福澤諭吉のアジア認識—日本近代史象をとらえ返す』, 高文研, 2000年

安川壽之輔, 『福澤諭吉の戦争論と天皇制論―新たな福澤美化論を批判する』, 高文研, 2006年

吉野誠, 『明治維新と征韓論―吉田松陰から西郷隆盛へ』, 明石書店, 2002年

渡邊勝美, 『朝鮮開国外交史研究』, 東光堂書店, 1941年

Dennett, Tyler, *Americans in Eastern Asia: A Critical Study of the Policy of the United States with Reference to China, Japan and Korea in 19th Century*, The Macmillan Company, New York, 1922.

大澤博明, 「明治外交と朝鮮永世中立化構想の展開―1882~84年」, 『熊本法学』83号, 熊本大学, 1995年

大澤博明, 「日清天津條約(1885年)の研究」(一)(二), 『熊本法学』106, 107号, 2004年, 2005年

大澤博明, 「大鳥圭介公使の朝鮮歸任(1894年6月)について」, 『熊本法学』124号, 2011年

大澤博明, 「朝鮮駐箚辨理公使大石正巳: その任免と反響」, 『熊本法学』127号, 2013年

張啓雄, 「国際秩序觀の衝突―日韓外交文書論争における『皇』『勅』」, 平野健一郎ほか 編 『国際文化關係史研究』東京大学出版会, 2013年

山内弘一, 「朴珪壽と『礼儀之邦』―考証学との關わりをめぐって」, 『上智史学』41号, 上智大学史学会, 1996年

吉野誠, 「咸鏡道防穀令事件―賠償請求案の檢討」, 『東海大学紀要 文学部』66号, 東海大学, 1996年

제2장

池内敏, 『竹島問題とは何か』, 名古屋大学出版会, 2012年

井上勇一, 『東アジア鐵道国際關係史―日英同盟の成立および變質過程の研究』, 慶應通信, 1989年

金文子, 『朝鮮王妃殺害と日本人―誰が仕組んで, 誰が実行したのか』, 高文研, 2009年

月脚達彦, 『朝鮮開化思想とナショナリズム―近代朝鮮の形成』, 東京大学出版会, 2009年

中塚明, 『日清戰爭の研究』, 青木書店, 1968年

朴宗根, 『日清戰爭と朝鮮』, 青木書店, 1982年

和田春樹, 『日露戰爭―起源と開戰』, 上・下, 岩波書店, 2009~2010年

이순우, 『근대 서울의 역사 문화공간: 손탁호텔』, 하늘재, 2012년

정재정, 『일제침략과 한국철도: 1892~1945』, 서울대학교출판부, 1999년(일본어판은 三橋広夫 譯, 『帝国日本の植民地支配と韓国鐵道: 1892~1945』, 明石書店, 2008年)

大澤博明, 「日清共同朝鮮改革論と日清開戰」, 『熊本法学』75号, 1993年

片桐庸夫，「澁澤榮一と朝鮮―その對朝鮮姿勢を中心として」，慶應義塾大学法学部 編，『慶應義塾創立150年記念法学部論文集 慶應の政治学 国際政治』，慶應義塾大学法学部，2008年

石和靜，「ロシアの韓国中立化政策―ウイッテの對滿洲政策との關連で」，北海島大学スラブ研究センター 編『スラブ研究』46号，1999年

제3장

市川正明，『安重根と日韓關係史』，原書房，1979年

伊藤之雄，『伊藤博文をめぐる日韓關係―韓国統治の夢と挫折 1905～1921』，ミネルヴァ書房，2011年

李英美，『韓国司法制度と梅謙次郎』，法政大学出版局，2005年

海野福寿，『韓国併合史の研究』，岩波書店，2000年

小川原宏幸，『伊藤博文の韓国併合構想と朝鮮社会―王權論の相克』，岩波書店，2010年

片山慶隆，『日露戦争と新聞―「世界の中の日本」をどう論じたか』，講談社，2009年

片山慶隆，『小村寿太郎―近代日本外交の体現者』，中央公論新社，2011年

姜在彦，『姜在彦著作選 第Ⅱ券 朝鮮近代の變革運動』，明石書店，1996年

黒瀬郁二，『東洋拓殖会社 日本帝国主義とアジア太平洋』，日本經濟評論社，2003年

千葉功，『旧外交の形成―日本外交 1900～1919』，勁草書房，2008年

長田彰文，『セオドア・ルーズベルトと韓国―韓国保護国化と米国』，未來社，1992年

古谷昇，『韓国における金融組合の誕生とその發展―フィールドワークによる実証分析を中心として』，拓殖大学創立百年史編纂室，2012年

森山茂徳，『近代日韓關係史研究―朝鮮植民地化と国際關係』，東京大学出版会，1987年

森山茂徳・原田環 編，『大韓帝国の保護と併合』，東京大学出版会，2013年

Duus, Peter, *The Abacus and the Sword: The Japanese Penetration of Korea, 1895–1910*, The University of California Press, Berkeley, 1995.

구대열，『제국주의와 언론: 裏說·대한매일신보 및 한·영·일관계』，이화여자대학교출판부，1986년

박환，『만주 한인민족운동사연구』，일조각，1991년

박환，『러시아한인 민족운동사』，탐구당，1995년

정진석，『대한매일신보와 裏說: 한국 문제에 대한 영일외교』，나남，1987년(일본어판은 李相哲 譯，『大韓帝国の新聞を巡る日英紛爭―あるイギリス人ジャーナリストの物語』，晃洋書房，2008年)

최기영，『한국근대계몽사상연구』，일조각，2003년

片山慶隆,「ハーグ密使事件・第三次日韓協約をめぐる日英關係」,『一橋法学』8巻1号, 一橋
　　大学法学会, 2009年

北岡伸一,「国務省極東部の成立—ドル外交の背景」, 近代日本研究会 編『協調政策の限界:
　　日米關係史 1905~1960(年報・近代日本研究11)』, 山川出版社, 1989年

長田彰文,「ジョージ・ケナンと日米關係—韓国問題との關連において」(一), (二),『上智史
　　学』40, 41号, 1995年, 1996年

長田彰文,「日本の韓国併合と米国 1906~1910年—『統監政治』の開始・轉換と米国の對應」,
　　『法学会雑誌』54巻1号, 首都大学東京, 2013年

奈良岡聰智,「イギリスから見た伊藤博文統監と韓国統治」, 伊藤之雄・李盛煥 編著『伊藤博
　　文と韓国統治—初代韓国統監をめぐる百年目の檢証』, ミネルヴァ書房, 2009年

劉孝鍾,「ハーグ密使事件と韓国軍解散」, 旗田巍 編『朝鮮の近代史と日本』, 大和書房, 1987
　　年

김혜정,「러・일전쟁 이후 일제의 顧問政治 실시와 목적—재정고문 目賀田種太郎을 중심으
　　로」,『한국민족운동사연구』44호, 한국민족운동사학회, 2005년

제4장

李盛煥,『近代東アジアの政治力学—間島をめぐる日中朝關係の史的展開』, 錦正社, 1991年

楜居佳広,『「植民」地支配の史的研究—戦間期日本に關する英国外交報告からの檢証』, 法律
　　文化社, 2006年

片桐庸夫,『太平洋問題調査会の研究—戦間期日本IPRの活動を中心として』, 慶應義塾大学
　　出版会, 2003年

姜德相,『關東大震災』, 中央公論社, 1975年(改訂版として,『關東大震災・虐殺の記憶』, 青丘
　　文化社, 2003年)

姜德相,『呂運亨評傳1 朝鮮三・一運動』, 新幹社, 2002年

姜德相,『呂運亨評傳2 上海臨時政府』, 新幹社, 2005年

高原秀介,『ウィルソン外交と日本—理想と現実の間 1913~1921』, 創文社, 2006年

長田彰文,『日本の朝鮮統治と国際関係—朝鮮獨立運動とアメリカ 1910~1922』, 平凡社,
　　2005年

朴慶植,『朝鮮三・一獨立運動』, 平凡社, 1976年

波田野節子,『李光秀・「無情」の研究—韓国啓蒙文学の光と影』, 白帝社, 2008年

服部龍二,『東アジア国際環境の變動と日本外交 1918~1931』, 有斐閣, 2001年

原暉之,『シベリア出兵—革命と干渉 1917-1922』, 築摩書房, 1989年

馬越徹, 『韓国近代大学の成立と展開─大学モデルの傳播研究』, 名古屋大学出版会, 1995年

松田利彦, 『戦前期の在日朝鮮人と参政權』, 明石書店, 1995年

宮嶋博史, 『朝鮮土地調査事業史の研究』, 汲古書院, 1991年

山岡道夫, 『「太平洋問題調査会」研究』, 龍溪書舍, 1997年

梁賢惠, 『尹致昊と金教臣 その親日と抗日の論理─近代朝鮮における民族的アイデンティティとキリスト教』, 新教出版社, 1996年

油井大三郎, 『未完の占領改革─アメリカ知識人と捨てられた日本民主化構想』, 東京大学出版会, 1989年

손세일, 『이승만과 김구 1875-1919』 1~3, 나남, 2008년

이현희, 『3·1독립운동과 임시정부의 법통성』, 동방화서, 1987년(일본어판은 『三·一革命と大韓民国臨時政府の法統性』, 東方圖書, ソウル, 1996年)

임종국 저·반민족문제연구소 편, 『실록 친일파』, 돌베개, 1991년(일본어판은 コリア研究所 譯, 『親日派─李朝末から今日に至る賣国賣族者たちの正體』, 御茶の水書房, 1992年).

Dae-Sook Suh, *The Korean Communist Movement, 1918-1948*, Princeton University Press, Princeton, 1967(일본어판은 徐大肅 著·金進 譯, 『朝鮮共産主義運動史 1918-1948年』, コリア評論社, 1970年).

小野信爾, 「三·一運動と五·四運動─その連關性」, 『朝鮮史研究会論文集』 17号, 朝鮮史研究会, 1980年

森山茂德, 「日本の朝鮮統治政策(1910~1945年)の政治史的研究」, 『法政理論』 23巻 3·4号, 新潟大学法学会, 1991年

제5장

鎌田忠良, 『日章旗とマラソン ベルリン·オリンピックの孫基禎』, 潮出版社, 1984年

姜信子, 『追放の高麗人(コリョサラム)─「天然の美」と百年の記憶』, 石風社, 2002年

姜在彦 編, 『朝鮮における日窒コンツェルン』, 不二出版, 1985年

姜在彦, 『金日成神話の歴史的檢証─抗日パルチザンの〈虚〉と〈実〉』, 明石書店, 1997年

鄭棟柱 著·高贊侑 譯, 『カレイスキ──旧ソ連の高麗人』, 東方出版, 1998年

外村大, 『朝鮮人強制連行』, 岩波書店, 2012年

山田昭次·古庄正·樋口雄一, 『朝鮮人戰時勞働動員』, 岩波書店, 2005年

尹明淑, 『日本の軍隊慰安所制度と朝鮮人軍隊慰安婦』, 明石書店, 2003年

吉見義明, 『從軍慰安婦』, 岩波書店, 1995年

和田春樹, 『金日成と満洲抗日戦争』, 平凡社, 1992年

박영석, 『만보산 사건 연구―일제 대륙침략정책의 일환으로서의』, 아세아문화사, 1978년 (일본어판은 『万宝山事件研究―日本帝国主義の大陸侵略政策の一環として』, 第一書房, 1981年)

長田彰文, 「『万宝山事件』と国際關係―米国外交官などが見た『事件』の一側面」, 『上智史学』 52号, 2007年

長田彰文, 「日本の朝鮮統治における『皇民化政策』と在朝米国人宣教師への壓力・追放―神社參拜問題を中心に」, 『上智史学』 54号, 2009年

長田彰文, 「1930年代朝鮮雲山金鑛經營・採掘權をめぐる日米間交涉」, 『日本植民地研究』 23号, 日本植民地研究会, 2011年

제6장

饗庭孝典・NHK取材班, 『NHK スペシャル 朝鮮戰爭―分斷三八度線の眞實を追う』, 日本放送出版協会, 1990年

五百旗頭眞, 『米国の日本占領政策 戰後日本の設計圖』上・下, 中央公論社, 1985年

李圭泰, 『米ソの朝鮮占領政策と南北分斷體制の形成過程―「解放」と「二つの政權」の相克』, 信山社出版, 1997年

李景珉, 『增補 朝鮮現代史の岐路―なぜ朝鮮半島は分斷されたのか』, 平凡社, 2003年

伊地知紀子, 『在日朝鮮人の名前』, 明石書店, 1994年

市場淳子, 『ヒロシマを持ちかえった人々―「韓国の広島」はなぜ生まれたのか』, 凱風社, 2005年

內海愛子, 『キムはなぜ裁かれたのか―朝鮮人BC級戰犯の軌跡』, 朝日新聞出版, 2008年

加藤聖文, 『「大日本帝国」崩壊―東アジアの1945年』, 中央公論新社, 2009年

加藤哲郎, 『象徵天皇制の起源―アメリカの心理戰「日本計劃」』, 平凡社, 2005年

加藤陽子, 『徵兵令と近代日本 1868~1945』, 吉川弘文館, 1996年

河西晃祐, 『帝国日本の擴張と崩壊―「大東亞共榮圈」への歴史的展開』, 法政大学出版局, 2012年

金贊汀, 『浮島丸釜山港へ向かわず』, かもがわ出版, 1994年

姜德相, 『朝鮮人学徒出陣―もう一つのわだつみのこえ』, 岩波書店, 1997年

品田茂, 『爆沈・浮島丸―歴史の風化とたたかう』, 高文研, 2008年

下斗米伸夫, 『モスクワと金日成―冷戦の中の北朝鮮 1945~1961年』, 岩波書店, 2006年

鄭榮桓, 『朝鮮獨立への隘路―在日朝鮮人の解放五年史』, 法政大学出版局, 2013年

內藤陽介, 『これが戰争だ!一切手で讀みとく』, 築摩書房, 2006年

中野聡,『東南アジア占領と日本人—帝国・日本の解體』, 岩波書店, 2012年

波多野澄雄,『太平洋戰爭とアジア外交』, 東京大学出版会, 1996年

林博史,『BC級戰犯裁判』, 岩波書店, 2005年

平山龍水,『東アジア冷戰の起源—朝鮮半島分斷の構圖』, 信山社, 2002年

防衛廳防衛研究所戰史室,『戰史叢書(73) 關東軍 〈2〉—關特演・終戰時の對ソ戰』, 朝雲新聞社, 1974年

防衛廳防衛研究所戰史室,『戰史叢書(82) 大本營陸軍部 〈10〉—昭和20年8月まで』, 朝雲新聞社, 1975年

水野直樹,『創氏改名—日本の朝鮮支配の中で』, 岩波書店, 2008年

宮田節子,『朝鮮民衆と「皇民化」政策』, 未來社, 1985年

森田芳夫,『朝鮮終戰の記錄—米ソ兩軍の進駐と日本人の引揚』, 巖南堂書店, 1964年

김기조,『한반도 38선 분할의 역사—일제 15년 전쟁 政戰略과 미·소외교전략비사(1931~1945)』, 한국학술정보, 2006년

이완범,『38선 획정의 진실—1944~1945』, 지식산업사, 2001년

정용욱,『해방전후 미국의 대한정책: 과도정부구상과 중간파정책을 중심으로』, 서울대학교출판부, 2003년

한시준,『한국광복군연구』, 일조각, 1993년

Amstrong, Charles K., *The North Korean Revolution, 1945-1950*, Cornell University Press, Ithaca, 2004.

Cho, Soon Sung, *Korea in World Politics, 1940-1950: An Evaluation of American Responsibility*, University of California Press, Berkeley, 1967(한국어판은 조순승,『한국분단사』형성신서 〈9〉, 형성사, 1982년/일본어판은 スゥンスン・ジョウ(趙淳昇),『朝鮮分斷の責任—分斷をめぐる外交』, 成甲書房, 1984年).

Cummings, Bruce, *The Origins of the Korean War, vol. 1: Liberation and the Emergence of Separate Regime 1945-1947*, Princeton University Press, Princeton, 1981(한국어판은 브루스 커밍스,『Origins of the Korean War 1 Liberation and Emergence of Seperate Regimes 1945-1947』, 역사비평사, 2003년/일본어판은, 鄭敬謀・林哲・加地永都子 譯,『朝鮮戰爭の起源 1945年-1947年 解放と南北分斷體制の出現』1・2, シアレヒム社, 1989・1991年, 1, 明石書店, 2012年).

Hasegawa, Tsuyoshi, *Racing the Enemy: Stalin, Truman and the surrender of Japan*, Belknap Press of Harvard University Press, Cambridge, 2005(일본어판은 長谷川毅,『暗闘: スターリン, トルーマンと日本降服』, 中央公論新社, 2006年).

Matray, James I, *The Reluctant Crusade: American Foreign Policy in Korea, 1941-1950*, University of Hawaii Press, Honolulu, 1985.(한국어판은 제임스 I. 메트레이 지음, 구대열 옮김,『한반도의 분단과 미국 : 미국의 대한정책 1941-1950』, 을유문화사, 1989).

United States Postal Service, *The Postal Service Guide to U. S. Stamps*, 20th Edition, Washington, D.C.,1993.

Yu, Maochun, *OSS in China: Prelude to Cold War*, Yale University Press, New Haven, 1996.

李盛煥,「太平洋戰爭と朝鮮」,『軍事史学』31卷 1·2号, 錦正社, 1995年

林哲,「第二次大戰後の朝鮮における民主主義民族戰線」,『国際關係学研究』9号, 津田塾大学, 1982年

小此木政夫,「朝鮮信託統治構想―第二次大戰下の聯合国協議」,『法学研究』第75卷 第1号, 慶應義塾大学法学研究会, 2002年

小此木政夫,「三八度線設定の地政学―對日軍事作戰と国際政治」, 前掲『慶應の政治學 国際政治: 慶應義塾創立一五十年記念法学部論文集』, pp.49~94, 慶應義塾大学法学部, 2008年

小此木政夫,「朝鮮獨立問題と信託統治構想―四大国『共同行動』の摸索」,『法学研究』第 82 圈 第8号, 2009年

鄭敬謨,「今日の朝鮮·明日の朝鮮」, ジョン·A·サリバン&ロベルタ·フォス 編, 林茂 譯,『二つの朝鮮 一つの未來』, 御茶の水書房, 1989年

長澤裕子,「『ポツダム宣言』と朝鮮の主權―『朝鮮に對する日本の主權維持論』を中心に」,『現代韓国朝鮮研究』6号, 現代韓国朝鮮学会, 2006年

배경한,「중·일전쟁시기 장개석·국민정부의 대한정책」,『역사학보』208권, 역사학회, 2010년

나가며

Carter j, Eckert, *Offspring of Empire: the Koch'ang Kims and the Colonial Origins of Korean Capitalism, 1876-1945*, University of Washington Press, Seattle, 1991(일본어판은 小谷まさ代 譯,『日本帝国の申し子―高敵の金一族と韓国資本主義の植民地起源 1876-1945』, 草思社, 2004年).

인명 찾아보기

사항 찾아보기

세계사 속 근대한일관계

초판 1쇄 펴낸날 2017년 3월 20일

지은이 | 나가타 아키후미
옮긴이 | 김혜정
펴낸이 | 김시연

펴낸곳 | (주)일조각
등록 | 1953년 9월 3일 제300-1953-1호(구: 제1-298호)
주소 | 03176 서울시 종로구 경희궁길 39
전화 | 734-3545 / 733-8811(편집부)
733-5430 / 733-5431(영업부)
팩스 | 735-9994(편집부) / 738-5857(영업부)

이메일 | ilchokak@hanmail.net
홈페이지 | www.ilchokak.co.kr

ISBN 978-89-337-0729-6 03910
값 16,000원

* 옮긴이와 협의하여 인지를 생략합니다.
* 이 도서의 국립중앙도서관 출판예정도서목록(CIP)은 서지정보유통지원시스템 홈페이지(http://seoji.nl.go.kr)와
국가자료공동목록시스템(http://www.nl.go.kr/kolisnet)에서 이용하실 수 있습니다. (CIP제어번호: CIP2017005839)